U0097464

古典文獻研究輯刊

二三編

潘美月・杜潔祥 主編

第 7 冊

清代穀梁學（下）

吳連堂 著

國家圖書館出版品預行編目資料

清代穀梁學（下）／吳連堂 著 -- 初版 -- 新北市：花木蘭文
化出版社，2016〔民 105〕
目 12+226 面；19×26 公分
（古典文獻研究輯刊 二三編；第 7 冊）
ISBN 978-986-404-846-5（精裝）
1. 穀梁傳 2. 研究考訂
011.08   105015202

ISBN-978-986-404-846-5

9 789864 048465

古典文獻研究輯刊
二三編　第七冊　　　　　　　ISBN：978-986-404-846-5

清代穀梁學（下）

作　　者　吳連堂
主　　編　潘美月　杜潔祥
總 編 輯　杜潔祥
副總編輯　楊嘉樂
編　　輯　許郁翎、王筑　美術編輯　陳逸婷
企劃出版　北京大學文化資源研究中心
出　　版　花木蘭文化出版社
社　　長　高小娟
聯絡地址　235 新北市中和區中安街七二號十三樓
　　　　　電話：02-2923-1455／傳眞：02-2923-1452
網　　址　http://www.huamulan.tw 信箱 hml810518@gmail.com
印　　刷　普羅文化出版廣告事業
初　　版　2016 年 9 月
全書字數　338628 字
定　　價　二三編 21 冊（精裝）新台幣 40,000 元　　版權所有・請勿翻印

清代穀梁學（下）

吳連堂　著

目

次

第八節　春秋穀梁傳平議

一、作者傳略

俞樾（1821～1907）字蔭甫，號曲園，浙江德清人，晚年居蘇州，寓旁有曲園，因以爲號。俞氏幼年，受學讀書，即穎慧絕倫，年三十舉進士，改庶吉士，授翰林編修，著書甚富，達一百三十餘種，五百餘卷，其較著者有《群經平議》、《諸子平議》、《茶香室經說》及《古書疑義舉例》等。生於道光元年，卒於光緒三十三年，年八十七。

二、概　述

《穀梁傳平議》在《群經平議》卷二十四，計五十六條。

該書體例、方法，概依王引之《經義述聞》，俞氏〈自敘〉云：

余之此書，竊附王氏《經義述聞》之後，雖學術淺薄，儻亦有一二言之幸中者乎？

《穀梁傳平議》內容有傳文校勘、訓詁及傳義解說，茲舉證論述之。

三、成　就

ㄅ、校　勘

《穀梁傳平議》之校勘全爲傳文，偶及所校傳文之相關注疏。所校有誤字、有衍文、有脫文、有倒文，而其方法可略分爲以傳校傳、以注疏校傳、以相關書、類書所引校傳及以文義校傳。

1. 以傳校傳

△莊十年《傳》：「中國不言敗，此其言敗何也？中國不言敗，蔡侯其見獲乎？其言敗何也？釋蔡侯之獲也。」

《平議》：「此傳有衍文，當云『中國不言敗，此其言敗何也？中國不敗，蔡侯其見獲乎？其言敗，釋蔡侯之獲也』，傳意謂中國不敗，則蔡侯無由見獲，故言敗以釋蔡侯之獲也。中國不敗句涉上文而衍『言』字，則義不可通，其言敗句涉上文而衍『何也』字，則辭複矣。昭二十三年《傳》曰：『中國不敗，胡子髡、沈子盈其滅乎？其言敗，釋其滅也』，正與此同，可據以訂正。」

連堂案：此例依傳例文意爲校，校訂後更簡顯明確，俞說當是。

△襄十年《傳》：「稱盜以殺大夫，弗以上下道，惡上也。」

《平議》：「傳文本曰：『稱盜以殺大夫，弗以上下道道，惡上也』，傳寫奪一道字耳，弗以上下道道者，弗以上下之道言也，哀四年《傳》：『稱盜以弒君，不以上下道道也』，正與此傳文同，可據以訂正。」

連堂案：此以傳校傳之脫文，補一道字，傳義詳明順理，俞氏說是也。

2. 以注疏校傳

△桓二年《傳》：「郜鼎者，郜之所爲也，曰宋，取之宋也，以是爲討之鼎也。孔子曰：『名從主人，物從中國』，故曰郜大鼎也。」

《平議》：「以是爲討之鼎也，文義未安。范氏《集解》曰：『討宋亂而更受其賂器』，則當云賂之鼎，不當云討之鼎，且稷之會經明書以成宋亂，又何討之有乎？今按：討乃糾字之誤。《釋文》曰：『糜氏云：討或作糾』，蓋其所見尙有作糾之本，後人不知糾字之義，因臆改爲討耳。糾字從系從丩，《說文·丩部》：『丩，相糾繚也』，又曰：『茻，艸之相丩者』，又曰：『糾，繩三合也』，蓋茻糾二字並從丩爲意，艸相丩謂之茻，絲相丩謂之糾，其義一也。此鼎本郜所爲，則爲郜鼎，而取之於宋，則又爲宋鼎，一鼎而郜宋共之，故曰以是爲糾之鼎也，言其糾繚而難明也，乃孔子則以爲名從主人，物從中國，於是書之曰郜大鼎，而其名自此定矣。今糾誤爲討，則傳義全失，宜從糜氏訂正。」

連堂案：此以糜注校傳。《傳》云：「郜鼎者，郜之所爲也；曰宋，取之宋也」，傳義了然，無所謂糾繚難明；又以鼎糾繚難明謂之糾之鼎，亦嫌不辭，俞氏之解迂曲迴環，其以作討文義未安是也，然以爲糾則理據不足，錄之以備一說。

△僖五年《傳》：「執不言所於地，緟於晉也。」

《平議》：「執不言所於地六字，古本止作不地二字，《疏》引舊解曰：『此云不地緟於晉也者』，是其證也，又曰：『或以爲執不言所於地』，蓋是別本如此，楊氏以爲理亦通耳。則其所據本必止作不地二字也，其標起訖當曰『不地至晉也』，今乃曰『執不至晉也』，非楊氏之舊矣。」

連堂案：俞氏以《疏》所引舊解所據本作「不地，緟於晉也」或是，然俞氏以古本如此，則尙難據以爲定。范《注》云：「時虞已包裹屬於晉，故雖在虞執，而不書其處」，執而不書其處似解傳文執不言所，則范所據本與今本

合，傳疏未必如俞氏之說也。

△文九年《傳》：「日之甚矣，其不葬之辭也。」

《平議》：「『其』乃『是』字之誤，《疏》云：『天子志崩不志葬，而又書日，是不葬之辭』，然則楊氏所據本尚未誤也，當據以訂正。」

連堂案：此以疏校傳，經書「二月辛丑，葬襄王」，《傳》云：「天子志崩不志葬，舉天下而葬一人，其道不疑也。志葬，危不得葬也，日之甚矣，其不葬之辭也」，就文意言，作是曉暢，俞氏說可從。

3. 以相關書類書校傳

△桓三年《傳》：「相命而信論，謹言而退。」

《平議》：「謹當爲結，《公羊傳》正作結言而退，是其證也。結與謹一聲之轉，長言之則結音如謹，古經師多口授，因誤爲謹耳，《廣雅・釋詁》曰：『劼，勤也』，結之與謹，猶劼之與勤，並雙聲字。」

連堂案：此引《公羊傳》爲校。鍾文烝《補注》云：「相命即謹言，《爾雅》曰：『誥誓謹也』，……此謂約謹其言，以相告命，而兩國之信，已足曉達，故不盟而退。……俞樾曰：『謹讀爲結，《公羊》正作結』，《爾雅》之謹謂約謹，約謹即約結，一聲之轉，《廣雅》：『劼，勤也』是其例，文烝案：〈表記〉曰：『信以結之』，《左傳》曰：『言以結之』，讀謹爲結，於義優矣。」俞、鍾二氏說是，然此爲假借，不必如俞說以爲誤字而校之。

△桓九年《傳》：「內失正，曹伯失正，世子可以已矣，則是故命也。」

《平議》：「故字唐石經作放，《御覽》百四十七引庾信《注》曰：『放，違也』，當從之，放命即方命。《尚書・堯典篇》：『方命圮族』，《漢書》〈傅喜傳〉、〈王商傳〉並作放命。圮族《正義》引鄭《注》曰：『方讀爲放，謂放棄教命』，是方者借字，放者正字也。此傳言曹伯使世子來朝，則曹伯爲失正，魯以待人父之道待人子，則內爲失正，故曰：『內失正，曹伯失正，世子可以已矣』，明世子可以止而不行也；然止而不行，疑若放棄父命者，故又發難曰：『則是放命也』，下乃引尸子之言以斷之曰：『夫已多夫道』，明雖放命，不足爲罪也。」

連堂案：鍾文烝《補注》云：「《注》以廢釋放。……放各本誤作故，今依唐石經、陸淳《微旨》、《太平御覽》引及呂本中《集解》本、俞皋《集傳釋義》本、程端學《本義》改正，胡安國《傳》言方命，所據亦未誤。」俞氏以相關書爲校，鍾氏爲之證補。

4. 以文義校傳

△桓八年《傳》：「其日遂逆王后，故略之也。」

《平議》：「故字衍文也，上文曰：『不正其以宗廟之大事即謀於我，故弗與使也』，則當有故字，此文曰：『遂，繼事之辭也，其日遂逆王后，略之也』，則不當有故字，蓋涉上文『故弗與使』而誤衍耳。」

連堂案：俞氏說得理，此以文意校傳之衍文。

△莊元年《傳》：「築之外，變之為正何也？」

《平議》：「『變之為正』當作『為變之正』，蓋上文曰『築之外變之正也』，故此發問曰『築之外為變之正何也』，今作變之為正，義不可通矣。」

連堂案：此以文意校傳之誤倒，俞校當是。

△成元年《傳》：「丘甲，國之事也，丘作甲，非正也。」

《平議》：「此傳文有誤，當云『作甲，國之事也，丘作甲，非正也』，蓋言作甲乃國之事，而非丘之事耳，下文曰：『古者立國家，百官具，農工皆有職以事上』，此言國之可使作甲也，又曰：『古者有四民，有士民、有商民、有農民、有工民，夫甲，非人人所能為也』，此言丘之不可使作甲也。蓋以國中農工皆集，而丘則四民分處故也。若曰『丘甲，國之事』，則義不可通矣。」

連堂案：俞氏之校，文理曉暢。

ㄆ、訓　詁

《穀梁傳平議》之訓詁計廿八條，係就范《注》楊《疏》於文字訓解上之誤失、疑滯，提出辨正，或《注》《疏》未加訓釋之文字，為之補注，茲分糾注、糾疏、增注述之。

（一）糾　注

糾注計廿一條，居訓詁之多數，可略分為不明古訓及不明假借。

1. 不明古訓

△隱三年《傳》：「日葬，故也，危不得葬也。」

范《注》：「傳例曰『諸侯時葬，正也，月葬，故也』，日者憂危最甚，不得備禮葬也。」

楊《疏》：「時葬正也，襄七年傳文，月葬故也，隱五年傳文。日者憂

危最甚，此傳云『日葬，故也，危不得葬也』是也。」

《平議》：「《集解》與《疏》均不說故字之義，文十八年《傳》：『子卒不日，故也』，《集解》曰：『故，殺也』，然施之此傳，則義不可通，殆未可爲達詁矣。今按：莊二十三年《傳》：『往時正也，致月故也』，三十二年《傳》：『子卒日正也，不日故也』，並以故與正爲對文，然則故者變也，《荀子・王霸篇》：『王敬舊法，而好詐故』，楊倞《注》曰：『故，事變也』是其證也。《穀梁傳》每有『故也』之文，隱十一年《傳》：『公薨不地，故也』，莊三年《傳》：『志葬，故也』，僖元年《傳》：『夫人薨不地，地，故也』，昭三十年《傳》：『中國不存公，存公，故也』，其義並同，桓元年《傳》：『繼故不言即位，正也』，文元年《傳》：『繼正即位，正也』，繼故與繼正對文，繼故猶言繼變，謂先君遇弒，國之大變也，《集解》曰故謂弒也，此爲目言其事則可，若以古訓求之，則故可訓變，不可訓弒，范氏殆失之矣。」

連堂案：《集解》當指此變故乃弒殺之事，俞氏所謂目言其事，非訓故爲弒爲殺也；故與正爲對文，謂其非常理常事也，俞氏說可補范《注》之不明確，然不必謂范氏失之。

△莊十年《傳》：「疑戰而曰敗，勝內也。」

范《注》：「勝內謂勝在內。」

《平議》：「經書公敗齊師，則勝在內自不待言，又何必舉以爲說乎？且勝在內而曰勝內，亦近不辭，范氏此解，殆未得傳意也。勝與甚同義，《論語・衛靈公篇》：『甚於水火』，皇氏《義疏》曰：『甚猶勝也』，然則勝亦猶甚也，勝內也猶曰甚內也。隱元年《傳》曰：『賤段而甚鄭伯也，何甚乎鄭伯：甚鄭伯之處心積慮成於殺也』，彼言甚，此言勝，文異而義同，蓋公以詐勝，故書敗以甚之耳。」

連堂案：王師熙元《穀梁范注發微》云：「疑戰猶《公羊》言詐戰，證諸《左傳》，知俞說是。」〔註26〕

△莊三十二年《傳》：「男子不絕于婦人之手，以齊終也。」

范《注》：「齊，絜。」

楊《疏》：「齊者齊絜之名，故記稱齋之爲言齊也，是齊齋意同，故范訓爲絜。」

〔註26〕嘉新水泥公司《文化基金會叢書・研究論文》第二七〇種，64 年 9 月，頁 823。

《平議》:「范解非也。《詩・小宛篇》:『人之齊聖』,毛《傳》曰:『齊,正』,《周易・繫辭上傳》:『齊小大者存乎卦』,王肅《注》曰:『齊猶正也』,是齊之義爲正,以齊終也,猶曰以正終也。上文曰『寢疾居正寢,正也』,若訓齊爲絜,則與上義不蒙矣。《釋文》曰:『齊本亦作齋』,蓋即因范說而誤。」

連堂案:俞氏說合傳意。

△宣十一年《傳》:「何用弗受也,不使夷狄爲中國也。」

范《注》:「楚子入陳,納淫亂之人,執國威柄,制其君臣,傎倒上下,錯亂邪正,是以夷狄爲中國。」

《平議》:「爲者治也。襄三十年《左傳》:『不可爲也』,杜《注》曰:『爲猶治也』,〈周語〉:『是故爲川決之使導』,韋《注》曰:『爲,治也』,經傳中爲訓治者不可勝舉。《春秋》之義,以中國治夷狄,不以夷狄治中國,上文楚人殺陳夏徵舒,《傳》曰:『其外徵舒於陳何也?明楚之討有罪也』,此文楚子入陳,《傳》曰:『何用弗受也?不使夷狄爲中國也』,其義若相反,而實則一也,蓋陳夏徵舒有可討之罪,而楚子非討罪之人,故書楚人殺陳夏徵舒以正弒君之罪,而又書楚子入陳,以嚴中外之防,《傳》曰不使夷狄爲中國也,猶曰不使夷狄治中國也,范解未得其義。」

連堂案:俞氏說是也,倘如范解,則傳文當是「以中國爲夷狄」矣。

△哀十三年《傳》:「欲因魯之禮,因晉之權,而請冠端而襲,其藉于成周。」

范《注》:「襲,衣;冠端,玄端。」

楊《疏》:「云請冠端而襲者,請著玄冠玄端而相襲。」

《平議》:「此當於端字絕句,『而襲』二字,合下文『其藉于成周』五字爲句,傳文本曰『欲因魯之禮,因晉之權,而請冠端,而襲其藉于成周』,藉者貢獻也,范解曰『藉謂貢獻』是也,襲之言入也,《國語・晉語》曰:『使晉襲於爾門』,韋《注》曰:『襲,入也』,其下文云:『大國道小國襲焉曰服,小國敖大國襲焉曰誅』,韋氏並訓爲入,蓋古語如此也。襲其藉于成周者,入其貢獻于成周也,蓋吳之意,欲因魯之禮而請冠端,因晉之權而襲其藉於成周,范氏誤於襲字絕句,則下文藉于成周五字,不成句矣。」

連堂案：俞氏之句讀、疏解，較范氏爲優。

2. 不明假借

△隱二年《傳》：「或曰：紀子伯莒子而與之盟，或曰：年同爵同，故紀子以伯先也。」

范《注》：「紀子以莒子爲伯，而與之盟，伯，長也；年爵雖同，紀子自以爲伯而先。」

《平議》：「傳列二說，其讀伯字不同，紀子以伯先，則以本字讀之，伯者長也；伯莒子而與之盟，則當讀爲故。《說文·攴部》：『故，迮也，从攴白聲。《周書》曰：「常故常任」』，今《尚書·立政篇》作常伯，是伯故古字通。故莒子而與之盟者，迮莒子而與之盟也。襄二十九年《公羊傳》：『今若是迮而與季子國』，是其義也。哀十五年《左傳》：『迫孔悝於廁，強盟之』，故與迫同。兩說之中，前說爲長，范氏曰：『紀子以莒子爲伯』，失其義矣。」

連堂案：此明假借以糾注，王師熙元《穀梁范注發微》云：「傳以傳疑之辭解說之，本非正解，其義當如俞氏所言，范注失之。」〔註27〕

△僖十九年《傳》：「如加力役焉，涵不足道也。」

范《注》：「如使伐之而滅亡，則淫涵不足記也，使其自亡然後其惡明。」

《平議》：「傳言如加力役焉，非伐之之謂也。范氏所解由未解如字之義故耳，如當讀爲而，古書如而通用不可勝舉。上文歷言梁之涵於酒，淫於色，以見梁之所以自亡；此又云而加力役焉，涵不足道也，則又舉其甚者言之也。《左傳》曰：『梁伯好土功，亟城而弗處，民罷而弗堪』，是梁之亡正以民罷於力役之故，淫涵之罪尙其小者也，故曰涵不足道也。」

連堂案：《傳》云：「涵於酒，淫於色，心昏耳目塞，上無正長之治，大臣背叛，民爲寇盜，梁亡，自亡也，如加力役焉，涵不足道也。」范氏以若書伐之使亡，則無以見其因涵淫昏塞等自亡之道；俞氏則解「如」爲「而」，以加力役爲亡國之根本原因，涵於酒之類乃其小者末節，不足道，並以《左傳》所載爲輔證，其說或是，可存一說。

（二）糾　疏

糾疏僅三條，誤解傳文者一，誤解范《注》者二，皆由不明古注而然，

〔註27〕同註26，頁764。

茲舉其說之有見者爲例。

　　△桓十二年《傳》：「再稱日，決日義也。」

　　　范《注》：「明二事皆當日也。」

　　　楊《疏》：「決日者，謂二事決宜書日，故經兩舉日文也。」

　　　《平議》：「決者明也，《儀禮》〈大射儀〉〈鄉射禮〉〈士喪禮〉《注》並曰『決猶闓也』，《廣雅·釋詁》曰『闓，明也』，然則決亦爲明矣，范氏正以明字釋決字，而楊《疏》乃謂決宜書日，非其旨也。」

　　連堂案：此糾楊《疏》誤解范《注》，俞氏說是也。

　　△莊二十五年《傳》：「既戒鼓而駭眾。」

　　　楊《疏》：「既戒鼓駭眾者，謂既警戒擊鼓而駭動眾人。」

　　　《平議》：「楊氏以戒鼓爲警戒擊鼓非也，戒即擊鼓之名，字亦作駴。《周官·大司馬》：『職鼓皆駴』，鄭《注》曰：『疾雷擊鼓曰駴』是其義也。《文選·西京賦》：『駴雷鼓』，〈七啟〉：『駴鐘鳴鼓』，是凡擊鐘擊鼓皆謂之駴矣。《說文》無駴字，古字蓋止作戒，《周官·大僕職》曰：『始崩戒鼓』，正與此同。」

　　連堂案：此引古注、古文用辭糾《疏》之誤解。

（三）增　注

增注者，范《注》楊《疏》皆無訓解，俞氏以傳義不明，乃爲之訓釋。

　　△桓十八年《傳》：「以夫人之伉弗稱數也。」

　　　范《注》：「濼之會夫人驕伉，不可言及，故舍而弗數。」

　　　《平議》：「范氏但曰舍而弗數，未及數字之義，數者說也。《詩·擊鼓篇》：「與子成說，毛《傳》曰：『說，數也』，說爲數，故數亦爲說，《禮記·儒行篇》：『遽數之不能終其物』，《正義》曰：『數，說也』，蓋稱說者必一一數之，故數與說，其義得通。弗稱數也，猶曰弗稱說也。《穀梁傳》每用數字，隱十一年《傳》曰：「牷言同時也，累數皆至也，范解曰：『累數，總言之也』，文十八年《傳》曰：『不正其同倫而相介，故列而數之也』，范解曰：『是以同倫爲副使，故兩言之』，並得其義矣。昭三年《左傳》曰：『善哉！吾得聞此數也』，聞此數即聞此說也。」

　　連堂案：俞氏引古注及范《注》之相類者爲之增注，其說是也。

　　△莊六年《傳》：「使之如下齊而來我然。」

范《注》：「若衛自歸寶於齊，過齊然後與我。」

《平議》：「下者後也，《詩・下武篇》：『下武維周』，鄭《箋》曰：『下猶後也』，蓋古人謂前爲上，謂後爲下，《呂氏春秋・安死篇》曰：『自此以下，君亡不可勝數』，高《注》曰：『上猶前也』，然則下猶後矣。使之如下齊而來我，謂若後齊而至我也，范解未甚明了，故具說之。

定元年《傳》曰：『以其下成康爲未久也』，下亦後也。」

連堂案：俞氏以下爲後，其說可從。

𠃜、傳義解說

傳義解說計九條，乃俞氏於范《注》楊《疏》疏解傳義失當之駁難疏正，而非屬文字訓解者。

△桓六年：「春正月，寔來。」

范《注》：「來朝例時，月者謹其無禮。」

楊《疏》：「州公不以禮朝，又至魯不反，是無禮之事。」

《平議》：「至魯不反乃《左氏傳》之說，而《公》《穀》絕無此文。至寔來之義，《公羊傳》曰：『曷爲謂之寔來，慢之也，曷爲慢之？化我也』，此傳曰：『其謂之是來何也？以其畫我，故簡言之也』，簡慢義同，畫化聲近，兩傳大旨略同。惟《公羊》於化我下不置一詞，此傳又申明之曰『諸侯不以過相朝也』，於是其義明矣。蓋諸侯惟過天子之國，必行朝禮，成十三年《公羊傳》所謂『不敢過天子也』是也。若諸侯之於諸侯，本非臣屬，但須假道，不必相朝，而州公乃以如曹之故，道出魯境，遂行朝禮，朝不以禮，與無禮同，故謂之化我。何休曰：『行過無禮謂之化，齊人語也』，此其說必有師承，又曰：『諸侯相過，至竟必假塗，入都必朝，所以崇禮讓，絕慢易，戒不虞也』，則大非傳義矣。」

連堂案：俞氏引《公羊傳》《注》以疏正，其說順理可從。

△莊十六年《傳》：「不言公，外內寮一，疑之也。」

范《注》：「十三年春會于北杏，諸侯俱疑齊桓非受命之伯，欲共以事推之可乎？：今于此年，諸侯同共推桓，而魯與齊讎，外內同一，疑公可事齊不？會不書公以著疑焉，同官爲寮，謂諸侯也。」

《平議》：「此傳當從舊解之說，《疏》引舊解謂『會于北杏，不言諸侯，是外疑也，今此會不言公，是內疑也，自此以後，外內不復疑之，故

日一疑也』，其說最爲明了。成十一年周公出奔晉，《傳》曰：『其曰出，上下一見之也』，《集解》引鄭嗣曰：『上謂僖二十四年天王出居于鄭，下謂今周公出奔，上下皆一見之也』，然則此傳與彼文法相同，彼謂上下各一見，此謂內外各一疑，舊解之說正得之矣。楊氏乃曲徇范《注》，謂外內諸侯同一疑公，又云外內者，諸侯之國，或遠或近，故以外內總之也。夫傳文言內外者，皆以魯爲內，它國爲外，豈有總言它國，而以遠近分內外者乎？是知其說之非矣。」

連堂案：此舉句法相同之傳文解說傳義，以糾《注》《疏》之誤說。舊解以內指魯，外指諸侯，確然不可移易，而楊《疏》引舊說至「故曰一疑也」，下云「直據傳文，事欲似然，推尋范《注》，必不得爾」，捨傳從注，俞氏謂其「曲徇范《注》」宜也。

△莊三十二年《傳》：「諱莫如深，深則隱。」

范《注》：「深謂君弒賊奔，隱痛之至也。」

《平議》：「此謂避諱之道，莫如深諱其文，深沒其文，然後其跡隱矣。如子般卒書日，若以正終者，公子慶父如齊，若以使事往者，此皆諱之深而隱者也。下文曰『苟有所見莫如深也』，蓋閔公不書即位，則子般之弒自見，而子般卒之下，即書公子慶父如齊，則慶父之與於弒亦見；既已有見於後，又何必以內之大惡而詳著之哉？故莫如深諱之也。傳文本明，范氏所解未得其指，楊《疏》從而衍之，宜更糾繚矣。」

連堂案：俞氏說是也。楊《疏》云：「諱莫如深，謂爲國隱諱，莫如事之最深者，深者則隱，深謂君弒賊奔之深重，以其深重，則爲之隱諱，若經書子般日卒，慶父如齊是也。苟有所見莫如深者，謂經意誠有所見，莫如事之深者，不書閔公即位是事之深也，有所見謂子般之弒，慶父之奔也。」鍾文烝《補注》云：「深，幽深也，與《公羊》言盈乎諱者略相似。隱，微也，如推見至隱之隱，《注》訓痛，非也。言《春秋》諱法，莫如文之幽深者，其諱最甚。如此經不言賊臣之奔，但言如，是諱文之幽深者，其文幽深，則其事微隱，如此經言如爲幽深之文，則奔事微隱不著也。」由俞氏之說及鍾氏之詳釋，切合傳旨，足糾《注》《疏》之失。

△僖四年《傳》：「于召陵，得志乎桓公也，得志者，不得志也。」

范《注》：「屈完來盟，桓公退于召陵，是屈完得其本志，屈完得志，則桓公不得志。」

《平議》：「得志乎桓公者，謂以得志之辭加之乎桓公也。蓋召陵乃楚
地，故特著之，明桓公之得志也。然合諸侯以伐楚，僅得盟其大夫，
實不足爲得志，故又曰得志者不得志也。范氏以得志屬屈完，不得志
屬桓公，失其解矣。下文曰『以桓公得志爲僅矣』，若從范解，則桓公
此役直謂之不得志而已耳，又何譏其得志之僅乎？」

連堂案：俞氏之說較范氏理順。

△文十八年《傳》：「姪娣者，不孤子之意也，一人有子，三人緩帶；一
日就賢也。」

范《注》：「若並有子，則就其賢，謂年同也。」

《平議》：「此傳非明立子之義，不得謂年同則就其賢也，范解失之矣。
上文曰『姪娣者，不孤子之意也，一人有子，三人緩帶』，此云『一日
就賢也』，則又承上文而別爲一說，言姪娣之從夫人，以其賢而就之也。
成十年《公羊傳》何休《注》曰：『伯姬以至賢爲三國所爭媵』，是其
義也。今宣公不使其母頃熊奉養姜氏，而使之大歸于齊，既違一人有
子，三人緩帶之情，又失就賢之義，故傳並列二說，所以深譏之也。」

連堂案：俞氏辨理明晰，較范氏入理。

四、疏　失

俞氏鉤深探源，致疑之功，確有獨得之處，然其疏證，往往過於深求，
迂曲糾葛，或臆改武斷，有失謹嚴，茲舉例以明。

ㄅ、校勘之疏失

△僖二十八年《傳》：「會于溫言小諸侯，溫，河北地，以河陽言之，大
天子也。」

《平議》：「于字乃以字之誤。『會以溫言』四字爲句，蓋溫與河陽本是
一地，諸侯之會以溫言之者，小之也，天子之守以河陽言之者，大之
也。下文曰『以河陽言之，大天子也』，然則此文作『會以溫言，小諸
侯』明矣。」

連堂案：俞氏以「于」乃「以」字之誤，並斷句爲「會以溫言，小諸侯」，
恐未必是。按經書「會于溫」者，紀實也，書「河陽」以大天子者，寓義之
特筆也；小諸侯之義，乃因書河陽以大天子始義蘊其中，故傳於河陽言以，
于溫不言以。且如俞氏說，當作「會以溫言之，小諸侯也」，或「會以溫言，

小諸侯也」，始能辭暢不滯，且俞氏說別無佐證，而原傳文辭義明達，引申之仍可該以字之意，且存紀實之原，正不必改字爲說。

△定十年《傳》：「因是以見雖有文事，必有武備，孔子於頰谷之會見之矣。」

《平議》：「上既云因是以見，則下不必又云見之，見之疑當作尋之，尋古得字也。頰谷之會正所謂有文事必有武備者，故曰孔子於頰谷之會尋之矣。《史記・趙世家》：『踰年歷歲未得一城』，〈趙策〉得作見，見亦當作尋，誤與此同。」

連堂案：僅以文意爲說而理證不足，有妄校之嫌，乃深求所致。

夊、訓詁之疏失

△桓九年《傳》：「尸子曰：夫已多乎道。」

范《注》：「邵曰：已，止也，止曹伯使朝之命，則曹伯不陷非禮之愆，世子無苟從之咎，魯無失正之譏，三者正則合道多矣。」

《平議》：「《論衡・本性篇》引陸賈曰：『人能察己所以受命則順，順之謂道』，是道有順義，《國語・楚語》以違而道，從而逆相對，然則道即順也。多者賢也，《小爾雅・廣詁》曰：『賢，多也』，凡相較而勝謂之賢，亦謂之多，《論語・陽貨篇》：『爲之猶賢乎已』，皇侃《義疏》曰：『賢猶勝也』，《禮記・檀弓篇》：『多矣乎子出祖者』，《正義》曰：『多猶勝也』，是多與賢義同。尸子曰夫已多乎道，言此事之已，雖若放棄父命，而實勝乎從順也。范氏不知道之爲順，乃解爲合道多，夫合道多而但曰多乎道，近於不辭矣。」

連堂案：夫道之義多矣，多之義亦不惟賢、勝，俞氏舉古書古注證道有順意，多有勝意，固如所言，然所舉與本傳既無義理上之相關，復無句式上之類同，實未足以定此傳當如是訓釋。鍾文烝《補注》云：「言世子止不來，則合道多，不以放命爲嫌」，其說簡明達理，足補范《注》，而無俞氏迂曲穿鑿之嫌。

△莊二十三年《傳》：「以是爲尸女也。」

范《注》：「尸，主也，主爲女往爾，以觀社爲辭。」

《平議》：「如范解則當云『以是爲尸乎女也』，於文方明，不得但曰尸女，范解非也。《爾雅・釋詁》：『尸，主也』，又曰：『尸，寀』也，是尸訓主亦訓寀。郭《注》曰『謂寀地』，其實古無寀字，襄十五年

《公羊傳》何休《注》曰：『所謂采者，不得有其土地人民，采取其租稅耳』，是案地之采，本亦作采，尸訓案，即訓采矣。二十二年《傳》曰：『禮有納采』，《集解》曰：『采擇女之德性也』，此傳尸女即采女也，蓋公以觀社爲名，實則自往擇女，故曰以是爲尸女也。學者但知尸之訓主，不知尸之訓采，因失其義矣。」

連堂案：范《注》有據，合於傳意，俞氏說或亦可通，然頗迂曲，不若范《注》之明了。備一說可也，不必以其爲失義。

△成十二年《傳》：「言其上下之道無以存也。」

《平議》：「此十字爲一句，道猶通也。襄三十一年《左傳》：『不如小決使道』，杜《注》曰：『道，通也』，《法言・問道篇》亦曰：『道也者通也』，蓋道與通一聲之轉，故聲近而義同，道無以存猶通無以存，通之言同也，蓋謂其上下之同無以自存也。《漢書・夏侯勝傳》：『先生通正言，無懲前事』，師古《注》曰：『通謂陳道之也』，然則通同之通以道爲之，猶陳道之道以通爲之，若於道字絕句，則失之矣。」

連堂案：俞氏說迂曲，過度深求，晦澀難通。

△襄二十五年《傳》：「莊公失言，淫於崔氏。」

范《注》：「放言將淫崔氏，爲此見弒也。邵曰：『淫，過也，言莊公言語失漏，有過於崔子，而崔子弒之。』」

《平議》：「此二解皆未明失言之義；失言猶失道也。《詩・東門之池篇》：『可以晤言』，毛《傳》曰：『言，道也』，言爲道說之道，亦即爲道德之道。《法言・問道篇》曰：『道也者通也』，道德之道與道說之道，皆取通達之義，無二義也。後人歧而二之，而古訓遂不可通矣。莊元年《傳》曰：『人之於天也，以道受命，於人也，以言受命，不若於道者，天絕之也，不若於言者，人絕之也』，此以道與言分屬天與人，蓋以天不言之故，其實對文則別，散文則通，不若於言，即不若於道也。此傳曰莊公失言，淫于崔氏，猶曰莊公失道，淫于崔氏，《左傳》所載東郭姜之事是也。范氏兩說皆未得其義，《禮記・禮器篇》：『苟無忠信之人，則禮不虛道』，鄭《注》曰：『道猶從也』，《廣雅・釋詁》曰：『言，從也』，言之訓從，猶道之訓從，然則失言之即失道明矣。」

連堂案：此傳失言已明，無須推擴言失道，道之涵義廣遠難明，反不如

言字之簡明精確。夫廣搜理據，有助論證之確立，然旁徵博引，衍申太過，則徒增淆亂，無補於文字義理之曉明，而有誇博炫奇之嫌。此傳鍾文烝《補注》據《左傳》合兩事爲說，以爲上句謂莊公失言得罪於崔杼爲一事，下句莊公淫通崔杼之妻又爲一事，兼兩事以爲說。

五、評　價

《群經平議》依仿王引之《經義述聞》之體例及方法，補王氏所未及，其善於鉤深探源，觸類旁通，能於前賢述作之後，多所創發，其功固不可掩也；然或由於王氏已述作於前，雖體例、方法得有依循，然大端已爲王氏所採，欲於其間另顯新義，而穿鑿之弊，亦成《群經平議》之顯明缺失。

就《穀梁傳》言，俞氏之校勘，以證據較明確之傳文傳例爲校者僅五條，以應矜愼採行之文義讎校者，則有八條之多，相較於王氏之校，以前者爲校者十二條，後者僅七條；且俞氏之態度，又不若王氏之謹嚴，其臆改武斷，自較王氏爲甚。至訓詁及傳意解說，俞氏致疑之功，確有獨得之處，然其證明訓解，往往過於深求，又未如王氏《經義述聞》之多重證據，致俞氏雖能致疑，然仍未足以釋疑。

綜言之，俞氏不如王氏，然其成就仍屬可觀，馬宗霍《中國經學史》云：

> （俞）樾著《群經平議》，雖時以臆見改本經，或失之鑿，其善者固
> 不可易也。

馬氏之評可謂公允。〔註28〕

第九節　春秋穀梁傳經說

一、作者傳略

俞樾，見本章第八節。

二、概　述

《茶香室經說》十六卷，十三經中除《孝經》外，皆含其中，爲俞樾歷年積成之治經心得，其論證，漸於嚴格之訓詁徵實外，間以己意說經，書中

〔註28〕台北：臺灣商務印書館，68年9月，台六版，頁150。

多以意逆志者，且體裁近於筆記說經，論證時欠嚴謹。〔註29〕

　　《春秋穀梁傳》之部計二十一條，與《春秋公羊傳》合卷，為該書卷十三。二十一條中屬校勘者八，訓詁五，傳義解說四，餘四條分屬禮制、地名及史事，其中確然可信者不出五條，餘者或可備一說，而臆測之語，穿鑿之說，雖設想新奇，而理據不足。

　　以下舉其說之有見者，明其成績，舉其不可通者，明其疏失。

三、成　就

ㄅ、校　勘

△隱三年《傳》：「其不言食之者何也？知其不可知，知也。」

　　《經說》：「上知字上奪『不』字，本作『不知其不可知，知也』，《疏》云：『謂聖人慎疑，作不知之辭者，知也』，是其所據本必作『不知其不可知』，乃其述傳文亦無『不』字，後人據已奪之傳文而刪之也。」

連堂案：此以疏校傳，且有「不」字文意較適切，俞校是也。

△成十七年：「晉殺其大夫郤錡、郤犨、郤至。」

　　《傳》：「自禍於是起矣。」

　　《經說》：「自禍二字無義，疑『自』字乃『晉』字之誤。《集解》但曰『厲公見殺之禍』，不釋自字，《疏》亦無說，疑其所據本固作『晉禍於是起矣』，故不煩解說也。」

連堂案：俞氏之疑是，惟是否為「晉」字，則論證不足。

ㄆ、訓　詁

△桓五年：「春正月甲戌、乙丑，陳侯鮑卒。」

　　《傳》：「陳侯以甲戌之日出，己丑之日得，不知死之日，故舉二日以包也。」

　　范《注》：「國君獨出，必辟病潛行。」

　　《經說》：「《公羊傳》曰《恌也》，何休曰『恌者狂也』，近人鍾文烝作《補注》，以《公羊傳》說范《注》辟病為『辟易之病，即狂也』，實非范氏之意。辟病若是辟易之病，則猖狂妄行，不得云潛矣。《釋文》

〔註29〕參見曾師昭旭《曲園學記》，國立臺灣師大《國文研究所集刊》第十五期，60年6月，頁343。

曰：『必辟，音避，本又作避』，則相承舊讀固作逃避之避，不作辟易之辟也。病不可辟，而言辟病者，古人必有是說，《續齊諧記》載汝南桓景用費長房說，九月九日舉家登山，及還，見雞犬牛羊一時暴死，此雖不足信，然亦可見古有避病之說矣。今人遇瘧疾，亦有出避之而愈者，余親見之。」

連堂案：此例爲范《注》辨正，俞氏直以辟爲避，較鍾氏說平實可從。惟俞氏舉《續齊諧記》之例爲避災，非避病。

△宣十一年《傳》：「輔人之不能民而討猶可，入人之國，制人之上下，使不得其君臣之道，不可。」

范《注》：「輔相鄰國有不能治民者，而討其罪人則可，而曰猶可者，明鄰國之君無輔相之道。」

《經說》：「楚討夏徵舒，討弒君之賊，非討其不能治民也；討弒君之賊，亦非輔相之謂也。且謂鄰國無輔相之道，討賊非宜，則孔子不當請討陳恒矣，范《注》非是。由其於『不能民』三字未得其解耳，能者善也，《漢書・百官公卿表》：『柔遠能邇』，注曰：『能，善也』，蓋古以賢能並稱，能猶賢也，賢能並善也，不能猶不賢也，不能不賢並不善也。人之不能民，猶文十二年《公羊傳》所謂『君之不令臣』，不能猶不令也，不曰臣而曰民，賤之之辭也。公孫甯、儀行父從君於昏，其在陳也，可謂不善之人矣。楚子聽此二人之言，興師伐陳，是謂輔人之不能民而討，然夏徵舒實有可討之罪，則討之猶可也；遂納此二人於陳，則入人之國，制人之上下，使不得其君臣之道，大不可矣。傳意如是，范《注》失之。」

連堂案：俞氏質范《注》之失是，訓能爲善亦較范氏爲長，然仍有未洽，存一說可也。

四、疏　失

《穀梁傳經說》顯見之疏失，在理據薄弱，多穿鑿臆說，茲略舉二例以見。

△莊二十八年《傳》：「告，請也；糴，糴也。」

《經說》：「古書以同字爲訓者，往往有之，然必有虛實異義。如莊元年《傳》云：『孫之爲言猶孫也』，是其例也。若此兩糴字無可分別，

豈亦如伐字之有長言短言乎？疑下糴字當作糶。《說文・入部》：『糴，市穀也，從入從糴』，〈出部〉：『糶，出穀也，從出從糴』，經書告糴者，從魯言之也，傳者因經書告糴于齊，恐讀者不達，以爲請入穀於齊，故釋之曰『糴，糶也』，謂告糴實是告糶，請齊出穀，非請齊入穀也，蓋經從魯言之，傳從齊言之耳。糴之與糶，猶買之與賣，《周禮・萍氏注》：『苛察沽買過多』，《釋文》曰『買或作賣』，蓋自此言之謂之買，自彼言之謂之賣，義本相通，故自此言之謂之糴，自彼言之謂之糶，義亦得通耳。」

連堂案：俞氏以傳所以釋糴爲糶，乃恐讀者不達，以爲請入穀於齊，無是理也。經書「臧孫辰告糴于齊」，《傳》云：「國無三年之畜，曰：國非其國也。一年不升，告糴諸侯，告，請也；糴，糶也，不正，故舉臧孫辰以爲私行也，……一年不艾而百姓饑，君子非之，不言如，爲內諱也」，所云皆魯事，乃譏魯莊公享國之久，無一年之畜，故深爲諱，若大夫之私行告糴也。不升致譏者魯也，讀者何由以爲請入穀於齊？且恐人不達，則傳釋宜詳明，如云「糴，出穀於齊地」可也，今作「糴，糶也」是何辭耶？而經從魯言，傳從齊言，又如是簡略，徒生淆亂，爲傳者固如是乎？俞氏又以買賣爲類比，謂「自此言之謂之買，自彼言之謂之賣」，此誠然矣，然爲傳可謂之曰「買，賣也」，「賣，買也」乎？俞校非也。

△昭二十九年：「叔倪卒。」

《傳》：「季孫意如曰：叔倪無病而死，此皆無公也，是天命也，非我罪也。」

范《注》：「言叔倪欲納公，無病而死，此皆天命使魯無君爾。」

《經說》：「叔倪欲納公，事無所出，范之臆說耳。叔倪乃文公子叔肸之後，亦魯之公族，今無病而死，公族凋零，是亦公室不振之兆，故曰此皆無公也，猶《左傳》載莨宏語，以南宮極震知天之棄西王也。」

連堂案：據《左傳》求納魯君者爲叔孫昭子，非叔倪，鍾文烝《補注》云：「叔倪納公事不知若何，今無可考，凡古書事有相類者，皆當時記載之異，……魯大夫欲納君暴死一事也，而或以爲叔孫氏，《左傳》據之；或以爲叔氏，《穀梁》據之」，且以范《注》能顯傳意，最爲得解，則未如俞氏所謂臆說。至俞氏解公爲公族、公室，無公爲公族凋零，公室不振，然傳無以公指公族公室者，若俞氏眞臆說者也。

五、評　價

《經說・自序》云：

> 不知今之所說，其稍勝於前乎？抑或精神不及曩時，疏舛更甚也。

就《穀梁傳》言之，《經說》之精者不及《群經平議》，而其迂曲穿鑿，厖雜無根則又過之。蓋《穀梁》篇帙較少，文字之校勘、訓詁、傳義解說，前人論證已多，之前又已有《平議》之作，縱仍有疑，而釋疑之理據已難推尋，強為深求，誤失難免。

第十節　穀梁申義

一、作者傳略

王闓運（1832～1916）字壬秋，一字壬父，所居曰湘綺樓，自號湘綺老人，湖南湘潭人。歷任成都尊經書院、長沙思賢書院、衡州船山書院院長及江西大學堂講席，宣統間，賜翰林院檢討，晉侍讀，入民國，嘗任國史館館長。學宗今文家言，主治經致用；為文汪洋恣肆，達於至理；詩則華藻麗密，詞氣蒼勁，有漢魏六朝之風。著有《周易說》、《尚書箋》、《尚書大傳補注》、《詩經補箋》、《春秋公羊傳箋》、《穀梁申義》、《禮經箋》、《周官箋》、《禮記箋》、《論語訓》、《湘軍志》、《八代詩選》、《湘綺樓全集》等。生於道光十二年，卒於民國五年，年八十五。

二、概　述

《穀梁申義》一卷，自〈序〉云：

> 言《穀梁》者，唯麋、范傳于博士，及唐，唯用范氏，今頒學宮，范為先師，晉代不以專門說經，號為通取，故范氏注《穀梁》，而有毀傳之詞，夫傳述聖言，不能無瑕，然穀梁子私淑仲尼，親研異同，指事立教，必有宏旨，受經受義，義同君親，入室操戈，昔人所傷，說傳疑傳，後生何述？徒令蔑師法，侮聖言，因緣抵隙，六經皆訛，自趙宋及前明，流禍烈矣。……今唯明《公羊》，不足祛惑，輒以淺學，更申《穀梁》，務推其立說之原，期于不亂而止。諸例增減，舊注已詳，茲但約舉巨疑，不全載經傳，以《穀梁》儒者之論，可為

世範，故以授大女，使它日傳之爾。

由是知王氏以《穀梁》屬儒者之論，足為世範，乃欲袪疑辨惑，以申傳義，故曰「穀梁申義」。

是書推尊《公羊》，並且以《公》《穀》不妨兩立為說，書中即多引《公羊》以為對比，以屬辭比事闡發傳義，並於范《注》之疏失，予以證補、駁批，於何休、鄭玄之難傳釋傳，予以釐清疏正。茲分論公穀、屬辭比事闡義、證補范注、疏正癈疾釋癈疾等論述之。

三、成　就

ㄅ、論公穀

王氏為公羊學，繼以申《穀梁》〔註30〕，於二傳主推尊《公羊》，於《穀梁》說之有當者，則持《公》《穀》不妨兩立為說。

1. 推尊公羊

王氏以《公羊》親授聖傳，《穀梁》乃儒者所傳。其論惠公仲子云：

> 穀梁子未親聞微言，但受大義，凡人代年世，史家所重，儒者所略，《春秋》不嫌同詞同號，《公羊》親受聖傳，故知為桓母。（隱元年）

又莊三十一年，齊侯來獻戎捷，《傳》云：「內齊侯也，不言使，內與同，不言使也」，《申義》曰：

> 《公羊》以為威我，今知內之者，比僖二十一年，楚人使宜申來獻捷，不為威我，又威我不當言侯來獻，故知內之，若取郜取防歸于我亦不言使。又齊侯自來當云來朝，今云來獻，明是使人，又不言使，必是內之。《公羊》親受聖言，比事屬辭，知齊桓有驕矜之心，書侯為貶，義不相妨。

王氏以《穀梁》內齊侯為是，《公羊》威我為不然。〔註31〕然仍謂其親受聖言，

〔註30〕李新霖《清代經今文學述》云：「闓運之學，初由禮始，以禮經難讀，作《儀禮演》，……其後達《春秋》微言，以公羊學解群經，梁啟超曰：『王氏遍注群經，不斷斷於攻古文，而不得不推為今學大師。蓋王氏以《公羊》說六經，《公羊》實今學中堅也。』又曰：『晚清則王壬秋著《公羊箋》，然拘拘於例，無甚發明。』闓運又以唯明《公羊》，不足以袪惑，遂更申《穀梁》，務推其立說之原，期於不亂而止，故作《穀梁申義》。」（國立臺灣師大《國文研究所集刊》第二十二號，67年6月）頁159。

〔註31〕《公羊》此傳云：「齊大國也，皆為親來獻戎捷？威我也。其威我奈何？旗獲而過我也。」傅隸樸《春秋三傳比義》云：「《公羊》以為齊之用意，則向魯

謂齊侯有驕矜之心，書侯爲貶，強爲《公羊》辯說，此其推尊《公羊》使然也。

至若《穀梁》，王氏以爲儒者之論，其自〈序〉曾言之。（見前）又如僖二十二年，宋公茲父卒，《傳》云：「茲父之不葬何也？失民也。其失民何也？以其不教民戰，則是棄其師也」，《申義》曰：

> 《公羊》推襄公比文王，其義宏深，非儒者所及。

又曰：

> 杞自莊二十七年來朝稱伯，後皆稱伯，獨僖廿三年稱子以卒，蓋稱子廿年至文十二年乃復稱伯。杞，二王後，本公爵，《公羊》以爲黜杞、故宋、新周，伯子男一等，爵見二稱，以明非本爵，乃王者絀之耳。穀梁儒者，雖傳有故宋之說，必不敢傳託王之義。（僖廿三年）

知王氏以《穀梁》乃儒者所傳，未若《公羊》之親受聖言也。

2. 公穀不妨兩立

王氏雖推尊《公羊》，然亦不廢《穀梁》，《申義》於《公》《穀》之相異處，多持兩存，既是《公羊》，亦是《穀梁》，如書中時見「不妨爲異」者是。

莊三十年，齊人伐山戎，《傳》云：「齊人者，齊侯也，其曰人何也？愛齊侯乎山戎也。……則非之乎？善之也。」《申義》曰：

> 《公羊》以爲貶：今云善之者，比下獻戎捷稱齊侯，知不爲貶，使若遣人足以制戎，不以侯敵戎也。……《公羊》以爲貶者，桓伐無罪之衛，盡取紀邑，又不能救邢衛，使狄滅之，中國尚不治，何暇敵戎；《穀梁》直論本事之善惡，取其攘戎狄，不妨爲異也。

昭十一年，楚師滅蔡，執蔡世子友以歸，用之。《傳》云：「此子也，其曰世子何也？不與楚殺也。一事詳乎志，所以惡楚子也」，《申義》曰：

> 《公羊》以爲不君靈公，不成其子，誅君之子不立也：今云惡楚子者，經書誅君之子，爲君者多矣，事無可比，故知惡楚也。《公羊》以班殺父爲中國僅一見之事，故特變其文，以重父子之義；《穀梁》

國示威，懸旗於所俘獲之上，經過魯國，魯以爲國家之恥，故用獻捷來作掩飾。按地理形勢，燕與山戎均在齊國之北，魯則在齊之南，故魯濟之遇，雖由莊公爲主，而伐戎之師，魯實不與。蓋形格勢禁，有所不可，齊師凱旋，何由『過我』？此義之不通，不辯自明。」（台北：臺灣商務印書館，72 年 5 月）頁 257。

重夷狄之防，不妨爲異也。

昭十三年八月甲戌，同盟于平丘，公不與盟。《傳》云：「同者，有同也，同外楚也。公不與盟者，可以與而不與，譏在公也。其日，善是盟也。」《申義》曰：

> 《公羊》以爲諸侯遂亂，反陳蔡，君子不恥不與盟；今云譏公者，比諸盟稱同者，皆大其同盟，若不恥不與，何爲言同，故知譏公，下書公至自會，亦危之喜之耳。《公羊》以諸侯不乘此討楚爲失機而墮義；《穀梁》度勢，不責討楚，故以陳蔡得歸爲善。一張王者之法，一論當時事實，故不同也。

由上所引，知《公》《穀》解經各有所見，其說雖異，而義各有當。其說之相同相類者，固可相輔互證，其紛歧互異者，何嘗不可以相發而並存，故苟非體系之自相矛盾，不當強彼以就此，王氏云：

> 何（休）君以《公羊》之誼譏《穀梁》，此責越人以章甫也。（僖廿二年）

此其《公》《穀》兩立之說，而有別於謹守專家而互爲攻伐者；此蓋由其兼習《公》《穀》二傳故也。

夊、屬辭比事闡義

《申義》於傳義之立說、闡明，要以屬辭比事爲說，書中直謂「比事」者，即有多處，如「比事觀之」（隱九年）、「待學者之比事」（桓元年）等，而羅列類同經文以爲比勘者，亦有多條，茲論述《申義》中以此闡義而有見者。

其論聘問，《申義》曰：

> 隱七年冬，天王使凡伯來聘，未及國而見執，事無所譏，故重戎衛而已。桓四年夏，天王使宰渠伯糾來聘；五年夏，天王使仍叔之子來聘；八年春，天王使家父來聘；僖三十年冬，天王使家父來聘；宣十年秋，天王使王季子來聘，皆譏非正。可知莊二十三年祭叔來聘，《傳》曰「不正外交」，則祭叔自來行聘，非王所使也。或者歸脤使士，則間問亦士，不使大夫，今七子皆大夫，大夫來則不用問禮，而又無聘禮，假以聘使待之，故云聘非正也。（隱九年）

此條列來聘之例，以發傳所未發，並證傳以聘爲非正之說。

其論書執不書釋，僖二十一年釋宋公，《申義》曰：

> 《春秋》書執而不書釋者有九：晉文公執曹伯、衛侯，晉人執鄭伯、莒子、邾子，晉厲公執曹伯，楚人執徐子、其戎曼子赤、曹伯陽皆滅，邾子益爲內執，然惟此書釋，事無可比，故知釋皆不志，此比「楚宋平」，同以我在志也；晉釋曹衛我亦在，而不書釋，故知彼與晉，此不與楚也。

此以書執例不書釋，此書釋者，異於常例，比事觀之，而推論經志不志之例，與不與之義。

其論大夫不稱名，列舉十條經文：隱三年夏四月辛卯，尹氏卒；隱三年秋，武氏子來求賻；僖廿五年夏，宋殺其大夫；文七年夏，宋人殺其大夫；文八年冬，宋人殺其大夫司馬；文八年冬，宋司城來奔；文十五年春三月，宋司馬華孫來盟；莊九年春，公及齊大夫盟于暨；文七年秋，公會諸侯晉大夫盟于扈；宣十年夏，齊崔氏出奔衛，《申義》曰：

> 經於王朝列國大夫，不稱名字者凡十一條，尹氏、武氏子、崔氏皆書氏，宋司馬、司城、司馬華孫皆書官，華孫之稱同於高子、女叔，而特發以官稱之傳，齊宋晉曹皆直書大夫，惟曹大夫發曹無大夫之傳，明其獨異。此所列十條，武氏子《傳》云「孤未爵」，宋司馬、司城、司馬華孫、齊大夫皆曰「無君」，尹氏不言其故，崔氏云「舉族出之」，宋大夫云「在祖位尊之」，晉大夫不言其故。傳說既異，注家互殊，今推尋經文傳意，當合一例：皆嗣君未畢喪，未爵而命大夫，同爲無君之詞也。諸稱氏、稱官、稱大夫，皆在其君喪大祥之內，四發無君之傳，鄭（玄）以爲無君德非也。鄭既知文七年宋殺其大夫爲無嗣君，同一無君而作二解，《春秋》失德之君至眾，何獨於宋而責君德，《傳》於宋殺大夫云「以在祖位尊之」，此即孔父不稱名，或說爲宋諱，乃別傳之異義耳。《公羊》有譏世卿之義，故尹氏不名；《穀梁》不譏世卿，尹氏何以無說？知同下武氏子爲未爵也。未爵無君，二義不異。晉大夫不名，而《傳》曰「稱諸侯略之」，諸侯無罪，何爲見略，故知晉大夫與齊大夫不異，亦是公不及大夫，以無君而有大夫，譏諸侯不宜會之，故略之也。惟華孫既稱姓字，則不當書官，而云司馬華孫者，華本大夫，特司馬非君所命，故譏而書官，不去其姓字也。華孫之來，宋人無喪，而云無君者，上年

秋，宋子哀來奔，宋子是嗣君之稱，下年又書宋弒其君，則宋亂可
知，疑亦喪君，而經文闕，故子哀云無聞也。或者華孫二字，後人
依《公》《左》二經加之，《穀梁》本經無華孫，不然傳不得直云官
稱而已。列國君薨而有大夫者，鄭祭仲、蔡季、晉郤缺、郤犨、荀
偃、韓起、荀吳、荀躒、衛世叔儀，石曼姑、陳干徵師、齊國書、
宋華元皆在三年之內，不官舉，是先君命大夫也。此十人未畢喪而
孤命之，改父之臣，故書官書氏也。《穀梁》屬辭比事，不據史文，
凡此未爵無君之義，要受之先聖，但《公羊》口傳，有自知爲譏世
卿、譏內娶，《穀梁》無此義耳，今總列以見義。（宣十年）

此王氏條列經文比勘，發其義例，謂皆無君之詞，可備一說。惟其疏釋，仍
有疑義，如其論宋子哀，據《史記・宋微子世家》，宋昭公（杵臼）九年（魯
文公十六年），以無道，國人不附遭弒，知宋昭在位九年，子哀來奔時（文公
十四年），宋無喪君之事，王氏疑喪君而經文闕者，非所疑也。又子哀之奔，
《傳》曰：「其曰子哀，失之也」，范《注》：「言失其氏族，不知何人」，楊《疏》：
「舊解失之者，謂未達稱子之意」，鍾文烝《補注》：「失之者，謂子哀不氏而
稱子，師說失其傳也，傳云失之，即《公羊》云無聞焉爾」，諸說雖有歧異，
而較可從，王氏以宋子爲嗣君之稱，實無根據。至謂「華孫」二字乃後人依
《公》《左》二經加之，則更爲妄說，夫三傳經文本同，其或有之或無之之歧
異，則或爲脫，或爲衍，今有「華孫」二字，三傳不異，王氏爲己立說，竟
強同以爲異，其說之難通顯然。

至其論或書大夫，或書氏，或書官者，屬辭之體耳，其言曰：

假令書「宋人殺其大夫」「宋大夫來奔」，二大夫相承，則不詞，故
必加司馬、司城二官也：假令書「周大夫卒」「天王使大夫來求賻」，
則天子之大夫尊於諸侯，不可言大夫，尤不可言周大夫，故必書尹
氏、武氏也：假令書「宋大夫來奔」「齊大夫出奔衛」，則似大夫盡
來奔，故必云司馬、崔氏也。其「宋殺大夫」「齊大夫盟」暨「晉大
夫盟扈」，文無所嫌，故直云大夫也。曹無大夫，自與此異，故亦可
不書官氏也。其餘諸侯之大夫，承上而略之，亦不嫌與未爵書大夫
相同也。（宣十年）

此謂稱謂之異，在屬辭之明曉順理，其說是也。

王氏羅列類同經文以爲比事者，尚有「經書戰言及者十有五」（僖十八

年），以明各條之主客、褒貶；而「以夷狄中國一年內舉兵者」（昭十二年），更羅列達三十五條，分論《穀梁》闡《春秋》攘夷之大義，並謂夷狄交伐中國之際，伯主尤宜輯睦華夏諸國，以共禦夷狄，不然皆入狄矣；而晉以伯主，不敢敵楚，反與夷狄交伐中國，故《傳》狄之，何休《癈疾》疑《傳》，鄭玄《起癈疾》亦以為狄之太重，王氏比事明義，謂《穀梁》謹夷夏，乃儒者宏義，故責伯主之既深且重也。

屬辭比事，類比經文，以明書例，援例以求義，此《春秋》明義之法；惟《春秋》書例，紛紜難定，尋其所由，或同類紀載繁多，出入亦大，歸納之例，無以盡釋諸多經文，例外過多，經義遂眾說紛出，莫衷一是，此其一；或得類比之紀載殊少，幾難成例，強為之說，未見得當，難以服人，此其二；又或類同之經文，乃史書之體，不蘊義理，若以特筆見義，則特之為特，其例必少，甚且唯見一例，則所寓之義為何，難以釐定，類同孤證之論述，亦紛紜之所由，此其三。王氏《申義》，比事以見義，固善矣，然例之錯綜難定，義之強釋偏斷，亦所不免。

　　ㄇ、證補范注

王氏自〈序〉有「范注《穀梁》，而有毀傳之詞」「入室操戈，昔人所傷，說傳疑傳，後生何述？徒令蔑師法、侮聖言」之語，《申義》於范《注》，有補其未足，釋其所疑，正其謬誤者，茲舉例論述之。

△莊二十四年：「赤歸于曹，郭公。」

《傳》：「赤蓋郭公也。」

范《注》：「徐乾曰：郭公，郭國之君也，名赤，蓋不能治其國，舍而歸于曹。君為社稷之主，承宗廟之重，不能安之，而外歸他國，故但書名，以罪而懲之。直言赤，復云郭公者，恐不知赤者是誰，將若魯之微者故也。以郭公著上者，則是諸侯失國之例，是無以見懲之義。」

《申義》：「《公羊》亦云『曹無赤者，蓋郭公也』，『郭公』二字，先師所旁記，非經文大字也。經文本宜云『郭公赤歸于曹』，故《公羊》云『失地之君』，《穀梁》云『諸侯無外歸之義』，口相傳授，知赤是郭公也。若經文本有『郭公』二文，傳不須云『蓋』以疑之，當云『郭公者何？赤也。何以言曹郭公』云云，今直問赤，而不問郭公，知經文本無郭公也。」

連堂案：鍾文烝《補注》云：「徐謂以郭公著上，則是失國之例，無以見

義，此說非是。孔廣森曰：『郭公不當倒在下，疑傳《春秋》者，赤上字舊漫缺，經師相承以為郭公，謙慎不敢補入正文，故著之於下耳。』」王氏承孔氏之說，而加詳焉，足以輔證鍾氏之駁徐氏之說。

△莊三十二年：「秋七月癸巳，公子牙卒。」

范《注》：「何休曰：『傳例大夫不日卒，惡也。牙與慶父共淫哀姜，謀殺子般，而日卒何也？』鄭君釋之曰：『牙，莊公母弟，不言弟，其惡已見，不待去日矣。』甯案……然則不稱弟，自其常例耳，鄭君之說，某所未詳。」

《申義》：「牙弒子般，《公羊》所傳，《穀梁》未聞也。此不日卒，自是正卒，鄭取《公羊》以說《穀梁》，故與傳例異耳。」

連堂案：何、鄭辨牙卒書日之故，范疑鄭釋，王氏釋之如此。鍾文烝《補注》云：「此當以下文慶父事比觀之，其義乃見。慶父首惡，牙次之，慶父猶公子遂，牙猶叔孫得臣也。慶父諱奔言如，又諱其縊死，則牙卒可書日以掩惡矣。遂卒見不卒之文，則得臣卒當去日以明惡矣。首從輕重之差，咸各相稱，繹傳所言，而其所不言者，皆可以三隅反。」此足釋范疑。

△襄十年《傳》：「汲鄭伯。」

范《注》：「汲猶引也；鄭伯髡原為臣所弒，而不書弒，此引而致於善事。」

《申義》：「范云汲猶引也，王引之曰：『汲當作沒，讀若不沒其身之沒；沒鄭伯，卒鄭伯也』，引之改字是而義非也；沒者深沒其文，沒鄭伯者，沒不見其弒，使若正卒然。」

連堂案：此正范《注》訓解，並補正王氏之說，王師熙元《穀梁范注發微》云：「鄭伯為臣所弒，不書弒而書卒，見七年經、傳，王氏改字，足補《校勘記》之遺，其義則湘綺說為長。」〔註32〕

△哀二年：「晉趙鞅帥師納衛世子蒯聵于戚。」

《傳》：「納者內弗受也，帥師而後納者，有伐也。何用弗受也？以輒不受父之命，受之王父也。信父而辭王父，則是不尊王父也；其弗受，以尊王父也。」

范《注》：「甯不達此義。江熙曰：『齊景公廢世子，世子還國書簒，若靈公廢蒯聵立輒，則蒯聵不得稱曩日世子也；稱蒯聵為世子，則靈公

─────────────────────

〔註32〕同註26，頁767。

不命輒審矣。此矛盾之喻也，然則從王父之言，傳似失矣！經云納衛世子，鄭世子忽復歸于鄭稱世子，明正也，明正則拒之者非邪。』

《申義》：「鄭曰：『蒯聵欲殺母，靈公廢之是也。若君薨有反國之道，當稱子某，如齊子糾也。今稱世子如君存，是《春秋》不與蒯聵得反立明矣。』輒距蒯聵，二傳無異詞，江熙、范甯乃爲異論，自是父子之論起矣。然二傳俱以父與王父爲比，故啓俗疑論，凡傳言王父云者，特就俗父子之說駁之，以俗人難悟，姑以求勝，其實不必奉王父以敵父也。今申其義曰：《論語》冉有問子貢：『夫子爲衛君乎？』子貢以伯夷、叔齊爲問，而曰『夫子不爲也』。若非《春秋》許輒拒父，二賢何爲此問？《春秋》既許拒父，孔子復不爲輒者，《春秋》大法也。求仁得仁，人情也。以事論之：子既見逐，父喪不赴，卿大夫奉輒而立之，本不宜計及蒯聵也。輒既先立爲嗣而不辭，不容待王父死而始憶有父也；輒既不能辭於先立之時，待王父死而以位讓父，是以位爲利，而私以與父，既欺王父，而又以利詒父，尤非義也。輒既不可告喪於蒯聵，蒯聵何由奔喪？假令單車奔父，猶不可納，況以他國之兵入乎？兵入境則發兵拒之，不待再計也。經書『納蒯聵於戚』，與『鄭伯突入於櫟』同文，皆不言入其國，而入其外邑，是叛篡之詞也。國君一體，不得全論父子，子弒父宜舉父爲重，而經云弒其君；父殺子宜無大責，而書某侯殺其世子，重於殺大夫，凡以體國也。蒯聵聞父喪，若單車奔赴，輒亦未必拒之，迎養宮中，此其宜也。今乃哀父之情亡，奪國之情急，外挾強兵，內拒城邑，有滅衛之勢焉；輒受命而爲君，聞有外兵，何容不守？若開關延敵，釋殯出奔，社稷不守，晉兵必入，蒯聵於輒，豈有父恩？國滅身亡，在此一舉。故經書趙鞅帥師，明輒所拒者趙鞅也。納於戚，奪蒯聵於衛也，書世子，臨之以君父，明非輒之父也。三年春，齊國夏、衛石曼姑帥師圍戚，先國夏，明非子圍父，而鄰國宜助衛惡蒯聵也。傳曰：『不繫戚於衛者，子不有父也』，言衛戚則靈公之戚，世子安得據之？故絕其人倫而全爲邦人也。蒯聵據戚，伺隙而逞，戚一日不克，衛一日不安，不惟當拒之，又必圍之，圍之而克，逐晉兵，迎世子尊養之而不及政，以報私恩耳。不幸而世子死於兵刃，輒唯發喪成服，而不可讎殺父之人，以父受誅故也。然子視父死，心必不忍，故本推輒之義，宜先不立也。輒始立時，未必知父

當稱兵，父廢子立，今古之常，故聖人不深責也。今既立矣，外兵奄至，蒯聵既不肯單車而入，輒復不可單車而出，衛與戚不兩立也。若責輒拒父，即教輒棄國，且容蒯聵叛父而讎宗國，不可之甚。作史者容知有子南可立，作《春秋》惟見衛有嗣君；輒去則蒯聵入，蒯聵入則亂臣賊子得志，於諸人何利乎？故《春秋》深沒輒之文，使若非蒯聵之子然；冉有、子貢因疑夫子為衛君也。以情論之：守禦稍定，輒當告於殯，謀於廟，選親賢而讓之，己則去之，至餓死而不怨，以全父子之恩，此大賢之事也。伯夷、叔齊不辭於先，而辭於父死後，不為彰父之過，輒何必懼衛無君，代父而立，故以之比也。經惟書事，既不見衛侯輒之文，則惟有蒯聵叛父，而初無輒拒父，拒父之說，晉人、蒯聵之流言耳。江熙曰：『鄭世子忽反正有明文』，不知忽已先立，而突爭之，故明忽為世子；楚世子商臣、蔡世子有，亦當立乎？熙又曰：齊景公廢世子，陽生還國書篡。經初無世子陽生之文，何云景公世子乎？熙云：靈公不命輒，以傳『從王父』之言為失。傳云『尊王父』者，明世子叛父，非輒拒父。假使靈公不命輒，則衛人拒蒯聵，尤非輒之過也；使輒合眾以拒晉兵，亦有安社稷之功，可立也。《穀梁》儒生，而能傳此大義，故可為經訓耳；如小儒之見，以國授晉，且登叛人矣。」

連堂案：王氏因范氏之疑傳，而詳論其事其情，論述所及有《春秋》大義、書例、釋經、傳義、史事、人情、君臣名分、父子倫常，並諸多設想辨析，而明傳之宏正，所論率皆順理合情，足釋范氏之疑難。

ㄈ、疏正癈疾釋癈疾

《穀梁申義》於何休《癈疾》，鄭玄《釋癈疾》論述特多，其或有補於傳義之闡明，或有助於何、鄭所疑之釐清，茲舉例說明之。

△莊六年：「王人子突救衛。」

《傳》：「王人卑者也，稱名貴之也。」

《癈疾》：「稱子則非名也。」

《釋癈疾》：「王人賤者，錄則名可，今以其銜命救衛，故貴之，貴之則子突為字，可知明矣；此名當為字誤爾。」

《申義》：「傳以子突係王人之下，明其非字，蓋突是王子之未爵者，故以子冠名，若實稱字，不得加王人也。突既王子未爵，不可稱王子

突，又不可云王突，復不可單舉突。比之王人及石尙、王子瑕之例，知當以貴之之故書名，實微，故書人也。鄭以子突爲字，暗同《公羊》之誼，故何君譏其入室而操戈也。」

連堂案：王紹蘭《王氏經說》云：「《春秋》經自子突外，尙有子同、子糾、子般、子野，皆書名稱子；以此例之，何休云『稱子則非名』，鄭以子突爲字皆誤。《春秋》之義，人不若名，名不若字，字不若子……《公羊》莊九年齊人取子糾殺之，《傳》：『其稱子糾何？貴也』，是《公羊》稱子爲貴有明文，然則《春秋》以突爲王人，微者能奉命救衛，故書子。楊《疏》所引或說：「『突是名，子是貴』，似得之。」二氏之辨，可釐清何、鄭之議。

△僖十一年：「秋八月，大雩。」

《傳》：「雩月，正也。雩得雨曰雩，不得雨曰旱。」

《癈疾》：「《公羊》書雩者，善人君應變求索，不雩則言旱，旱而不害物，言不雨也。就如《穀梁》，設本不雩，何以明之？如以不雨明之，設旱而不害物，何以別乎？」

《釋癈疾》：「雩者，夏祈穀實之禮也，旱亦用焉。得雨書雩，明雩有益，不得雨書旱，明旱災成，後得雨無及也。國君而遭旱，雖有不憂民事者，何乃廢禮本不雩禱哉？顧不能致精誠也。旱而不害物，故以久不雨別之。文二年、十三年，自十有二月、自正月不雨，至于秋七月是也。《穀梁傳》曰：『歷時而言不雨，文不閔雨也』，以文不憂雨，故不如僖時書不雨。文所以不閔雨者，素無志於民，性退弱而不明，又見時久不雨而無災耳。」

《申義》：「傳意顯於定元年秋大雩之傳，彼云『古之人重請』，必待其時窮，人力竭，不雨則無及之月。凡雩者，非常之災也，不雨則旱，雨則喜而書雩，凡書不雨者，不爲災也，鄭以常雩明此雩，非傳意也。何以本不雩爲難，亦非也。本不雩亦不過爲旱災，《公羊》爲王者設大法，故須明之；《穀梁》但以得雨，不得雨爲重，無譏人君之意，所以言文不閔雨，但以一時、歷時爲比。即閔雨如湯，而致七年旱，自有備，不成災，何須屢書雩乎？人君亦不以雩爲賢也。」

連堂案：王氏之辨，足明《公》《穀》之別。

△文五年：「春王正月，王使榮叔歸含且賵。」

《傳》：「其日且，志兼也；其不言來，不周事之用也。賵已早，而含

已晚。」

《癈疾》：「四年夫人風氏薨，九年秦人來歸僖公成風之襚，最晚矣，何以言來？」

《釋癈疾》：「秦自敗于殽之後，與晉爲讎，兵無休時，乃加免穆公之喪而來，君子原情不責晚。」

《申義》：「鄭君詭言以拒難，非傳意也。《禮》經君於士，喪使人弔；大小歛，使人襚；既祖奠，使人賵；柩至邦門，使人贈；凡五使矣。天子於諸侯，雖道遠，未必五使，要之，始赴遣一使，襚弔將葬遣一使，賵贈相距數月，不可兼之，以禮文之用貴周也。周衰禮廢，故〈雜記〉遂有含襚賵臨同日畢事之文。夫方含旋賵，情理顛沛，知禮者所不許，經見一譏，先責天王，王固禮之所出也。秦在夷狄，六年始襚，譏文始明，何爲原情恕之？又含當入口，襚當附身，侯服去王畿五百里外，必不虛加含襚之使；歸含已非禮意矣，況方含即賵，奪主人之哀節，越喪禮之大序。比方言之，爲當含邪？則賵已早；爲當賵邪？則含已晚。譬之行冠禮，而乃懸弧，始納采，而已親迎，此之不譏，何貴言禮？」

連堂案：此以鄭君詭言釋疑，未足解何氏之難，乃詳說糾駁，並闡傳義。

△昭十二年：「晉伐鮮虞。」

《傳》：「其曰晉，狄之也。其狄之何也？不正其與夷狄交伐中國，故狄稱之也。」

《癈疾》：「春秋多與夷狄並伐，何以不狄也？」

《釋癈疾》：「晉不見因會以綏諸夏，而伐同姓，貶之可也，狄之太重。晉爲厥憖之會，實謀救蔡，以八國之師而不能救，楚終滅蔡，今又伐徐，晉不糾合諸侯以遂前志，舍而伐鮮虞，是楚而不如也，故狄稱之焉。」

《申義》：「上書楚子伐徐，不狄楚，而此狄晉，故鄭疑其太重，乃以救蔡解之。今檢經書，中國從夷國舉者，成三年鄭伐許及此而已。鄭之爲國，力屈於夷，其年諸侯方連兵伐鄭，故去疾初伐許不夷狄之，至多再伐，而後狄之，惡其恃楚而強也。晉爲盟主，於楚侵中國，常（連堂案：疑「當」字之誤）出兵爭戰救之，縱令力屈不能舉兵，何乃出師以伐他國，而不敢敵楚，是授楚以柄，喪中國之威，成夷狄之

勢，莫大於此，故於此狄晉以一見其義，是《穀梁》謹夷夏，責伯主，
愼兵威，明機權，儒者之宏義也。何君之言，《公羊》意亦如此，但以
與夷交伐之文爲非，是何之不審也。……何君所駁，了無所據，鄭君
所答，實亦未盡，《穀梁》之義，豈云短乎？楚伐徐，徐非中國，而傳
云與夷狄交伐中國者，晉不攘楚，是與夷狄交也；又伐鮮虞，是伐中
國也。責伯主之詞深，狄晉非重，當夷狄交伐中國，尤宜輯睦，不然
皆入狄矣！」

連堂案：王氏以《穀梁》謹夷夏之辨，深責伯主，狄晉非重，以釋何、
鄭之說。

四、疏　失

王氏《申義》之疏失，在論述之不謹嚴，隨意而發，無助義理之闡明，
甚且徒增淆亂，前文已略及之，茲復舉例明之。

莊四年，紀侯大去其國，《傳》云：「不言滅而曰大去其國者，不使小人
加乎君子」，《申義》曰：

> 《公羊》以爲爲襄公諱，賢襄公之復讎；此云小人者，《公羊》賢襄
> 公，取爲魯莊不復讎之鍼砭耳，非謂紀侯不賢也。齊紀俱賢，故特
> 言大去；若齊賢紀不賢，自可書齊師滅紀；紀賢齊非賢，宜如潞子
> 嬰兒謹日也。然傳云齊侯小人，則無賢齊之義，事異《公羊》；而不
> 書日月，亦不惡齊，云小人者對紀賢而言，非必絕齊甚于他滅，可
> 互通也。

此《公》《穀》異說，王氏欲調和之，然二傳之異，未必可互通調和，則兩存
之可也；若此之賢襄公與稱小人，實未見可通者，而王氏仍強作調人。類此
之缺失，亦見於對何休《癈疾》、鄭玄《釋癈疾》之論述，茲不復舉例。

僖十九年，梁亡，《傳》云：「梁亡，出惡正也」，《申義》曰：

> 出惡正者，舊以爲因有惡政而民出亡；今推無加損之意，蓋如曰卒
> 正，不曰卒惡之惡，惡言惡亡，正謂正亡也；既不書滅，自當書亡。
> 不見梁惡，亦非其正，出二者之外也。鄭棄其師，既非師敗，亦非
> 將奔，則由上棄之，故如其意，亦無加損也。或者「出」當作「由」，
> 言由政惡而亡也。

王氏之說無憑據。《穀梁》雖有正、惡之說，然何謂「正亡」？何謂「惡亡」？且傳文無「惡正」連文之例，解傳爲「出二者之外」，望文生義耳；又倘二字連用，以行文之例，亦宜作「出正惡」。下文「或者出當作由」之說，既無佐證，徒顯其前說之疑而未定，不免妄說之議。

僖三十三年，晉人及姜戎敗秦師于殽，《傳》云：「秦越千里之險，入虛國，不能守，退敗其師，徒亂人子女之教，無男女之別，秦之爲狄，自殽之戰始也」，《申義》曰：

> 云亂人子女之教者，子女當作父子，謂百里蹇叔父諫而子將，父不能止子行，子亦不用父命也。無男女之別者，蓋相傳三帥之還，由夫人請於朝，女與國事，是無別也。舊以爲師行無禮，傳無其文，且秦師果淫掠，不宜自殽始；或者殽大敗，死傷多，以寡婦配兵士，如勾踐之令，皆無文以明之。

《穀梁》此傳容有不明確處，然以夫人請三帥解無男女之別，實無憑據，王氏亦知無根，故又有以寡婦配兵士之或說，然亦妄加揣度耳；至以子女當作父子，則無異強傳以就己，則益甚矣！

成十四年，秦伯卒，《申義》曰：

> 當云秦伯某卒。據《世本》桓公名和，秦伯不名即當有傳，今無傳又無注，知脫落在范氏之後；《釋文》不言與《左氏》異，則脫落又在陸氏之前也。《公羊》亦無名，亦脫落也，皆以何、范不注知之。

此強《穀梁》爲之傳，強何、范爲之注，而無視三傳經文之不異，至其推論之疏鄙可不論矣。

王氏隨意妄議之失，已如上述，而其論述之不謹嚴，尚有含混不明之弊，亦舉例明之。

僖十五年，震夷伯之廟，《傳》云：「夷伯，魯大夫也」，《申義》曰：

> 《公羊》以爲季氏之孚；今比單伯不名，外異不書之事，知是魯大夫也。《公羊》別受師傳，故知爲微者。

王氏《公》《穀》義理兩立之態度是矣；然此當限於義理得兼存眾說，於史實、人物之異說，則所未允。夫史實、人物、地名，有其客觀事實爲論斷，相異諸說，或可皆非，而不容兩是：魯大夫與微者，只容一是，豈得兩存？又如成六年，取鄟，《傳》云：「國也」，《申義》曰：

> 此經上無其比，故知爲國，即入極、入杞之比耳；《公羊》以爲邾婁
> 邑，不繫邾婁，諱亞也。……《穀梁》無此諱義，故特發郜國之傳，
> 師授不同，致有異說耳。

此亦囫圇含混之說。

五、評　價

王氏習於《公羊》，以說《穀梁》，於傳義迭有闡發；其羅列經文，比事
爲說，亦有所見，於何休、鄭玄、范甯之疏漏，亦有釐清證補之功；尤於所
見所得，多能周詳申論。然比事求例，援例以釋義，不免拘執爲說，而輕議
妄斷及含混不明，有失謹嚴，尤爲明顯缺失。

第十一節　穀梁約解

一、作者傳略

劉曾騄，字驤臣，河南祥符人，光緒二年進士，授知縣。著有《九經約
解》、《春秋三傳約注》、《夢園詩集》、《夢園蒙訓》。

二、概　述

《穀梁約解》五卷蓋劉氏《九經約解》之一。該書主要爲揀取前人注疏
之說，而偶下案語。其所揀取幾乎全取自鍾文烝《穀梁補注》一書，以卷一
統計，共七十二條，其中明引「鍾文烝曰」者四十六條，引「尹更始曰」、「楊
倞曰」、「王引之曰」、「孔廣森曰」等，而實已爲鍾文烝《穀梁補注》所引者
十二條，引「范武子曰」者十二條，引「楊士勛曰」者二條，而鍾氏於范《注》
全引，楊《疏》二條亦爲《補注》所徵引，亦即卷一所引，全數不出鍾氏《穀
梁補注》。統計全書，亦僅俞樾五條、王引之三條、顧炎武一條、柳興恩一條，
計十條非出自鍾氏《補注》；而劉氏自下之案語，全書亦僅二十條。

三、成　就

劉氏案語計二十條，茲舉二例以見。

僖二十二年《傳》文「司馬子反」，《穀梁約解》：

> 麋信曰：「子反當爲子夷。」愚案：「其公孫固之字耶？」（卷三）

成公十七年《傳》:「公不周乎伐鄭也」,《穀梁約解》:

> 范武子曰:「周,信也。公逼諸侯爲此盟爾,意不欲更伐鄭。」愚案:
> 「言復伐,公未同往耳。」(卷四)

至揀引他家注疏,而未加案語者,亦舉二例概見。隱元年《傳》:「其志」,《穀梁約解》:

> 鍾文烝曰:「志,記也。」(卷一)

隱公八年《傳》:「諸侯之參盟於是始,故謹而日之也。」《穀梁約解》:

> 王元杰曰:「前猶兩國交盟,今三國合黨,馴至列國同盟矣。」(卷一)

王氏之說實爲鍾氏《補注》所引。

四、評　價

劉氏《穀梁約解》僅揀引他家注疏,且幾乎全出自鍾文烝《穀梁補注》一書,其所下之案語,僅寥寥數條,亦無所見,實不知其述作之旨意。

第十二節　穀梁起癈疾補箋

一、作者傳略

張佩綸(1848~1903)字幼樵,一字繩庵,號蕢齋,河北豐潤人。同治十年進士,時年二十四,歷任侍講、右庶子、左副都御史、侍講學士、總理衙門行走等職。早年與李鴻藻、張之洞、陳寶琛、寶廷等同爲清流,以剛直不阿,主持清議爲己任,敢於上疏直言,評議朝政,以彈劾大臣而聞名。光緒十年外放福建軍務會辦,馬尾海戰福建水師全軍覆沒,因兵敗革職,充軍東北。著有《管子注》、《莊子古義》、《穀梁起癈疾補箋》、《澗於集》、《澗於日記》等。生於道光二十八年,卒於光緒二十九年,年五十六。

二、概　述

張氏以《穀梁》及鄭玄《釋癈疾》時遭攻訐詆呵,私不以爲然,乃引述諸家義疏,董理辨正,以表明《穀梁》、鄭玄之說,自〈序〉云:

> 國朝經學昌明,《三傳》古義均得鉅儒輯比,《穀梁》最衰,宜共存立,而毛氏《春秋傳》時攻胡氏,波及《穀梁》,劉逢祿乃至詆呵鄭

君，目爲佞者，王懷祖父子至爲通博，顧於《釋癈疾》亦有微詞，心竊非之，迺取各本詳加校勘，依十二公篇次，條分件繫，以傳爲綱，而附何、鄭之說，刺取各家《穀梁》義疏，與鄭氏同者，理而董之，與《穀梁》異者，辭而闢之，彌月告成，仍分三卷。以復《隋》、《唐·志》之舊名，曰：《穀梁起癈疾補箋》。《孝經正義》引《鄭志目錄》記作《釋癈疾》，與孔、楊《疏》同。今曰《起癈疾》，從《後漢書·本傳》也。《隋》、《唐》有張靖《箋癈疾》三卷。……今曰補箋，存張靖舊名也。鄭君《六藝論》云：「注《詩》宗毛爲主，若隱略則更表明，如有不同，即下己意，使可識別。」《說文》：「箋，表識書也。」今之箋鄭，亦本鄭箋《毛詩》之意，故引舊說者十之七八，下己意者十之二三。

知該書多引舊說，而間下己意，書名《穀梁起癈疾補箋》者，復《隋》、《唐·志》之舊名。

　　《穀梁起癈疾補箋》自〈序〉云三卷，今所見光緒十三年鈔本不分卷。各家所輯鄭玄《起癈疾》全引，包括何休《穀梁癈疾》已佚，鄭玄所釋獨存之四條，亦全數收錄補箋。全書體例，先列《穀梁經傳》、何氏《癈疾》、鄭玄之釋，再列劉逢祿《穀梁癈疾申何》，後加案語辨說。張氏大抵依《穀梁》義補釋鄭玄之說，而間或指其曲解，於劉逢祿之質難，則多駁斥而間亦以爲然。茲就其說之可從或足供參證者，舉例述之，並略言其失。

三、成　就

　　△宣二年：「春王二月壬子，宋華元帥師及鄭公子歸生帥師戰于大棘。宋師敗績。獲宋華元。」

　　《傳》：「獲者，不與之辭也。言盡其眾以救其將也。以三軍敵華元，華元雖獲，不病矣。」

　　《癈疾》：「書獲，皆生獲也。如欲不病華元，當有變文。」

　　《起癈疾》：「將帥見獲，師敗可知，不當復書師敗績。此兩書之者，明宋師懼華元見獲，皆竭力以救之，無奈不勝敵耳。華元有賢行，得眾如是，雖師敗身獲，適明其美，不傷賢行。今兩書敗獲，非變文如何？」

　　《癈疾申何》：「《公羊》例，大夫生死皆曰獲，華元復見，知其不死綏

也。將獲不言師敗績，非《春秋》將師並重之例，證以經文，無所據
也。夫子云：『我戰則克』，『惡賁軍之將，與亡國之大夫，及與爲人後
者』同，豈云有賢行得眾乎？」

《起癈疾補箋》：「《經》書獲者六：『僖元年，冬十月壬午，公子友帥
師敗莒師于麗，獲莒拏。十有五年，十有一月壬戌，晉侯及秦伯戰于
韓，獲晉侯。襄八年，夏，鄭人侵蔡，獲蔡公子濕。昭二十有三年，
秋七月戊辰，吳敗頓、胡、沈、蔡、陳、許之師于雞甫，胡子髡、沈
子盈滅，獲陳夏齧。哀十有一年，五月，公會吳伐齊，甲戌，齊國書
帥師及吳戰于艾陵，齊師敗績，獲齊國書。』《穀梁》傳例以不書敗而
見獲者爲病，以書敗而見獲者爲不病。獲晉侯，《傳》曰：『韓之戰，
晉侯失民矣，以其民未敗而君獲也。』獲蔡公子濕，《傳》曰：『人微
者，侵淺事也，而獲公子，公子病矣。』此不書敗而見獲者也。獲莒
拏，《傳》曰：『惡公子之紿。』獲陳夏齧，《傳》曰：『獲者非與之辭
也，上下之稱。』此書敗而見獲者也。獲國書無傳，其書法與華元同，
當與華元一例。參觀各傳，正因經之變文，故傳例分析至爲詳盡。鄭
君此釋，可謂分肌擘理矣。申受以〈射義〉「賁軍之將」設難立論，極
爲嚴正，然《穀梁》于師敗見獲之將，較量其病不病，特云彼善於此，
與〈射義〉初不相妨，鄭以華元賢行得眾已視傳辭溢量，然亦云賢之
而已。我戰則克，夫子聖者也，康成豈以華元爲聖耶？至云將獲不言
師敗績，非《春秋》將師並重之例，則戰韓、侵蔡兩書法何爲？是申
受亦未詳比經文也。」

連堂案：張氏歸納傳文解經書獲之例，輔證傳說，並補述鄭玄之釋，以
答劉氏之難。

△僖二十五年：「秋，楚人圍陳，納頓子于頓。」

《傳》：「納者，內弗受也。圍，一事也。納，一事也。而遂言之，蓋
納頓子者陳也。」

《癈疾》：「休以爲即陳納之當舉陳，何以不言陳？」

《起癈疾》：「納頓子固宜爲楚也。穀梁子見《經》云『楚人圍陳，納
頓子于頓』，有似『晉陽處父伐楚救江』之文，故云蓋陳也。」

《癈疾申何》：「陳納之即不舉陳，當加『陳人執頓子』等文以起之，
救江亦晉非楚，引之欲以何明也？」

《起癈疾補箋》:「鄭君此釋未暢。杜預《左氏傳注》謂:『頓君迫於陳而出奔楚,楚因圍陳而納頓子于頓。』毛氏《春秋傳》取之,引以申《穀梁》,此傳最合。上云納者內弗受也,下云納頓子者陳也。蓋頓弗受頓子者,陳故也。故齊弗受糾則曰:『公伐齊納糾。』陳弗受公孫寧、儀行父則曰:『楚子入陳,納公孫寧、儀行父于陳。』今不曰伐頓,而曰圍陳納頓子于頓,則弗受頓子者,陳為之也。觀於定十四年,『二月辛巳,楚公子結、陳公孫佗人帥師滅頓,以頓子牂歸』,知陳屬楚,則合陳以滅之,陳不從楚,則圍陳以納之,形勢然也。何氏誤解納字,鄭君未能釐正伐楚救江,以明書法,申受乃以是晉非楚駁之,不類於癡人說夢乎?」

連堂案:張氏之補述有助於傳文之詮釋。

△僖三十年:「公子遂如京師,遂如晉。」

《傳》:「以尊遂乎卑,此言不敢叛京師也。」

《癈疾》:「大夫無遂事。案襄十二年,季孫宿救邰,遂入鄆,惡季孫不受命而入也。如公子遂受命如晉,不當言遂。」

《起癈疾》:「遂固受命如京師如晉,不專受命如周,《經》近上言『天王使宰周公來聘』,故公子遂報焉,因聘於晉,尊周不敢使並命,使若公子遂自往然。即云『公子遂如京師如晉』,是同周於諸侯,叛而不尊天子也。《公羊傳》有美惡不嫌同辭,何獨不廣之於此乎?」

《癈疾申何》:「文八年公子遂會晉、會戎,四日之間不能再出,而兩書公子遂,以後之奉命,正前之專命,故加日以表之。《春秋》非為尊周而作,故朝聘俱言如,與諸侯同文,豈得云叛乎?大夫無遂事,故公子遂遂,卒弒子赤,季孫宿遂,卒逐昭公,見微知著,為萬世戒也。《穀梁》不傳斯義,動成燕說,鄭氏從而為之辭。夫子曰:『惡佞恐其亂義也,惡利口恐其亂信也』,殆不免矣。」

《起癈疾補箋》:「成公十有三年,三月,公如京師。《穀梁傳》曰:『非如而曰如,不叛京師也。』公自京師,遂會晉侯、齊侯、宋公、衛侯、鄭伯、曹伯、邾人、滕人伐秦,『言受命不敢叛周也。』《公羊》亦曰:『其言自京師何?公鑿行也。公鑿行奈何?不敢過天子也。』二傳意同。朝聘同屬嘉禮,故《穀梁》復以『不敢叛京師』傳此經之遂,《公羊》則以『大夫無遂事』解之,與季孫宿一例。屬辭比事,似以《穀

梁》爲長。鄭君嫌成十三年乃君非大夫，不欲深難邵公，故以使若公子遂自往爲解，辭則從遜，而意轉生歧矣。孔氏亦謂政逮大夫之始，故謹而錄之。孔子曰：『政逮於大夫四世矣。』諸家均以爲文公，《繁露》說同，無謂僖公失政者，此何所據？申受謂公子遂遂，卒弒子赤，季孫宿遂，卒逐弒昭公，似矣。莊十九年，秋，公子結媵陳人之婦，遂及齊侯、宋公盟，此何應乎？《公羊》乃云：『出竟有可以安社稷利國家者，則專之可也。』許結而又何責於遂耶？言如京師，不曰如周，豈其夷天子於列國，且固曰公朝于王所矣。《春秋》非爲尊周而作，是何謬妄。申受此難，幾同儓父譸呪以佞利，舐呵高密，猶其小失也。」

連堂案：劉氏《癈疾申何》對《穀梁》及鄭釋之強力質疑，張氏以《公》《穀》二傳均有尊周之意，而劉氏以大夫遂事爲肇禍之端，張氏除舉證其不必然，並以《公羊》自家說法「出竟有可以安社稷利國家者，則專之可也。」回應劉氏。

　　△僖二十一年：「十有二月癸丑，公會諸侯盟于薄。釋宋公。」

　　《傳》：「會者，外爲主焉爾。外釋不志，此其志何也？以公之與之盟目之也。不言楚，不與楚專釋也。」

　　《癈疾》：「《春秋》以執之爲罪，不以釋之爲罪，責楚子專釋，非其理也。《公羊》以爲公會諸侯釋之，故不復出楚耳。」

　　《起癈疾》：「不與楚專釋者，非以責之也。《傳》云：『外釋不志，此其志何也？以公之與之盟目之也。』言公與諸侯盟而釋宋公，公有功焉，與《公羊》義無違錯。」

　　《癈疾申何》：「如鄭君說，《傳》當云：『不言楚，歸功於諸侯也。』」

　　《起癈疾補箋》：「《公羊》傳釋宋公：『執未有言釋之者，此其言釋之何？公與爲爾也。公與爲爾奈何？公與議爾也。』鄭曰：『公有功焉，即公有與爲爾也，即公與議爾也。』邵公解曰：『善僖公能與楚議釋賢者之厄。不言公釋之者，諸侯亦有力也。』補出諸侯，意似帀然，與不復出楚，語微犯矣。鄭云公有功焉，未曰歸功於諸侯，申受可云強辨。夫不與楚專釋，公與諸侯共釋之意自見矣。」

連堂案：單言魯公有功，明魯與會，其說可也；如出諸侯，則無出楚、出魯之需，張氏所謂「語有微犯」指此。張氏之說可補鄭釋，於邵公之解，則指其未周；然鄭、何、張氏恐均未得《穀梁》要義。《穀梁》特言「不與楚」，

何休亦云「不復出楚」，實以楚別有義涵。鍾文烝《補注》云：「何既失之，鄭又非也。不與楚專釋，與上以公盟目之，文意不相屬。《公羊》所云，不可通於《傳》。……《傳》言不與專釋者，明非楚所得專執，故亦非楚所得專釋也。《傳》但解經釋不言楚，則上執不言楚，亦包其義，上執無傳，故於此特明之。焦袁熹曰：『楚執之，楚釋之，不言可見，其事著也；無楚執、楚釋之文，不使夷狄得加於中國，其文隱也。』」（僖二十一年）鄭玄、張氏以功爲說，不如鍾氏之以義詮解。不與者，實然，於義不與也。亦即焦氏所云，實乃楚執之，楚釋之，然不使夷狄得加於中國，故《傳》言不與楚專釋。此即《春秋》借事明義，以明華夷之辨。

△宣十年：「齊崔氏出奔衛。」

《傳》：「氏者，舉族而出之之辭也。」

《癈疾》：「氏者，譏世卿也。即稱氏，爲舉族而出，尹氏卒，寧可復以爲舉族死乎？」

《起癈疾》：「云舉族死，是何妖問甚乎？舉族而出之之辭者，固譏世卿也。崔杼以世卿專權，齊人惡其族，今出奔，既不欲其身反，又不欲國立其宗後，故孔子順而書之曰『崔氏出奔衛』，若其舉族盡去之爾。」

《癈疾申何》：「《傳》無譏世卿之義，鄭爲飾之非遁辭乎？又以爲順齊人而書之，豈筆削之義乎？且如鄭說，後又安得有崔杼乎？《易‧繫辭》辯六子之辭，獨以民人爲吉，何君一語眞乃解頤，鄭不兼五子之病乎？」

《起癈疾補箋》：「《漢書‧楚元王傳》：『向上封事，曰：「尹氏世卿而專恣」，又曰：「昔晉有六卿，齊有田、崔，衛有孫、甯，魯有季、孟，常掌國事，世執朝柄。終後田氏取齊，六卿分晉，崔杼弒其君光，孫林父、甯殖出其君衎，弒其君剽，季氏八佾舞於庭，三家者以《雍》徹，並專國政，卒逐昭公。周大夫尹氏管朝事，濁亂王室，子朝、子猛更立，連年乃定。故經曰「王室亂」，又曰「尹氏立王子克」，甚之也。《春秋》舉成敗，錄禍福，如此類甚眾，皆陰盛而陽微，下失臣道之所致也。』《詩‧文王正義》引：『《五經異義》卿得世。又《公羊》《穀梁》說卿大夫世，則權并一姓，妨塞賢路，專政犯君，故經譏尹氏、齊氏、崔氏也。』子政持《穀梁》義，以《六藝論》，謂向乃顏安

樂弟子，故惠氏《九經古義》云：『子政封事多《公羊》說。』今以《異
義》所引《穀梁》說證之，則知《穀梁》說於尹氏、崔氏亦以爲譏世
卿，鄭君確有所本，豈得譏爲遁辭。後有崔杼，殆去而復返，如申受
說，前有尹氏卒，後有尹氏立王子朝，豈其絕而復甦乎？筆削之義，
有改舊文者，有仍舊文者，劭公語涉嘲謔，即足解頤，博通如鄭君，
而申受時加詆毀，無乃近於江公之狗曲乎？」

連堂案：劉氏引史說譏世卿之害，並旁證《穀梁》亦有譏世卿之說，以
佐鄭釋有所本。惟鍾文烝《補注》云：「《公羊》之義不可通於《傳》，《傳》
無譏世卿義，直謂舉族出耳。」（宣十年）

△襄十九年：「晉士匄帥師侵齊，至穀，聞齊侯卒，乃還。」

《傳》：「還者，事未畢之辭也。受命而誅，生死無所加其怒。不伐喪，
善之也。善之則何爲未畢也？君不尸小事，臣不專大名，善則稱君，
過則稱己，則民作讓矣。士匄外專君命，故非之也。然則爲士匄者宜
奈何？宜墠帷而歸命乎介。」

《癈疾》：「君子不求備於一人，士匄不伐喪，純善矣。何以復責其專
大功也？」

《起癈疾》：「士匄不伐喪則善矣。然於善則稱君，禮仍未備，故言乃
還，不言乃復，作未畢之辭。還者致辭，復者反命。」

《癈疾申何》：「士匄不伐喪而還，若夙承君命者然，其爲善則稱君，
不益著乎？若俟歸命乎介，則處其君於非禮，而專大名矣。《傳》之所
云，不已傎乎？」

《起癈疾補箋》：「朱氏彬《經傳考證》：『彬謂朱子言，士匄侵齊，聞
齊侯卒乃還，分明是善之，善則稱君，過則稱己，如諫行言聽，一如
未諫未言者，所謂斯謀斯猷，惟我后之德也。古者將在外，君命有所
不受，士匄之不伐喪，自是合禮。若既褒之，又責其專大名，則予奪
兩無所據矣。』《左氏傳》曰：『聞喪而還，禮也。』《公羊》曰：『大
其不伐喪也。』三占從二，《穀梁》似近刻矣。惟傳例，還爲事未畢之
辭，復爲事畢之辭。故鄭如其說以解之。楊《疏》：『如鄭之言，亦是
譏士匄不復命也。然如鄭意，以乃還爲惡，乃復爲善，則公子遂至黃
乃復，又爲惡之者，彼以遂違君命而反，故加畢事之文，欲見臣不專
君命，與此意少異。』則未審至黃乃復，《傳》曰：『復，事畢也，不

專公命也。』復爲不專命,則還爲專命,故書還而不貶者,則歸父還自晉,至笙,遂奔齊。《傳》申之曰:『還者事未畢也,自晉,事畢也。』蓋《穀梁》論士匄近刻,而其於書還、書復,則辨之甚詳,鄭氏之釋是也。」

連堂案:張氏以《穀梁》傳解書還、書復,辨析詳明,補證鄭釋。至《傳》以士匄專命,張氏引《左》《公》及朱彬之說,以其較爲近理,而以《穀梁》之論近刻。相較於《左氏》《公羊》,《穀梁》於君臣之際,確較謹嚴。《穀梁》主尊君卑臣,重君命,不得廢君命,不得專君命。〔註33〕以此傳之論士匄,不伐喪爲善,無疑義。晉士匄奉命帥師侵齊,聞齊侯卒,乃班師而回。《穀梁》以人臣受命侵伐,不得專擅改易,應遣副使請命,待君命而行。今士匄擅自作主,故責其外專君命。

△襄二十七年:「衛侯之弟專出奔晉。」

《傳》:「專,喜之徒也。專之爲喜之徒何也?己雖急納其兄,與人之臣謀弒其君,是亦弒君者也。專其曰弟何也?專有是信者。君賂不入乎喜而殺喜,是君不直乎喜也。故出奔晉,織絢邯鄲,終身不言衛。專之去,合乎《春秋》。」

《癈疾》:「甯喜本弒君之家,獻公過而殺之,小負也。專以君之小負自絕,非大義也。何以合乎《春秋》?」

《起癈疾》曰:「甯喜雖弒君之家,本專與約納獻公爾。公由喜得入,已與喜以君臣從事矣。《春秋》撥亂重盟約,今獻公背之,而殺忠於己者,是獻公惡而難親也。獻公既惡而難親,專又與喜爲黨,懼禍將及,君子見幾而作,不俟終日。微子去紂,孔子以爲三仁。專之去衛,其心若此,合於《春秋》,不亦宜乎?」

《癈疾申何》:「甯喜之殺,不去大夫,與里克同文,惡獻公之盜國,非惡其背約也。專於獻之未出,既不能維持其君臣,及其入也,又與喜約共弒剽,至喜見殺,乃徒執其硜硜之信以暴君兄之過,經書出奔,

---

〔註33〕士匄作爲,《左傳》《公羊》異於《穀梁》之說。《左傳》云:「晉士匄侵齊,及穀,聞喪而還,禮也。」杜《注》云:「禮之常,不必待君命。」《公羊傳》云:「還者何?善辭也。何善爾?大其不伐喪也。此受命乎君而伐齊,則何大乎其不伐喪?大夫以君命出,進退在大夫也。」另《穀梁傳》君臣關係之主張,請參見拙著〈穀梁傳之君臣關係析論〉,《孔孟學報》第八十七期,98年9月。

以為是喜之黨而已矣。《詩》曰：『君子屢盟，亂是用長。』穀梁子亦云：『盟詛不及三王。』《春秋》繼三王以撥亂，豈其重盟約乎？既云專為喜黨，又以微子去紂例之，儗人不倫，莫此為甚。」

《起癈疾補箋》：「《春秋》書弟出奔者四：襄二十年陳侯之弟光出奔楚，昭元年秦伯之弟鍼出奔晉，《傳》皆曰：『其弟云者，親之也。親而奔之，惡也。』宋公之弟辰暨仲佗、石彄出奔陳，無傳。而入蕭以叛，《傳》猶云『未失其弟』，雖正其叛之罪，而不沒其弟之名，自蕭來奔，猶書曰弟，弟不言弟者，惟鄭之段、魯公子牙而已，《春秋》親親之道也。穀梁子嫌專前與弑剽，後涉黨喜，而《春秋》書弟，與陳光、秦鍼同文，因詳考其故，特發一傳，上曰：『專其曰弟何也？』下曰：『專之去合乎《春秋》。』乃謂專之去合於《春秋》書弟之例耳。承上殺審喜傳之惡，獻公與光、鍼兩傳之親而奔之惡也，意可參證。鄭君以邵公之詰，揚之太過，擬諸微子，稍覺不倫。然以《公羊》所載，未入之，先盟約，如彼獻位甫定，喜執甫歸而負盟約，如此則專之去亦尚知幾。申受以重盟約為非《春秋》指，則《公羊》各傳所云「盟日」、「盟不日」之例，亦贅設矣。《穀梁》云『盟詛不及三王』，豈云盟詛不及《春秋》乎？」

連堂案：張氏以傳例類比，並以上下文謂《傳》云「合乎《春秋》」乃謂合於《春秋》書弟之例耳。鍾文烝《補注》云：「上言專以守信而奔，故得稱弟，正解經文已畢。此又言其去國之深得事宜，合乎《春秋》之義也。專雖守信，終為喜徒，嫌其雖著弟文，不得以去為善，故明專之去實是善也。但較叔肸則不如之，故一兼稱字，一直稱名，一云取貴，一云合也。鄭君比之微子，李廉以為過美，而其說大概近是。」（襄二十七年）楊《疏》宣十七年云：「專之去，使君無殺臣之惡，兄無害弟之愆。」張氏《春秋》書例之說存參可也，然不若楊、鍾以《春秋》之義為說。

四、疏　失

張氏書中時廣引諸說，而難下己意。或雖作詮解，而說未必當，徒見繁複。茲舉一例以概見。

△文八年：「宋人殺其大夫司馬。」

《傳》：「司馬，官也。其以官稱，無君之辭也。」

《癈疾》：「近上七年，『宋公壬臣卒』、『宋人殺其大夫』，不言官。今此在三年中言官，義相違。」

《起癈疾》：「七年殺其大夫，此實無君也。今殺其司馬，無人君之德耳。司馬、司城，君之爪牙，守國之臣，乃殺其司馬，奔其司城，無道之甚，故稱官以見輕慢也。傳例：『稱人以殺，殺有罪也。』此上下俱失之。」

《癈疾申何》：「君專殺大夫無德，當文自見，且宜稱國以殺，不待以官稱也。如傳例以為有罪，則《禮》云『大夫強而君殺之，義也』，安得云殺爪牙之臣，無道之甚乎？君之卿佐，皆為股肱，豈不為司馬、司城而誅之，而逐之，乃得為義乎？」

《起癈疾補箋》：「文七年，宋人殺其大夫。稱人以殺，誅有罪也。楊《疏》：『《公羊》以為三世內娶，使若無大夫，故不書名。』《左氏》以為無罪，故不書名。今此傳直云『稱人以殺，誅有罪也』，則謂此被殺者為有罪，故稱人以殺，仍未解不稱名所由。案：僖二十五年『宋殺其大夫』，《傳》曰：『其不稱名姓，以其在祖之位，尊之也。』此傳云『誅有罪也』。又經稱宋人，則與彼異。蓋成公壬臣新卒，昭公杵臼未即位，國內無君，故不稱名氏，從未命大夫例，故八年鄭《釋癈疾》亦以此為無君。若然，兩下相殺，《春秋》不書，又不得言其，此書殺大夫而云無君者，以受命於嗣天子，是以言其。孤未畢喪，故無名氏。八年書『司馬，官也』者，彼雖實有君，而不重瓜牙，無君人之度，故《經》書『司馬』，《傳》以「無君」釋之。鄭玄云，亦為上下俱失。罪臣以權寵逼君，故稱人以殺。君以非理殺臣，故著言司馬。不稱名者，以其世在祖之位，尊亦與僖二十五年『宋殺其大夫』同，是其說也。王氏《經義述聞》：『引之謹案：《穀梁傳》言無君者二：隱三年，武氏子來求賻，《傳》曰：「不言使何也？無君也。」此謂桓王未即位，故曰「無君」也。莊九年，公及齊大夫盟于暨，《傳》曰：「大夫不名，無君也。」此謂齊人殺無知，尚未有新君也。言無君之辭者三：文八年，宋人殺其大夫司馬，《傳》曰：「司馬，官也，其以官稱，無君之辭也。」又，宋司城來奔，《傳》曰：「司城，官也，其以官稱，無君之辭也。」十五年，宋司馬華孫來盟，《傳》曰：「司馬，官也，其以官稱，無君之辭也。」蓋謂其擅權專國，不知有君，故曰無君。無君

之辭也者，謂經書司馬、司城，是著其專權無君之辭也。范泰說宋司馬華孫曰：「擅權專國，不君其君，緣其不臣，因曰無君，故書官以見專。」然則《經》八年之書司馬、司城，亦謂其專擅無君明矣。七年《傳》曰：「稱人以殺，誅有罪也。」此宋人殺其大夫司馬，亦稱人以殺，則有罪可知，司城來奔亦有罪不容於宋可知。所謂罪者，專擅無君之謂也，故書官以見之。而鄭氏乃云「殺其司馬，無君人之德」，非也。《經》既稱人以殺，以明有罪，則非君之妄殺矣，何又責其無君人之德乎？且八年、十五年同一書官，同一無君之辭，而前後異訓，無是理也。』孔氏《公羊通義》：『等不名，前不官舉者，彼直一事耳。此殺與奔各一人，若云「宋人殺其大夫」、「宋大夫來奔」，則漫無區別，不成為文，故以其官識之。』據《左氏傳》，則司馬乃公子卬，昭公之黨，而襄夫人因國人殺之。《史記‧宋微子世家》：『成公卒，成公弟禦殺太子及大司馬公孫固而自立為君，宋人共殺君禦，而立成公少子杵臼，是為昭公。九年，昭公無道，國人不附，出獵，夫人王姬使衛伯攻殺昭公杵臼。』〈年表〉，昭公元年，當文公八年，前云公孫固殺成公，恐是成公弟禦殺公孫固之誤，既以七年所殺之公孫固與八年之司馬為一人，則當在八年，殆錯置於前一年者。《穀梁》敘事太略，疑成公卒後，國內亂，至文八年始定嗣君，故連年稱人以殺大夫，前誅有罪者為亂黨，此書官者為公臣，似以《史記》證《穀梁》，則兩無君正昭未定位之時，故書法如此。司馬華耦來盟在昭公被弒之前一年，雖夫人之命，而《左》云師甸，《史》云衛伯司馬屬也。此必預於弒君之逆謀，故特著其官，而《穀梁》亦以無君解之。《左氏》紀其在魯，忽敘其祖華督弒君，豈非言不由衷，欲蓋彌彰之實迹耶？桓譚謂無《左氏》無以定《公》、《穀》，而賈服諸儒時本《穀梁》以說《左氏》，子長網羅舊聞，時存軼說，故兼采之以資參證。孔氏之說，以齊大夫盟暨傳證之，極合。曉人不當如是耶？申受之駁，泥而釋矣。

連堂案：張氏引述楊《疏》、《左氏》、《史記》、《經義述聞》、《公羊通義》作論辯，然於傳義之釐清，實無補裨。此條鍾文烝《補注》及王闓運《穀梁申義》之說較為近理。《補注》云：「十五年《注》以無君為不臣是也，鄭說非也。不稱名姓，在祖之位也，《左氏》事迹可徵，其是非予奪，皆未可信。但此與上七年皆稱人以殺，稱人則已見罪，而彼直云殺其大夫，此復稱官者，

蓋因下事書宋司城，二文相連，不可空言大夫，無以相別，故下言司城，則此言司馬。而因此司馬之文，又以見祖位及在祖位者之實，乃爲前後諸文之樞紐，此聖者之作，自然之妙也。《傳》因下文稱官是無君之辭，故於此亦順而言之，不可以辭害意。」（文八年）《穀梁申義》云：「鄭以爲無君德，非也。鄭既知文七年宋殺其大夫爲無嗣君，同一無君，而作二解，《春秋》失德之君至眾，何獨於宋而責君德？……此書官者，若言『宋人殺其大夫』、『宋大夫來奔』，即不詞矣。故具列其官，即如何君難『宋三世無大夫』，事同一例，而前不官舉，後舉二官，豈前大夫無官邪？」

張氏另一缺失則是該版本校勘不佳。張氏書中雖於版本、校勘特多留意，然己書之訛誤脫衍殊多。自〈序〉云：

> 遄取各本詳加校勘。

書中亦多處有版本校勘之提示。隱五年「宋人伐鄭圍長葛」條，輯自《穀梁疏》：「鄭玄云：苞人民，毆牛馬，兵去則可以歸還，其爲害輕，壞宮室，斬樹木，則樹木斷不復生，宮室壞不自成，爲毒害更重也。」張氏註云：

> 「害輕」二字，據何校本補。

又如，桓十三年《傳》「其不地於紀也」條，輯自范甯《集解》：「何休曰：在紀何爲不地？釋曰：紀當爲己，謂在魯也，字之誤耳。時龍門城下之戰迫近，故不地。」張氏註云：

> 珠塵本失引。「時」各本誤「得」，今從余仁仲本改。

僖十八年「邢人狄人伐衛」條，張氏云：

> 《集解》引《癈疾》「義異何也」？徐《疏》作「於義《穀梁》爲短」，
> 所見本異。以鄭《釋》證之，當從《集解》，申何本於「義異何也」，
> 加「于義《穀梁》爲短」，而不云本徐《疏》，舛矣，今從珠塵本。

由上可知張氏於版本、校勘特多留意；然張氏該書脫衍訛誤殊多，茲舉數例以見。

哀六年「齊陳乞弒其君荼」條，劉逢祿《癈疾申何》：

> 難曰：「荼之不正以不日明之，與晉卓子同例；荼之弒實陳乞同主之，
> 故與晉里克同例。《經》曰『其君』，《傳》曰『陳乞之君，非陽生之
> 君』，不亦亂於義乎？然則楚棄疾不以國氏，又不稱其君，且得爲誅
> 辭乎？商臣取國于舍，又何爲不以國氏乎？」

此段「荼之弒實陳乞同主之」衍「同」字,「又不稱其君」上脫「比」字,「且得爲誅辭乎」「誅」下脫「亂」字,「商臣取國于舍」「商臣」當作「商人」。僖十八年「戰于靈」條,劉逢祿《穀疾申何》:

> 難曰:「邲之戰,晉、楚皆客也,即楚獨爲客,亦以楚及晉,內外之
> 辨也。」

「亦以楚及晉」「亦」下脫「不當」二字,致文意正相反。僖二十二年「戰于泓」條:

> 何休曰:「即宋公身傷,當言公不當言師,成十六年『楚子敗績』是。
> 又成十六年《傳》曰:『不言師,君重於師也。』即成十六年是,二
> 十年虛言也。即二十二年是,十六年非也。」鄭君釋之曰:「《傳》
> 說楚敗績,曰四體偏斷,此則目也。此言君之目與手足有破斷者,
> 爲敗矣。今宋襄公身傷耳,當持鼓,軍事無所害,而師猶敗,故言
> 宋公敗績也。傳所以言『敗眾敗身傷焉』者,疾其信而不道,取大
> 辱。」

此段「成十六年楚子敗績是」「是」下脫「也」字,「即成十六年是,二十年虛言也」「二十」下脫「二」字,「爲敗矣」上脫「乃」字,「取大辱」上脫「以」字,「敗眾敗身傷焉」當作「則眾敗身傷焉」。另依該書體例,均列劉逢祿《穀梁癈疾申何》,然僖二十五年「楚人圍陳,納頓子于頓」條,《穀梁癈疾申何》「陳納之即不舉陳,當加『陳人執頓子』等文以起之,救江亦晉非楚,引之欲以何明也?」全文漏列。

張氏該書校對不佳,蓋因其爲抄本而失校乎?

五、評 價

張氏補箋多達三卷,然眞能於《穀梁傳》及歷來論者之相互攻伐駁辯,有所補裨、釐清,甚且論定者,幾乎無之。此乃因《穀梁》《公羊》之解經,各有其條例、理義,其各自之詮解,或未周延,亦多可依其義例爲之補釋。如就各自立場互爲駁難,則紛紛難定,幾可預見。廖平云:「《春秋》無達例,各就本條立說,二傳所同,不能據此以難彼。」〔註34〕張氏之前論者已多,書中僅見多所引述,厖雜有之,而難見切當之新意。

〔註34〕《起起癈疾》僖二十五年。

第十三節　起起穀梁癈疾

一、作者傳略

廖平，見第二章第二節。

二、概　述

《起起癈疾》者，廖氏以何休自尊所習，作《公羊墨守》，復操戈以伐《穀梁》，作《穀梁癈疾》，制言僞薄，立義矯誣，鄭玄作《起癈疾》以釋之，然日尋報復，攻何生事，時爲求勝而作訟訐之言，或反旗倒戈，棄《穀》從《公》以駁何休，淆亂《穀梁》本義，乃備列何、鄭原文，加之論辨，以申傳旨，而於三傳之學，唯求內理，不鷔旁攻，仁智異端，取裁所見，各尋其指歸；同者從同，異者從異，惟求足明本傳，不敢希勝《公羊》，而間正何、鄭之誤說。其名《起起癈疾》者，「鄭釋間有誤藥，恐爲疾憂，故正其箴砭，以期眮眩」（〈自序〉）。

《起起癈疾》一卷，三十七條，鄭釋獨存者不與焉，以無癈疾可起故也；何鄭之說俱存者，皆先列《穀梁傳》文、何氏《癈疾》、鄭玄之釋，後加案語以辨說。廖氏之論或從鄭釋爲之證補，或不從鄭釋另作他解。茲就其說之可從或足供參證者，分證補《起癈疾》、不從《起癈疾》兩目舉例述之；其已引述於本章第七節《穀梁大義述》者三條、第十節《穀梁申義》者一條，不重出。

三、成　就

ㄅ、證補起癈疾

△僖九年：「九月戊辰，諸侯盟於葵丘。」

《傳》：「桓盟不日，此何以日？美之也。」

《癈疾》：「即日爲美，其不日皆爲惡也，桓公之盟不日，皆爲惡邪？莊公十三年柯之盟不日爲信，至此日以爲美，義相反也。」

《起癈疾》：「柯之盟因始信之，自其後盟以不日爲平文，從陽穀以來，至此葵丘之盟，皆令諸侯以天子之禁，桓德極而將衰，故備日以美之，自此不復盟矣。」〔註35〕

〔註35〕何休《癈疾》、鄭玄《釋癈疾》各輯本文字略有出入，本節均依廖平原書爲據。

《起起癈疾》：「《春秋》無達例。《孟子》曰：『五霸桓公爲盛，葵丘之會，束牲、載書而不歃血』與《穀梁》同，則《穀梁》是也。《公羊》以日爲危，從以後不盟起義，《穀梁》以洮爲兵車，而此會以衣裳，間在兵車四會之中，故特美之，亦以衰而特著其美。何如此之駁，不言義例，而但據文句，開啖、趙僈薄之習，有失傳經鄭重之道，好辨之過也。」

連堂案：廖氏謂何休不言義例，非也，乃例其所例，非《穀梁》所謂例耳。而舉《公羊》以後不盟故書日以危之，《穀梁》以桓德極而將衰故書日以美之、備之，足明二傳所由異；其不以《公羊》爲非者，〈自序〉所謂「異者從異」、「不敢希勝《公羊》」，而以何休之駁爲僈薄，失傳經鄭重之道。廖氏不攻《公羊》是也，時月日例之說，本就紛紜難定，以美備，以危之，各從其義可也。

△僖十四年：「春，諸侯城緣陵。」

《傳》：「其曰諸侯，散辭也，聚而曰散何也？諸侯城，有散辭也，桓德衰矣。」

《癈疾》：「先是盟亦言諸侯，非散也，又《穀梁》美九年諸侯盟于葵丘，即散何以美之邪？于義《穀梁》爲短。」

《起癈疾》：「九年公會宰周公、齊侯、宋子、衛侯、鄭伯、許男、曹伯于葵丘，九月戊辰，盟于葵丘，時諸侯初在會，未有歸者，故可以不序；今此十三年夏，公會齊侯、宋公、陳侯、衛侯、鄭伯、許男、曹伯于鹹，而多，公子友如齊，此聘也，書聘則會固前已歸矣。今云諸侯城緣陵，不序其人，明其散，桓德衰矣！葵丘之事，安得以難此。」

《起起癈疾》：「葵丘不足難，鄭釋是也。城言諸侯，傳曰散辭，即《公羊》所謂離至不可得而序，故總言之曰諸侯，聚辭也。陽穀遍至，言齊宋江黃，餘會皆序，不序而曰諸侯，知散也。葵丘盟言諸侯，中無間事，故凡目之，此有間事而不舉，非葵丘舉凡比也。」

連堂案：廖氏以史書書法，明前已序及，中間無事，書諸侯乃舉凡；中間有事，而書諸侯，知其爲散，不得與無事相比，以補鄭釋未歸、已歸之異。

△僖三十年：「公子遂如京師，遂如晉。」

《傳》：「以尊遂乎卑，此言不敢叛京師也。」

《癈疾》：「大夫無遂事，案襄十二年，季孫宿救台，遂人鄆，惡季孫

不受命而入也；如公子遂受命如晉，不當言遂。」

《起廢疾》：「遂固受命如京師、如晉，不專受命如周。經近上言天王使宰周公來聘，故公子遂報焉，因聘于晉。尊周，不敢使並命，使若公子遂自往然。即云公子遂如京師、如晉，是同周于諸侯，叛而不尊天子也。《公羊傳》有美惡不嫌同辭，何獨不廣之於此乎？」

《起起廢疾》：「此大夫初如晉也，京師在晉南，如晉當過京師，若公子遂如晉，而不先言如京師，過而不聘，是叛周而京師晉也。故先言京師，以及晉，與公伐秦先言如京師同，皆先言京師，實非如京師，文如京師耳。何駁以遂為非公命，非也。《春秋》兼使，無尊卑則兩出其事，如如陳、如晉是也；有尊卑則不得兩出，以尊遂乎卑，如如京師，遂如晉是也。此由尊及卑之遂，非繼事之遂，不關大夫專命也；如遂盟、遂入，則專命之遂矣！」

連堂案：廖氏據鄭說申釋，就地理位置、就傳義、就書法書如有尊卑有無之別，書遂有尊卑、繼事之異，辨析舉證，深切入理，雖未可確知是否如廖說「實非如，文如耳」，然書法、傳義，當如其所申辨，足補鄭說，足釋何難。

△昭十一年：「冬十有一月丁酉，楚師滅蔡，執蔡世子友以歸，用之。」

《傳》：「此子也，其曰世子何也？不與楚殺也。」

《廢疾》：「即不與楚殺，當貶楚爾，何故反貶蔡世子邪？」

《起廢疾》：「滅蔡者楚子也，而稱師固已貶矣。楚子思啓封疆而貪蔡，誘殺蔡侯般，冬而滅蔡殺友，惡其淫放其志，殺蔡國二君，以取其國，故變子言世子，使若不得其君然。」

《起起廢疾》：「稱世子如君未死，故傳曰不與楚殺，非貶而稱世子也；未踰年稱世子，猶若在其君之年，故曰不與楚殺。」

連堂案：廖氏之說可解傳「不與楚殺」，補鄭君「使若不得其君然」之釋。

夂、不從起廢疾

△隱五年《傳》：「苞人民，毆牛馬曰侵；斬樹木，壞宮室曰伐。」

《廢疾》：「廐焚，孔子曰『傷人乎？不問馬』，今《穀梁》以苞人民為輕，斬樹木、壞宮室為重，是理道之不通也。」

《起廢疾》：「苞人民、毆牛馬，兵去可以歸還；其為壞宮室、斬樹木，則樹木斷不復生，宮室壞不自成，為毒害更重也。」

《起起癈疾》：「苞毆者輕掠之師，爲時甚淺；斬壞則曠日持久，所傷已甚。苞毆尚未至斬壞，斬壞則未有不苞毆者也。《公羊》精曰伐，觕曰侵，精觕即久暫輕重之分，義實相同，鄭分別言之，非也。」

連堂案：鍾文烝《補注》云：「傳言斬壞，謂既俘毆又斬壞，故爲重耳」，廖氏蓋本此爲說，較鄭釋合理，可備一說。

△僖十八年：「五月戊寅，宋師及齊師戰于甗，齊師敗績。」

《傳》：「戰不言伐，客不言及，言及，惡宋也。」

《癈疾》：「戰言及者，所以別客主直不直也，故文十二年晉人、秦人戰于河曲，兩不直，故不云及，今宋言及，明直在宋，非所以惡宋也。即言及爲惡，是河曲之戰爲兩善乎？又《穀梁》以河曲不言及，略之也，則自相反矣。」

《起癈疾》：「及者，別異客主耳，不施於直與不直也。直不直自在事而已，義兵則客直，宣十二年夏，晉荀林父帥師及楚子戰於邲，晉師敗績是也；兵不義則主人直，莊二十八年春，衛人及齊人戰，衛人敗績是也。今齊桓卒，未葬，宋襄欲興霸事而伐喪，于義尤反，故反其文，以宋及齊。即實以宋及齊，明直在宋，邲之戰直在楚，不以楚及晉何邪？秦晉戰于河曲不言及，疾其亟戰、爭舉兵，故略其先後。」

《起起癈疾》：「《春秋》惡戰，主客大小同，則主得及客，從以內及外、以尊及卑之例，則言及者外之、卑之也。此以宋及齊者，非內尊宋也，齊在喪而宋伐之，兵事由宋起，齊不得已應之，言宋首兵，惡伐喪之罪乃顯，何據《公羊》以相難，鄭說非傳意也。」

連堂案：鄭釋以直不直在事，言及惟別主客，不施於直不直，並引例爲說，且據《公羊》以邲戰楚直而不書「楚及晉」以反難何休；廖氏則以此言及在別主客，即明宋首兵之惡，合於傳「言及惡宋」之說，正解何休之難。鄭玄以及不別直不直之說，不合於傳，故廖謂其非傳意也。

△文五年：「王使榮叔歸含且賵。」

《傳》：「其不言來，不周事之用也。」

《癈疾》：「四年夫人風氏薨，九年秦人來歸僖公成風之襚，最晚矣，何以言來？」

《起癈疾》：「秦自敗于殽之後，與晉爲仇，兵無休時，乃加免繆公之

喪而來，君子原情，不責晚也。」

《起起癈疾》：「不周事，謂二事一使，心不在是，與不及事不同，不責早晚。秦人雖晚，心在于來，故不去來也。何、鄭皆不知周字義，誤以不及解之。」

連堂案：廖氏於周字之解，較何、鄭順理，可備一說。

四、評　價

《公》《穀》異說，何休自尊所習，此《癈疾》《起癈疾》之所由作，然攻伐既起，紛紛難定，各就所學，是己非人，至清猶有劉逢祿之《穀梁癈疾申何》，民國王樹榮復有《續穀梁癈疾》之作，惜未能衡情論理，專事攻伐，難爲識者所重；廖氏《起起癈疾》蓋因兼習《公》《穀》，得各尊其說，並存其異，不騖旁攻，唯尋指歸，故尚得於前人立論之外，另有所見，雖未必爲定論，然得備一說，足資參證，亦難能矣。

第十四節　釋　范

一、作者傳略

廖平，見第二章第二節。

二、概　述

《釋范》一卷。范甯《集解》注傳而難傳、疑傳，廖氏以其昌言攻傳，恣睢暴厲，借讎人之刃而自戕其同室，乃條列范氏之疑難，依次釋答，都二十條，名曰「釋范」。

茲述其說之可從，可參酌者。

三、成　就

《集解》於傳，有質疑，有駁難，然疑難之間未能截然別之，茲依《釋范》原次舉例論述，不復類分。

　△莊三年：「五月，葬桓王。」

　　《傳》：「傳曰，改葬也。」

　　范《注》：「若實改葬，當言改以明之，猶郊牛之口傷，改卜牛是也。」

《釋范》：「改卜牛一時有二牛，有彼此之分，故言改，以別于前牛；改葬同爲一葬，即非一時，又非實物，故不言改以相別異。《春秋》改事不言改者多矣，若如范說，則豈但一改卜牛乎？」

連堂案：廖氏說可從；鍾文烝《補注》云：「前者桓王之葬不書，下所謂天子志崩不志葬也，猶平王之葬亦不書也；今此改葬，故特志之。」二氏分別就書例、文義釋經不書「改」之所由，以釋范疑。

△莊三年《傳》：「或曰：卻尸以求諸侯。」

范《注》：「停尸七年，以求諸侯會葬，非人情也。」

《釋范》：「傳言或說，存異解也；至駁之爲非人情則非也。本緩葬以求諸侯，因循至七年，亦事情之常，因其過遲，故書以見異。七年之久，本非初料所及，事故變遷，因而遲久，概之人情，類此多矣。何云非乎？」

連堂案：此與前條同傳，傳既曰「改葬」，又存「卻尸以求諸侯」之說，本不定可從，存異解也。廖氏據傳釋傳，亦未遽以何者爲是，乃衡諸人情，探釋傳義，期於合宜入理，較之范氏遽以爲非爲當。

△莊九年：「夏，公伐齊納糾。」

《傳》：「當可納而不納，齊變而後伐，故乾時之戰不諱敗，惡內也。」

范《注》：「甯謂讎者無時而可與通，縱納之遲晚，又不能保全讎子，何足以惡內乎？然則乾時之戰不諱敗，齊人取子糾殺之，皆不迂其文，正書其事，內之大惡，不待貶絕，居然顯矣；二十四年公如齊親迎，亦其類也。惡內之言，傳或失之。」

《釋范》：「《春秋》見者不復見，復仇之義，屢見於莊公之篇，其事已明，至於仇人已死，則不復從此制義。范據《公羊》以難《穀梁》，按納糾非以報仇，勝桓不爲雪怨，謂百世不通，則《春秋》之書，數言可蔽，頰谷之會，亦爲忘恥。二十四年親迎乃譏者，桓以齊女死，莊又娶齊女，二事相同，曾無懲戒之心。婚姻之事，與兵戈不同，齊有難，許魯救之，而不許婚齊者，以其全無人主之心，哀傷之志，昧然與齊女偶，薦宗廟也。《公羊》譏必于其重者，亦此意。」

連堂案：戴震《經考》引黃澤曰：「范氏讎無時而可與通之說，雖若正大，然不察事之情實，而失之執滯也。若果不可通，則此後桓公伯諸侯四十餘年，率諸侯以尊王，魯亦常在其中，卻如何說？夫鳥獸行，殺桓公者齊襄也，齊

襄之罪，王法所當誅，王室既不能誅，魯力又不足復讎，而襄公已爲國人所弑，則魯人如何欲遷怒餘人乎？子糾、桓公乃僖公之子，襄公之弟，聖人蓋怒魯力之不能復讎，而深責其不當與讎通，故已屢書而致其意矣。及讎人貫盈，而自罹於禍，國內無主，魯若於此時奉糾而立之，誅其凶亂，則亦庶幾可以雪恥，此實無害於義，惟莊公之意，亦豈不欲如此，然第失事機，故非但無義，而更取敗耳，若如此看，則《春秋》始可通而無執滯也。」（卷五）二氏之說，足駁范氏讎無時而可與通之說；許救難，不許婚齊之說，足釋莊公親迎猶譏之疑。

△僖十四年：「夏六月，季姬及鄫子遇於防，使鄫子來朝。」

《傳》：「遇者，同謀也。」

范《注》：「魯女無故遠會諸侯，遂得淫通，此亦事之不然。《左傳》曰：『鄫季姬來寧，公怒之，以鄫子不朝也，遇于防而使來朝』，此近合人情。」

《釋范》：「季姬不繫鄫，是未嫁鄫之文也；下言季姬歸于鄫，是新嫁之文也。苟如《左氏》之說，則上當有『鄫季姬來』文，本條當繫鄫，下不得又出歸文，以內女反夫家不書也。《春秋》之法，輕輕重重，各有所施，禮謹男女之防，慎之于微，季姬在防，非爲會鄫子，自以事往也；鄫子來自以朝事，非爲會季姬也。相見而悅，因起婚媾之謀，不由媒妁，幽約而成，失納幣之禮，近夷狄之俗，事本輕也，而《春秋》重書之，以示坊表，非謂無事淫奔也。使無事淫奔，則相與俱去耳，胡爲復求婚乎？惟其過於求深，遂覺出于情理，皆不諳輕重之旨者也。《左氏》因其可疑，撰爲歸寧之說，而不知于經不合，無足據也。」

連堂案：廖說可從。錢大昕《潛研堂集》云：「吾友褚刑部摺升嘗論之，謂《春秋》之例，女既嫁則繫其夫國，如紀伯姬、杞伯姬是也；未嫁則不繫以國，如伯姬卒是也。此經書季姬及鄫子遇，次年乃書季姬歸于鄫。不繫以鄫，則爲未嫁之女可知，烏得言歸寧乎？齊高固先書逆，而後書及，已嫁之詞也；季姬先書遇，而後書歸，未嫁之詞也。已嫁則從夫婦之序，故曰『高固及子叔姬』，未嫁則從內外之詞，故曰『季姬及鄫子』。」（卷七）褚氏據書法比事爲說，辨析詳明。

△文二年：「躋僖公。」

《傳》：「躋，升也。先親而後祖也，逆祀也。」

范《注》：「舊說僖公閔公庶兄，故文公升僖公之主於閔公之上耳。僖公雖長，已爲臣矣，閔公雖小，已爲君矣，臣不可以先君，猶子不可以先父，故以昭穆父子爲喻。甯曰：即之於傳，則無以知其然，若引《左氏》以釋此傳，則義雖有似，而於文不辨。高宗殷之賢主，猶祭豐于禰，以致雉雊之變，然後率脩長禮；文公顛倒祖考，固不足多怪矣！親謂僖，祖謂莊。」

《釋范》：「祖閔禰僖，三傳所同，爲後爲子，家國一致，范乃疑之，過矣。經曰躋僖公，謂升僖於閔先也，從無有異說者，范以昭穆爲嫌，遂解躋爲豐，謂祭豐于僖而薄於莊。按經下言從祀先公，故此傳言逆祀，以下之從，知此之逆，若但有豐薄，則下經不言從矣。有下經之言從，則不得破此傳之言逆矣。甯駁舊說曰『即之于傳，無以知其然』按閔元年傳云：『繼弒君不言即位，正也；親之非父也，尊之非君也，繼之如君父也者，受國焉耳』，僖元年傳云：『繼弒君不言即位，正也』，夫般，未逾年之君，閔以弟繼之如父，則僖之繼閔可知，般有傳而閔無傳者，般微而閔顯，故從略也。范乃以爲傳無其證，而輕變古說，不亦誣乎？」

連堂案：范氏之失顯然，前人駁之者多，楊《疏》云：「范云文公顛倒祖考，則是僖在於莊上，謂之夷狄，猶自不然，況乎有道之邦，豈其若是？」齊召南《注疏考證》云：「此條爲好奇之過，遂至無理，魯文雖愚，何至升僖主於莊公之上乎？」皆糾其失。

△文五年：「春王正月，王使榮叔歸含且賵。」

《傳》：「其不言來，不周事之用也，賵以早而含以晚。」

范《注》：「已殯故言晚，國有遠近，皆令及事，理不通也。」

《釋范》：「傳例不及與不周異解，不及者言來以譏其晚，不周者無心于來，故不言來。含早而賵晚，有五月之久，禮當以二使，今以一人兼之，則遲早不能適中，故云如以爲含則已晚矣，賵則已早矣。譏其來意不誠，與不及事全不關。考〈雜記〉言受含，皆在既殯之後，蓋君薨初斂，本國臣子已含之，不能待外國之含，外國有遠近，豈能未殯而來含？而聞喪則如初喪，歸之含物以達其意。君子不奪人之親，不能使不含其子而含己；又諸侯皆有含，同盟數十百國，一口何能容？

含則宰夫取璧以降，襚則宰夫五人舉以東，凡諸侯之含襚，皆存以為
送葬乘車之具，范說未審。」

連堂案：范氏所謂之不通顯然，傳者焉能不知？廖氏解為無心於來，譏
其來意不誠，故不言來，說較近理。

△成十六年：「公至自會。」

范《注》：「無二事，會則致會，伐則致伐，上無會事，當言『至自伐
鄭』，而言『至自會』，甯所未詳。」

《釋范》：「茗丘，公與季孫同軌，執目季孫，避公在也；致公而不致
季孫，舉所重也；盟，公亦與季孫同在，盟目季孫，公不會大夫，故
避公也；致言會，起公在盟也，會本為季孫而言，范氏未知互見之例，
故不得其解也。」

連堂案：經書「成十六年秋，公會尹子晉侯齊國佐邾人伐鄭；九月，晉
人執季孫行父，舍之于茗丘；十二月，季孫行父及晉郤犫盟于扈；公至
自會」，范氏以公與伐鄭，當至自伐，今書至自會，故云未詳；廖氏釋之，以見執、
盟會，公皆與之，執不書公者，避公在，盟不書公者，公不會大夫，書至自
會，所以起公在盟。廖氏之釋，可備一說。

△哀二年：「晉趙鞅帥師納衛世子蒯聵于戚。」

《傳》：「納者內弗受也；帥師而後納者，有伐也。何用弗受也？以輒
不受也，以輒不受父之命，受之王父也；信父而辭王父，則是不尊王
父也。其弗受，以尊王父也。」

范《注》：「甯不達此義。江熙曰：『齊景公廢世子，世子還國書篡；若
靈公廢蒯聵立輒，則蒯聵不得復稱曩日世子也；稱蒯聵為世子，則靈
公不命輒審矣。此矛楯之喻也，然則從王父之言，傳似失之。經云納
衛世子，鄭世子忽復歸于鄭稱世子，明正也，明正則拒之者非邪？』」

范〈集解序〉：「《穀梁》以衛輒拒父為尊祖，不納子糾為內惡，以拒父
為尊祖，是為子可得而叛也，以不納子糾為內惡，是仇讎可得而容
也。……若此之類，傷教害義，不可強通者也。」

《釋范》：「傳此說與《公羊》同。《春秋》貴命，先君所絕，臣子不能
逆命迎之，此定義也。輒之所難，特以所拒乃己父耳。《春秋》書世子
者，以父命臨之，不從父而從王父，所以使父受命于祖，非靈公之逐

子，《春秋》謂為可立，乃與鄭世子比也。范氏但知從命之說，夫使輒迎蒯聵而立之，是蒯聵死其父，輒死其祖，孝子揚美不揚惡，信道不信邪，寧拒父申祖命以成其孝，不能從命迎以陷父于惡也。又禮不以家事辭王事，不能以私恩而廢國典，亦已明矣。倘蒯聵有順子，則靈公有逆孫，且靈公命絕之而輒迎之，是靈之命不信于聵，棄祖命而廢父道，《春秋》拒聵，正以成父之尊于子，范氏知小惠而忘大道。」

連堂案：范氏於輒與蒯聵事，於《集解》及〈序〉中有質傳、攻傳之說，廖氏分錄之而釋之如此，旨就傳不受父命，受之王父以尊王父，而申釋其義。

四、疏　失

《釋范》於范氏之疑傳，偶有釋而攻之，然仍不足以釋范氏之疑者，亦略述之。〈集解序〉云：

> 《穀梁》清而婉，其失也短，若能清而不短，則深于其道者也。

廖氏釋之曰：

> 范氏所言，酷似評文品詩之語，其所云《穀梁》清婉，其失在短，《公羊》辨裁，其失在俗者，皆不得其旨意之所在。……大抵范君長於詞翰，評閱文字，好作俊語，遂以此法施于經傳，即以還叩范君，亦神況之言，不能舉實，名士一時興到之言，遂為經傳千年評定之準，實則語無實跡，不可方求，後人無從規彷，以決從違，虛存其語，遂相指斥耳。明人以文章評點經傳，甚為識者所譏，而范君之語，則奉若神明，異矣。范君雖作《集解》，實不知傳義所長，又安得道其所短耶？

范氏之說，確出於評文，經傳旨要固不在辭章，然苟有可道，何為不可？《詩經》，經也，亦詞翰也，《左傳》，經也，史也，亦詞翰也，既得以文評《詩經》《左傳》，何為不得以之評《公》《穀》；苟欲質之，當在其品評之切當與否，而不在其可否品評，廖氏之論，不足以難之。

又，范氏曾自述其注傳之理則，〈集解序〉云：

> 凡傳以通經為主，經以必當為理，夫至當無二，而三傳殊說，庸得不棄其所滯，擇善而從乎？既不俱當，則固容俱失，若至言幽絕，擇善靡從，庸得不並舍以求宗，據理以通經乎？雖我之所是，理未全當，安可以得當之難，而自絕于希通哉？

《釋范》云：

> 此攻三傳也。三傳解經，同于測天，三家同源異流，各有所據，既
> 欲廢之，何必主之？既欲擇善，何爲專釋《穀梁》，無精闢之專攻，
> 喜東西之游說。觀其所言，明知未當，而務力希通，信心蔑古，尤
> 爲狂悖矣。王安石廢三傳，王柏刪《詩》，其事乃早見於范氏矣。

廖氏之攻范，亦嚴厲矣！然范氏通經至當之說，理義嚴正，擇善而從，無可
非議，《集解》之作，闡發殊多，謂其欲廢，實爲厚誣；至理未全當，不以得
當之難而自絕希通，乃其自謙、自勉之語，何得以「明知未當，務力希通」
數之哉？夫注傳破傳，苟所破得當，則傳之師也；不然，明知其非是，仍強
非以爲是，縱曲意彌縫，而其非故然，終不可掩也。

五、評　價

　　廖氏《古義疏》多創發，時以先得之理義，強經傳以就己；其《釋范》
爲駁辯，須據經傳書例、義理，爲切合之辨析，方得入理服人，故說多平實
有據。夫范甯疑傳、駁傳之說，歷來爭論已多，或是之頌之，或非之詆之，
惟紛紜依然；廖氏之釋，固亦不足以全然廓清，然得於前人論辯之餘，或爲
之加密證補，或另出他解闡釋，而足供參酌，於《穀梁》有闡傳護衛之功。

第十五節　穀梁大義述補闕

一、作者傳略

　　張慰祖（1872～1921）字伯愉，號研貽，江蘇吳江人。幼從胡玉縉受經學、
小學，肄業存古學堂，光緒二十三年優貢，朝考二等教職，後往河南委辦河防，
江蘇巡撫端方咨送日本學習法政，回國後復往河南任地方法院、高等法院推事，
民國後返蘇執行辯護士業務。生於同治十一年，卒於民國十年，年四十九。

二、概　述

　　張氏幼習《穀梁》而大好之，以爲《穀梁》獨得麟經秘意，而漢以來儒
者尹更始、劉向諸家，學說多亡，孤經獨存，二千年來已成絕學，道光中葉，
柳興恩爲《大義述》，惜書未竟，各條下闕而未述者多，尋其前後，或義取互
見，而闕略待補者實居泰半，乃紬繹原書體例，補苴張皇，庶成完帙，此張

氏述作《大義述補闕》之志。〔註36〕

　　張氏未自訂體例，據其述作，約有數端：

　　其一，凡《大義述》闕者，除〈述古訓〉一類並經文亦闕，無從補述外，一一爲之補闕。

　　其二，凡柳氏原書有述者，皆不載入；《大義述補闕》計分〈述日月例〉、〈述禮〉、〈述師說〉、〈述長編〉，而無〈述異文〉、〈述經師〉者，以原書於此二部均有述無闕。

　　其三，凡《大義述》未及者，概所不論。

　　其四，事理、文句重出者，概取互見；《大義述補闕》於題材重出者，即補曰「柳氏於某處已有說」、「原書某處已補有說」等，亦有柳氏已說於他處，張氏又於重出處補述者。互見之例以〈述長編〉爲多，以其所引古籍眾多，且各書常徵引《穀梁》相同傳文，屢屢重出故也。

　　張氏取裁分明，體例井然，惟爲求體例之完整，亦不免受其拘限；如柳氏原書雖有所述，然說有未盡，述有未當，有可以增修闡發者，亦因有述不載入之例，而無從證補；不然即須有重出者，柳氏述於此，未述於彼，始得補述於彼處，是其拘限。〔註37〕

　　《大義述補闕》計分〈述日月例〉、〈述禮〉、〈述師說〉、〈述長編〉，〈序〉中又有論傳六善，茲先述其論傳，後依次述其四類。

〔註36〕此書版本有寫本二冊，不分卷，藏昔江蘇省立國學圖書館，據柳詒徵〈跋〉，是稿蓋寫呈督學使龍湛霖（芝生）者，張氏家亦未存底本，金天翮〈張伯愉先生傳〉謂「都七卷」，蓋以〈述日月例〉〈述禮〉〈述師說〉各一卷，〈述長編〉經、史、子、集四部各一卷，然史、子、集三部實接續鈔寫而未分，民國 24 年陶風樓據以影印者，當即此本，計三冊，不分卷，中央研究院傅斯年圖書館、台大圖書館並藏，柳詒徵〈跋〉，金天翮〈傳〉附於卷末；另有紅格紙傳鈔本，分〈述日月例〉〈述禮〉〈述師說〉〈述長編〉凡四卷，見《四庫書目續編》。

〔註37〕其拘限如《大義述・述異文》：「莊公二年冬十有二月，夫人姜氏會齊侯于禚」，柳氏述曰：「《左氏》同，《公羊》作郜。」因柳氏有說，依例不補，而〈述長編・經部・經典釋文・公羊音義〉：「莊二年于郜，古報反，二傳作禚，四年亦爾」，柳氏原闕，張氏補曰：「《穀梁》四年禚亦作郜，陸謂四年《穀梁》亦作禚者誤。按：《左氏釋文》：『禚，章略反』，而《說文》示部無『禚』字，禾部有之，禚從羕得聲，與郜音相近，故《公羊》假郜爲禚。」張氏於此另有所見，然此處倘非重出而闕，將無從補述。又張氏補〈述師說〉〈述長編〉，時直就《穀梁傳》《注》補述，而與師說及引述之古籍無涉，卻仍得依附師說及古籍以見，實爲不倫。

三、成　就

ㄅ、論　傳

柳興恩《大義述》專從「《穀梁》善於經」入手，張氏承其意，於此亦有所闡發，其〈自序〉〔註38〕謂《穀梁》於三傳中最得經旨，計有六善，曰宗聖、曰證古、曰博聞、曰達詁、曰特識、曰定論，茲一一引述如下：

> 隱元年傳言「《春秋》成美不成惡」，僖二十二年傳言「過而不改，是謂之過」，二十三年傳言「以不教民戰，是棄其師」，今並在《論語》中；三十三年隕霜不殺草之傳，據《韓非・內儲說》則亦為孔子答哀公問《春秋》之語，微言大義，悉本尼山，筆削褒貶，精意斯在，是曰宗聖，其善一也。傳中引尸子、公子啓、蘧伯玉、沈子之外，有稱「傳曰」者十，證以董子《繁露・俞氏篇》有閔子、子貢、子夏、曾子、子石、公肩子、世子、子池之倫，皆以《春秋》為授受之；案當時必有紀載，所引傳曰或在其中，博采通人，務祛專己，浚長說解，實讓前導，是曰證古，其善二也。孫卿之學，出於《穀梁》，毛公受業，是為再傳，故隱元年傳言賵賻禭含之義，僖十五年傳言天子以下廟數，並見《荀子》〈大略〉及〈禮論〉，考襄二十四年傳言大侵之禮，昭八年傳言蒐狩之禮，又時時見於《詩》〈雲漢〉及〈車攻傳〉，遺文舊典，具資考證，承先啓後，足補禮經，是曰博聞，其善三也。莊七年傳言「著上見下謂之隕」，是雨與墜有別，故文三年雨螽于宋亦重發傳，是為董仲舒或降於天、或發於地，不可同之說所本，襄二十四年傳分別嗛饑饉康大侵之次，皆為展轉益深，文與《爾雅》異，義與《爾雅》互貫，而語尤加詳，麟史體例，本皆實錄，推求字義，務得其當，是曰達詁，其善四也。《春秋》凡內盟例日，外盟例不日，齊桓公以諸侯思王政，尊周攘狄，存亡接絕，信義大著，雖公與盟猶不書日，故《穀梁》於莊十三年傳特發桓盟之例曰：「桓盟雖內與，不日，信也」，以見桓盟與內盟有別；齊崔杼以世卿專權，齊人惡其族，令出奔，既不欲其身反，又不欲國立其宗後，宣十年書崔氏出奔衛，本與隱三年書尹氏卒異，傳曰：

〔註38〕此〈序〉蓋張氏業師胡玉縉代作，見胡氏《許廎學林》卷十。

「氏者，舉族而出之之辭也」，自不得以尹氏舉族死相難，觀後此尹

氏立王子朝、尹氏以王子朝奔齊，經皆書氏，崔氏書氏惟此一見，

可悟言豈一端，各有所當，隨文立義，乃不膠柱，是曰特識，其善

五也。桓十一年突歸于鄭，傳以立惡黜正爲惡祭仲，而行權之繆論

可息；莊九年伐齊納糾，傳以可納不納致敗爲惡內，而復讎之妄說

可廢；僖八年用致夫人，傳以立妾爲非正，而妾母稱夫人之曲解可

屛；其他長於《左氏》《公羊》者，更難殫述，是非得失，毫釐千里，

通其旨要，不淆別白，是曰定論，其善六也。

觀其引例以證六善，有其闡傳之功；惟選取一二例以證全書之善，實亦學者崇揚己學之心態，恐難爲他家學者所肯認。就「宗聖」言之，《春秋》出孔子，其與《論語》有數句相合，實理之常也；而所謂「特識」與「定論」，亦僅就《穀梁》而言然，是己可也，欲非人以立己，則《左氏》《公羊》不受也。〔註39〕

柳氏《大義述》秉「謹守《穀梁》」爲其述作態度，張氏《大義述補闕》因之，觀其論傳，亦得略窺，其於三傳異說，或以《穀梁》爲是、爲長，或以各從所說，不屈《穀梁》以就二傳，而於前人之以《穀梁》爲非、爲短者，必爲之辯說，此皆與柳氏同；其微異者，張氏容受《穀梁》有其缺失，不以《穀梁》爲無瑕，〈述長編〉云：

齊桓一匡，《論語・憲問篇》曰：「管仲相桓公，霸諸侯，一匡天下，民到於今受其賜也」，《穀梁》專指陽穀，疏矣。（〈史部・後漢書〉）

三傳之說，各有得失。（〈子部・王充論衡〉）

三傳各有疏密善否之處。（〈子部・文苑英華〉）

此與柳氏無以《穀梁》爲疏失者異。

夊、述日月例

〈述日月例〉凡四條，茲舉一例以明。晦朔例云：

桓公　三年　秋七月壬申朔　十有七年　冬十月朔　莊公　二十有

五年　六月辛未朔　二十有六年　冬十有二月癸亥朔　三十年　九

月庚午朔　僖公　五年　九月戊申朔　十有五年　己卯晦　《傳》：

〔註39〕張氏《穀梁》六善之論，王師熙元曾詳爲疏證，見《穀梁范注發微》（嘉新水泥公司《文化基金會叢書・研究論文》第二七〇種，64 年 9 月）第一章〈導論〉，頁 6。

晦，冥也　十有六年　春王正月戊申朔　二十有二年　冬十有一月
己巳朔　《傳》：日事遇朔曰朔　文公　十有五年　六月辛丑朔　十
有六年　夏五月公不視朔　《傳》：天子告朔于諸侯，諸侯受乎禰廟，
禮也　成公　十有六年　六月丙寅朔　甲午晦　《傳》：日事遇晦曰
晦　十有七年　十有二月丁巳朔　襄公　十有四年　一月乙未朔
　二十年　冬十月丙辰朔　二十有一年　九月庚戌朔　冬十月庚辰
朔　二十有三年　春王二月癸酉朔　二十有四年　秋七月甲子朔
八月癸巳朔　二十有七年　冬十有二月乙亥朔　昭公　七年　夏四
月甲辰朔　十有五年　六月丁巳朔　十有七年　夏六月甲戌朔　二
十有一年　秋七月壬午朔　二十有二年　十有二月癸酉朔　二十有
四年　夏五月乙未朔　三十有一年　十有二月辛亥朔　定公　五年
　春王三月辛亥朔　十有二年　十有一月丙寅朔　十有五年　八月
庚辰朔

補曰：

原書並經文亦闕，今考之二百四十二年中，書朔者凡二十有七，其
例有三：一，日食書朔者在朔日也，不書朔者，不在朔日也；二，
僖十有六年，春王正月戊申朔，隕石于宋五，二十有二年，冬十有
一月己巳朔，宋公及楚人戰于泓，《傳》曰「日事遇朔曰朔」，此繫
事而書，無與於褒貶也；三，文十有六年，公不視朔，此譏其失禮，
不在常例之內也，書晦者亦繫事而書，僖十五年，己卯晦，《傳》曰
「晦，冥也」，成十六年，甲午晦，《傳》曰「日事遇晦曰晦」，舊解
以冥爲月光盡而夜闇，其說良是；《公羊》何《注》謂「盡日而冥」，
誤矣。

此例柳氏原書並經文亦缺，張氏補其經文，並析經之晦朔例爲三。由此例並
經文亦缺，可知柳氏原書注「闕」字者，部分爲散佚，非全屬柳氏之闕略；
又據柳詒徵〈大義述補闕跋〉，有部分乃因「句乙塗抹，手書忙惝，未易卒讀，
不可釆識」；又或有重出者，述於此而闕於彼者。

ㄇ、述　禮

〈述禮〉凡二十五條，蒐羅宏富，茲舉數例以見。

△僖二十年《傳》：「南門者，法門也。」

　　《補闕》：「范《注》云：『法門謂天子諸侯皆南面而治，法令之所出

入，故謂之法門』，考《禮・玉藻》：『視日於東門之外，聽朔於南門之外』，鄭《注》：『東門、南門，皆爲國門也』，《儀禮・覲禮》：『禮日於南門外』，鄭《注》：『天子春率諸侯拜日於東方，則爲壇於國東，夏禮日於南郊，則爲壇於國南，秋禮山川邱陵於西郊，則爲壇於國西，冬禮月四瀆於北郊，則爲壇於國北』，是諸侯之城，四面皆有門，而〈夏小正〉：『四月，初昏南門正』，《傳》曰：『南門者，星也，歲再見，一正，蓋大正所取法也』，證以《易・說卦傳》：『聖人南面而聽天下，蓋取諸離』，則南門解爲法門，傳說甚確。」

　　連堂案：蔣元慶〈柳興恩穀梁述禮補缺〉云：「《周禮》：『懸治象之法於象魏』，南門稱法門，誼或本此。」〔註40〕

　△僖二十四年《傳》：「天子無出。」

　　　《補闕》：「《詩・北山篇》：『普天之下，莫非王土，率土之濱，莫非王臣』，是天子雖居於鄭，鄭亦王地，烏得書出？范《注》：『天子以天下爲一家』，《禮・郊特牲》：『天子無客禮，莫敢爲主焉』，〈曲禮〉：『天子不言出』，俱此意也。故昭二十有二年，王猛居於皇，秋，王猛入于王城，二十有三年，天王居于狄泉，二十有六年，天王入于成周，皆書入不書出；以彼例此，可知天子無出禮矣。成十有二年春，周公出奔晉，《傳》曰：『周有入無出，其曰出，上下一見之也』，是可爲天子無出之明證，或引《易・離》：『王用出征』，《書・金縢》：『王出郊』，〈康王之誥〉：『王出在應門之內』，〈王制〉：『天子將出，類乎上帝』，以爲天子亦可言出，殊嫌拘泥，經義有離之兩美，合之兩傷者，此類是也。」

　　連堂案：鍾文烝《補注》云：「凡言出者，皆施於奔，言出奔爲有出之文，直言奔則爲無出之文，王子瑕、王子朝是也。瑕、朝皆天子之臣，天子之臣有奔道，無出道，故文無出；天子之身無奔道，故文無所謂奔，亦無出也，《左氏》與《傳》同，《公羊》曰『王者無外』，〈曲禮〉曰『天子不言出』，亦皆同也。《易》言『王用出征』，《書》言『王出郊』、『王出在應門之內』，〈王制〉言『天子將出，類乎上帝』，彼皆道其實之辭；《春秋》之文，別自有例，斯蓋周禮之舊，典策所守，君子因而用之，以爲一經之恒辭正例也。」鍾說是，《春秋》別自有例，即前云「凡言出皆施於奔」，異於《易》、《書》、〈王制〉

之道其實，張氏之說，可證《春秋》之用法。

△宣公八年《傳》：「聞大夫之喪，則去樂卒事。」

《補闕》：「樂之為言樂也，哀樂不並行，故《禮‧曲禮》曰『哭日不歌』，況大夫乎？大夫國體也，未有聞其死而不哀者，去樂卒事，所以哀之，當祭之時，惟知有敬，聞大夫死則哀生，心恐於祭儀有忽，故除樂以速畢其祭，使哀慟之情勿形於先君前，蓋亦居喪不言樂，祭祀不言凶之意。」

連堂案：張氏之說，合於情理。周何《春秋吉禮考辨》云：「蓋卿佐之喪，猶國失股肱，君在祭中，心哀其死，當不忍樂，乃『去樂』以示哀，所以存隱恤之意於大臣也。然大褅之祭，不因卿喪而廢，故樂則去，而禮事須終，乃『卒事』以全禮，所以盡誠敬之心於宗廟也。雖當時之權變，而能兩得，故曰『禮也』」〔註41〕。

△襄二十九年《傳》：「禮，君不使無恥，不近刑人，不狎敵，不邇怨。」

《補闕》：「解揚致君命，楚子舍之以歸，叔孫不避難，趙孟聞之以為忠信，是不使無恥之事也；《禮‧曲禮》：『刑人不在君側』，鄭《注》：『為怨恨為害也，《春秋傳》曰：近刑人則輕死之道』，《白虎通‧五刑篇》亦云：『古者刑殘之人，公家不畜，大夫不養，士遇之路不與語，放諸澆埆不毛之地，與禽獸為伍』，是刑人不可近也；不狎敵，不邇怨者，如因氏、頜氏、工婁氏、須遂氏四族醉殺齊戍，盡殲于遂，是謂狎敵；齊懿公刖邴歜之父，而使歜僕，納閻職之妻，而使職驂乘，卒死於二人之手，是謂邇怨；故君子戒之。」

連堂案：此舉史實以證傳說，可為後世之戒。

△定十四年《傳》：「生曰脤，熟曰膰。」

《補闕》：《周禮‧大宗伯》：『以脤膰之禮，親兄弟之國』，鄭《注》：『脤膰，社稷宗廟之肉』，成十三年《左傳》：『成子受脤于社』，杜《注》：『脤，祭社之肉，盛以蜃器，故曰脤』，又『祀有執膰』，杜《注》：『膰，祭肉』，賈《疏》據之，以為鄭總名脤膰，社稷宗廟之肉；分言之則脤是社稷肉，膰是宗廟肉。案：以脤膰分屬社廟，蓋古文說，故《異義》引《左氏》說：『脤，社稷之肉，盛之以蜃，宗廟之肉名曰膰』，《說文‧示部祳》云：『社肉，盛以蜃，故謂之祳，天子所以親遺同姓』，引《春

〔註41〕嘉新水泥公司《文化基金會研究論文》第一〇一種，60年，頁190。

秋傳》:『石尙來歸脤』,〈炙部䈙〉云:『宗廟社稷肉』,引《春秋傳》:
『天子有事,䈙焉以饋同姓諸侯』,許多用古文說,誼與《左氏》說合;
今文則以生熟分別脤膰,故《公羊》定十四年傳亦云:『腥曰脤,熟曰
膰』,腥即《論語·鄉黨》君賜腥之腥,謂生肉也。燔者,膰、䈙之假
字,其所以謂之膰者,實因燔得名,觀許書燔字从炙可見。《說文·火
部燔》云『爇也』,《詩·楚茨》:『或燔或炙』,鄭《箋》:『燔,燔肉也』,
〈生民〉:『載燔載烈』,毛《傳》:『傅火曰燔』,《孟子·告子》:『燔肉
不至』,趙《注》:『塼炙者爲燔,皆謂熟肉也』,䈙爲熟肉,則脤爲生
肉可知。陳氏《公羊義疏》曰:『《左傳》因成子受脤於社,故云脤宜
社之肉,因社肉亦謂之脤,非脤專爲宜社之肉也』,據此則脤膰不詳分
屬社廟,《公》《穀》以生熟分別脤膰,其義爲長。

連堂案:宋鼎宗《春秋左氏傳賓禮嘉禮考》云:「脤之爲名,以盛於蜃器,
祭祀共蜃器,則社稷宗廟不異。故鄭君釋禮,總云宗廟社稷,不別祭戎之異。
《左氏》昭十六年傳:『受脤歸脤』,劉炫以爲『脤亦祭廟之肉』是也。孫詒
讓《周禮正義》卷三十四云:『案脤膰對文,則廟社有異,散文,祭廟亦通稱
脤,劉說不誤』,是脤之得名,由盛以蜃器以共祭祀,宗廟社稷未爲異其器,
故名可通也。」〔註42〕知脤膰確未截然分屬社稷宗廟,可補張氏說。

ㄈ、述師說

(一)陳岳春秋折衷論

△莊元年:「王使榮叔來錫桓公命。」

《左氏》杜《注》:「追命桓公,褒稱其德。」

《公羊》:「追命,加貶也。」

《穀梁》:「禮有受命,無來錫命,非正也。」

《折衷》:「褒有德,賞有功,紬不服,責不臣,斯四者,聖人筆削之
旨也。苟有德可褒,有功可賞,生賜之不及,則死錫之何爽?苟無德
可褒,無功可賞,雖生而錫之亦非,矧其死乎?吁!《春秋》十二公
惟桓之罪大,始以篡弒不義而立,終以帷薄不修而薨,古人曰畏首畏
尾,身其餘幾,桓既不能正其初,又不能護其末,其畏何如哉?天王
之錫,曷爲而來?《春秋經》書天王之命,生而賜之,惟文成二公,

〔註42〕國立臺灣師大《國文研究所集刊》第十六期,61 年 6 月,頁 370。

死而錫之，惟桓公而已；苟曰加貶，則不宜備禮，而書爲使榮叔來錫桓公命，則於文無所貶。稽其旨，諸侯強，王室弱，雖生賜死錫，皆非有賞功褒德之實，第務其姑息而已。聖人多存內諱，內弒君猶不書，詎肯筆削錫命歟？《左氏》第曰褒德，未盡其旨；《穀梁》謂無來錫命道之，《公羊》曰加貶，未得其實。」

《補闕》：「據《儀禮・覲禮》：『天子賜舍之辭曰：伯父，女順命於王所，賜伯父舍』，玩賜舍二字，是諸侯有往受，而天子無來錫，其見於《詩》，則〈小雅・瞻彼洛矣〉、〈大雅・采菽〉、〈韓奕〉，皆錫命諸侯之詩，亦皆往受而非來錫，《穀梁》之論甚正。或引漢時，鄉縣之吏加爵錫金皆來錫而未嘗往受以相難，非也；惠氏《春秋說》曰：『古者諸侯受命於王，皆於王所，是謂寧侯，謂有功德之侯；不屬於王所，是謂不寧侯，謂無功德而有罪之侯』，然則不屬於王所，而傹然在國受命於王者，皆無功德而有罪之侯也。無功有罪，有何可褒？《左氏》謂進命桓公，褒稱其德，考之禮，生有善行，死當加善諡，不當復加錫，桓乃弒逆之人，王法所宜誅絕，而反錫命，悖亂甚矣！《公羊》因以爲加貶，則誠有所謂不宜備禮而書者，是故如《公》說，逆王之意矣，如《左》說，飾桓之罪矣，惟以來錫非正明之，則王意不逆而桓罪亦不能飾，《穀梁》所以爲善經也。」

連堂案：胡安國《春秋傳》云：「來錫公命，罪邦君之不王，譏天子之僭賞也」（卷二十），惠士奇《春秋說》云：「未有諸侯不順命于王所，而王使以命之者，《穀梁》正論，蓋得自仲尼之徒矣」（卷十五），桓弒逆之人，《穀梁》有桓無王之義，且在位十八年，未嘗入覲，死而追錫，誠有可譏。

△襄二十九年：「城杞。」

《左氏》：「晉平公，杞出也，乃治杞。」

《公羊》：「善其城王者之後。」

《穀梁》：「杞危而不能自守，故諸侯之大夫相帥以城之，變之正也。」

《折衷》：「夫伯主之於諸侯，雖曰先姬姓而後異姓，然於正救之道，第同盟而共尊王室，則姬姓亦有嫌焉，如城邢、城楚邱、城緣陵，皆伯主帥諸侯而城矣。齊桓公城緣陵，得非遷杞耶？奚齊桓公城杞而無詞，晉平公城杞而異論，故聖人以常文書之，無譏刺，非升非絀也，《公羊》《穀梁》俱不足取，《左氏》以杞無事，而晉以外族之故，帥諸侯

而城之，載鄭子太叔與衛太叔儀之言曰『不恤宗周之闕，而夏肄是屏』，所謂廣記當時之事，然於經之傳，斯得其實矣。」

《補闕》：「《左傳》廣記當時之事，陳氏以爲得其實是已，但《穀梁》謂變之正亦自有精義，鍾氏《補注》曰：『盟首戴時，政在諸侯，故變之正指諸侯；城杞時，政在大夫，故變之正又指大夫，觀傳所言，知《春秋》之義，因時而殊』，然則《穀梁》云云，深合《春秋》之大勢。《左氏》詳其事，《穀梁》言其義，說可並存也；《公羊》何《注》曰：『書者，杞時微，善能城王者後』，近陳氏《義疏》引《穀梁傳注》以申之，謂何氏不曰大夫，義或同也，是《穀梁》又與《公羊》合。陳氏必以爲不足取，毋乃偏甚。」

連堂案：陳氏以《公》《穀》不足取，張氏則證三傳異說，亦有可相合並存者，且足資相輔以完足事義。

（二）王應麟困學紀聞

△《困學紀聞》：「侯國不守典禮，而使宰咺歸賵，侯國不共貢職，而使石尙歸脤，經書天王以是始終，蓋傷周而歎魯也；《穀梁》謂石尙欲書春秋，曾是以爲禮乎？」

《補闕》：「王說誤矣。鍾氏《補注》曰：『《春秋》者魯史記也，此即《左傳》晉韓起所見之《魯春秋》，《公羊》所謂不修春秋，石尙欲書者，蓋以其承典策之制，備有王禮，所謂天下俱禮樂，而周禮盡在魯者也』，是石尙此舉，一以見天王行禮於魯，一以見王臣著名於侯國之史，所謂上下皆有光者，故《穀梁》又曰『請行脤，貴復正也』，王氏衍劉敞《春秋權要》之說，未足以爲定論。」

連堂案：此王氏質《穀梁》之說，張氏引《補注》並衍釋傳義以解之。

△《困學紀聞》：「《穀梁》言大狩之禮，與《毛詩‧雲漢傳》略同；言蒐狩之禮，與《毛詩‧車攻傳》相合，此古禮之存者。」

《補闕》：「〈大雅‧雲漢〉、〈小雅‧車攻〉，《正義》並申《毛傳》，並引《穀梁》，是《穀梁》大侵之禮、蒐狩之禮與《毛詩》合，〈雲漢正義〉曰：『此當先有成文，故傳引之』，〈車攻正義〉曰：『此當有成文，《書傳》、《穀梁傳》與此略同』，據《正義》均謂先有成文，其爲古禮之存無疑。」

連堂案：此王氏以《穀梁》與《毛傳》有相合者，張氏引《正義》爲證，

鍾文烝《補注》則據以推證《穀梁》之傳承，〈論傳〉云：「《穀梁》有與《毛詩傳》合者，王應麟所舉大侵、蒐狩二禮，其最著者也。毛公之學出於荀卿，而傳於子夏，益知穀梁子之果爲荀卿師，而源出子夏也。」

（三）顧炎武日知錄

△僖四年：「許男新臣卒。」

《日知錄》：「《左氏傳》曰：『許穆公卒于師，葬之以侯禮也』，而經不言于師，此舊史之闕，夫子不敢增也；穀梁子不得其說，而以爲內桓師，劉原父以爲去其師而歸卒於其國，鑿矣。」

《補闕》：「顧謂經不言于師，此舊史之闕是已，但《穀》以爲內桓師亦非不得其說。成十三年曹伯廬卒于師，今許男卒于師而不言者，明雖卒於外，與在國同也，故《穀》曰：『諸侯死於國不地，死於外地，死於師何爲不地？內桓師也』，僖四年《左傳疏》引賈逵曰：『不言于師，善會主能加禮，若卒於國』，善會主即內桓師之義，是《左》與《穀》合。」

連堂案：此謂不書「于師」，就史書言爲闕文，就釋義言，《穀梁》別出「內桓師」之義，張氏以兩者可並存不悖，左傳家之闡義，且合於《穀梁》，不必是此而非彼。

ㄅ、述長編

〈述長編〉卷帙最繁，其中重出者多，而張氏所補，率多瑣碎，有見者少，茲舉足道者述之。

△《毛詩疏》卷一：「漢初爲傳訓者皆與經別行，三傳之文不與經連。」

《補闕》：「〈藝文志〉云：『《毛詩經》二十九卷，《毛詩故訓傳》三十卷』，是《毛詩故訓傳》多經一卷，非漢初傳訓與經別行，何以《毛詩經》《傳》有一卷之差耶？至三傳之文，不與經連，按《左傳》祭足取麥，穀鄧來朝，經傳所記，有例差兩月者，是經用周正，而傳取國史，石經書《公羊傳》皆無經文，亦經傳各自成文之證。」

連堂案：此張氏舉證以明《毛詩疏》之說。

△《禮記注疏》卷三：「昭七年衛侯惡卒，《穀梁傳》云：『昭元年有衛齊惡，今衛侯惡何？君臣同名也；君子不奪人親之所名也。』」

《補闕》：「不奪人親所名者，范《注》謂『親之所名，臣雖欲改，君

不當聽也；君不聽臣易名，欲使人重父命也』。君臣同名，不止衛齊惡
一人，在前則周襄王名鄭，衛成公亦名鄭；同時則晉定公名午，邯鄲
大夫亦名午；其後則宋武帝名裕，謝景仁、張茂度皆名裕，褚叔度、
王敬宏皆名裕之，宋明帝名彧，王景文亦名彧是也。」

連堂案：此引史上君臣同名之例以證傳。

△定十年：「叔孫州仇、仲孫何忌帥師圍費。」

《公羊疏》：「《左氏》《穀梁》此費字皆爲邱。」

《補闕》：「自當以邱字爲正；且邱邑屬叔孫氏，故圍邱叔孫爲主，若
費邑屬季氏，有事於費，帥師當爲季氏，不當獨任叔孫也。故知《公
羊》作費，或傳受之訛。」

連堂案：張說是也，徐彥《疏》云：「費氏不云《公羊》曰費者，蓋文不
備，或所見異也。」陳新雄《春秋異文考》云：「叔孫州仇帥師墮邱，季孫斯、
仲孫何忌帥師墮費，各主其邑，足證本經既係叔孫氏主其事，則邑爲邱非費
也。《公羊》作費者，或涉下墮邱墮費而誤耳；且陸氏《釋文》不云字異，或
陸氏所見本《公羊經》亦作邱字。」〔註43〕

△《通典》：「天子爲繼，兄弟統制服議，東晉僕射江霦議魯躋僖公，《春
秋》所議，《穀梁》曰：『先親後祖，逆祀也，君子不以親親害尊尊』，
兄弟也，由君臣而相後。」

《補闕》：「此《穀梁》文二年傳也。親親者，僖於閔爲兄，於文爲父，
宜親僖也；尊尊者，閔於僖爲君，於文有祖道，宜尊閔也。親親尊尊，
人道之大，二者一揆，尊理常伸。僖，兄也，而無升道，不以親禰害
其尊祖也；桓，君也，而有治文，不以親公害其尊王也；文姜，母也，
而有絕道，不以親母害其尊父也；哀姜，小君也，而有弗受文，不以
親夫人害其尊先公也；蒯聵，父也，而亦有弗受文，不以親父害其尊
王父也。諸若此類，皆《春秋》之義，是尊親之義，《春秋》不獨指兄
弟言也。」

連堂案：親親尊尊之義，《穀梁》雖自僖閔兄弟而說，而其義實不拘限兄
弟而言，張氏就《穀梁》所及，復爲舉證，以闡發傳義，其說良是。

〔註43〕省立師大《國文研究所集刊》第七期，52年6月，頁511。

四、疏　失

《大義述補闕》之疏失，約略有五：一曰不明文義，二曰引述他說，未明出處，三曰瑣碎支離，無關大義，四曰不關《穀梁》，誤錄誤補，五曰識見之拘限。其中三四兩類疏失，蓋因體例而然，柳氏原書已種其因，張氏依之，亦從其失，至識見之拘限，則非張氏所獨然，茲論述之。

其一，張氏有因不明文義而誤說者，〈述長編・經部〉柳氏原書錄《經典釋文》，其一條《春秋左氏音義》桓公三年正月，《釋文》云：

從此盡十七年皆無王，唯十年有，二傳以爲義，或有王字者非。

《補闕》云：

德明謂二傳此年義或有王字，考二傳此年傳文，俱無王字，未知陸說何據。

此張氏誤解文義，《釋文》乃謂自三年至十七年皆不書王，唯十年有王，二傳因十年發義，即《穀梁》：「桓無王，其曰王何也？正終生之卒也」，《公羊》何休《解詁》：「十年有王者，數之終也」（桓三年），陸氏謂「或有王字者非」，乃謂所見版本中，或於桓三年有「王」字，此類版本非是，而張氏不明其義，致誤說也。

其二，有引他說，而未明出處，有誤爲張說之疑，是述作之不謹嚴，如〈述長編・史部・後漢書〉柳氏錄〈陳蕃傳〉云：

靈帝時代，楊秉爲太尉，上疏曰「不敢尸祿惜生，坐觀成敗，如蒙採錄，使身首分裂，異門而出，所不恨也。」

《注》云：

《穀梁傳》曰：「公會齊侯于頰谷，齊人使優施舞于魯君之幕下，孔子曰『笑君者罪當死』，使司馬行法焉，手足異門而出。」

《補闕》云：

此定十年文也。後人或疑此事爲已甚，非也；魯爲齊弱已久，時見萊兵既卻，復使優施害公，戲笑而舞，意不在舞，與《史記》項莊舞劍相似，陸生所謂俟隙也；夫子先事誅之，隱折強鄰奸惡之謀，明正匹夫熒惑之罪。不如是，則先王無刑罰，而聖人將率其君爲宋襄公矣！張九成嘗謂孔子卻萊兵及戮侏儒，比之大禹、周公，盛矣哉！

張氏所補，除首句「此定十年文也」，餘全爲鍾文烝《補注》之說，而張氏未

明之，有掠爲己說之疑。又如〈述長編・子部・太平御覽〉，柳氏原書錄曰：

> 總敘冠。《穀梁傳・哀公》曰：「公會晉侯吳子於黃池，吳王夫差曰：
> 『好冠來』，孔子曰：『夫差未能言冠而欲冠也』，范甯曰：「不知冠
> 有差等，唯欲好冠。」

《補闕》云：

> 《注》非也，謂之好冠，是未能言此冠名，必請之，是欲冠；夫差
> 慕中國，故大之也。六句又以足上吳進之意。

此亦全引鍾氏《補注》之說，唯《補注》作「五句」，張氏改爲「六句」耳。
類此者尚有他例，不贅引。

　　其三，柳氏《大義述》凡有一絲及於《穀梁》，即予抄撮，故時有隻語片
字，既無體系架構，亦乏中心論旨等瑣碎支離，無關大義之撰述，而張氏依
其條列，各有疏證，時而益加偏離，幾與《穀梁》無涉者。如〈述長編・史
部・三國志〉，柳氏原書錄曰：

> 〈張紘傳〉：「從征合肥，權率輕騎將突敵，紘諫曰：夫兵者凶器，
> 戰者危事也。」

《補闕》云：

> 兵爲凶器，戰爲危事，《國語・越語》、《淮南・道應》、《說苑・指武》、
> 《鹽鐵論・論功》俱謂兵者凶器也；又《書鈔》引《孟子》、《後漢・
> 法雄傳》俱謂戰者危事也。

《穀梁》無「兵者凶器，戰者危事」之文，柳氏疑因莊八年「兵事以嚴終⋯⋯
善爲國者不師，善師者不陳，善陳者不戰」，而錄〈張紘傳〉，其間關涉已微；
張氏知《穀梁》無此文，補明載有此文之《國語》等書，其據以注〈張紘傳〉
則可，於全無關涉之《穀梁》，如此補述，徒增淆亂。又如〈述長編・子部・
玉海〉，柳氏錄〈祥符讀十一經詩〉云：

> 八年正月丁未作〈穀梁詩〉三章，七年八月庚午作〈春秋詩〉三章，
> 十二月庚辰作〈公羊詩〉三章，又作〈讀十九史詩〉賜群臣屬和。
> 其讀十一經也，起七年六月庚辰，成於八年閏六月癸巳；其讀十九
> 史也，起八年七月辛未，成於天僖元年二月辛未。

《補闕》云：

> 十一經於十三經去《論》《孟》也，十九史至宋爲止，王氏固宋人也。

此以十一經乃十三經去《論》《孟》，稱十九史者，至宋爲止，因王應麟爲宋

人，如此補述，直是虛耗筆墨。柳氏《大義述》廣蒐古籍之及於《穀梁》者，蓋欲顯其地位及影響，故於片語隻字或無關大要者，亦錄而存之，其求備之心可解；然條列之已足，實已無義可述，此蓋亦柳氏原書多闕而未述之一端，而張氏強爲補闕，徒顯其失。

其四，不關《穀梁》，誤錄誤補者，柳氏將古籍所引《公羊》誤爲《穀梁》而錄之，張氏仍從而補述，如〈述長編・經部・經典釋文〉，柳氏錄《公羊音義》莊十三年云：

> 摽劍，普交反，辟也，辟劍置地；劉兆云：辟，捐也。

《補闕》云：

> 《孟子・萬章篇》：「摽使者」，《注》：「摽，麾也」，《音義》：「摽音杓，又音拋」，與此同。《詩・邶風・柏舟》云「寤辟有摽」，《傳》：
> 「辟，拊心也；摽，拊心貌」，《釋文》：「摽，符小反」，與此異；而摽辟同爲拊心，則摽即是辟，與此同也。

此柳氏蓋以劉兆爲穀梁家而收錄，實則，劉氏並有《左》《公》著作，《晉書・儒林傳》云：「又爲《春秋左氏解》，名曰《全綜》，《公羊》、《穀梁解詁》皆納經傳中，朱書以別之」，《隋志》著錄「《春秋公羊穀梁傳》十二卷」，《注》云：「晉博士劉兆撰」，此柳氏〈述經師〉亦曾述及，此處《釋文》所引，蓋即其《公羊解詁》，非《穀梁》傳注，柳氏或失查而載入。又如〈述長編・史部・宋書〉，柳氏錄曰：

> 〈蔡廓傳〉：「潘正叔奏《公羊》事三時三錄。」

《補闕》云：

> 正叔名尼，附《晉書・潘岳傳》，此所奏《公羊》本傳不載，今無可考。

此二例均與《穀梁》無關，柳氏收錄已乖，張氏又從而補之，皆由貪多務得，失於限斷所致。

其五，識見之拘限者，張氏處晚清，於西方學理，或出以附會，且未能據以破古人之迷信妄說。〈述長篇・子部・唐類函〉，柳氏於「日四，外壞」錄曰：

> 《穀梁》曰：「日有食之何也？吐者外壞，食者內壞」，《注》：「凡所吐出者，其壞在外，所吞者，其壞入於內」，又「闕然不見其壞，有食之者」，《注》：「今日闕損，不知壞所在，必有物食之」。

《補闕》云：

> 此西人以日食爲地影所掩説也。壞者地影，地影不入日則不食，故
> 曰凡所吐出者，其壞在外；地影掩日則食，故曰其所吞吐，壞入於
> 內。自來解《穀梁》者未見及此，轉爲彼所竊矣。

張氏之說，實屬附會，爲彼所竊之說，尤乏識見。清中葉以來，中國受列強
侵凌，民族自卑心結難解，於西方學理科技，時或有意或無意以似是而非，
或同名異實之事類相比附，謂西人之學，中國自古有之，張氏之說，蓋亦如
是。

又，《春秋》災異之紀載，自漢儒配以陰陽五行以說人事，推波助瀾，以
迄清代，未曾或歇，〈述長編・史部・史記〉，柳氏錄曰：

> 〈五行志〉：「昭公十九年五月己卯地震，劉向以爲是時季氏將有逐
> 君之變，其後宋三臣、曹會皆以地叛。」

《補闕》云：

> 劉說良是。觀下二十三年公如晉，猶以疾復，二十五年如齊，至三
> 十二年薨于乾侯，未曾一返國，非季有逐君之心乎？地震在十九年，
> 故劉曰將有逐君之心。

《太平御覽》，柳氏錄曰：

> 咎徵部，雨螽，《史記》曰：「魯文公三年，雨螽，劉向以爲宋殺大
> 夫而無罪，有罪虐賦斂之應。」

《補闕》云：

> 劉向之說，蓋明天人相感之理，異於西人之心，天變爲不足畏者。

此類迷信妄說，雖頗爲荒誕，且或已爲西人證實乃自然之象，無與人事，而
學者仍未能破除廓清，且猶推闡引申，襲前人之誣妄。如此牽引附會，於漢
儒尚有戒惕爲政之用心，身處晚清，未能辨識西人之長，容受已證成之學理，
屏棄古來謬說，其識見之拘囿難通，亦可歎矣。惟此不唯張氏爲然，觀清代
穀梁學者，得具宏觀卓識者，不及一二，亦所憾也。〔註44〕

五、評　價

張氏《大義述補闕》於柳氏《大義述》之完足，不爲無功；然亦多搜羅，

〔註44〕就《穀梁》著作言，能涵容西學者，以江慎中《穀梁傳條指》最爲顯例，餘
　　　　皆未見，參見本章第十六節。

而少闡發，只求形式之完整，而無意深入之鑽研。此一則由於體例之拘限，柳氏所闕固多，然實無義可述，此正其闕多之所由，張氏補述實乏創發之所；一則此書蓋張氏之習作，學識猶未圓足，無以會通全傳，爲理念體系完整之著作。

張氏此書成於二十四歲爲生員時，其於《穀梁》浸淫之功，恐尚不足。觀其據他人未竟之作爲述作，且凡柳氏已述者，不論所述爲何，即不作補闕，此或有其述作之便，然亦因而受限，於柳氏所未及，或說而未盡，述而未當者，均未予致意；此或由其未曾融通，乃因利乘便所致。

又，張氏其後任職河防，復留日研習法政，返國任推事、律師，未聞其於《穀梁》復作鑽研或續作，亦未曾予此書以增修，如張氏既留日，於西洋文明，當有更深體認，或可修正迷信妄說；又該書稿呈學使，家未有底本，亦未予尋索，且未聞有其他典籍著作，或亦可見其無心於古籍之一斑。〔註45〕

第十六節　春秋穀梁傳條指

一、作者傳略

江愼中（1860～1909）字孔德，號蟫盦，廣東石城人。光緒十四年舉人，髫年博覽群籍，爲文淵雅有法，詩尤雄健，年未四十，絕意進取，著述外唯以講學爲務，著有《春秋穀梁傳條例》、《春秋穀梁傳條指》、《用我法經說》、《蟫盦論學私記》、《南谿文稿》、《南谿詩稿》等書，《春秋穀梁傳箋釋》、《解詁》則僅成數卷。生於咸豐十年，卒於宣統元年，年五十。

二、概　述

《春秋穀梁傳條指》二卷，析自江氏《春秋穀梁傳條例》，〈條指敘〉云：

欲更增改《條例》，加密其說，以備遺忘；尋復以世變、王正諸端，正所謂微言之函自聖心者，宜有專篇闡明理要，但以雜之日月名地之列，未免失倫，遂盡析而出之，揭十指爲目，易用論說之體，詳加推論，究極其意，先成《穀梁條指》二卷。〔註46〕

〔註45〕此書不惟內容未曾增修，且因其爲寫本，致誤字及次序誤倒者，亦未能讎校，亦無刻本行世。

〔註46〕江氏有《春秋穀梁傳條例》十卷，析分《穀梁》條例凡三十二篇，各標其

知《條指》析自《條例》，並易條列傳文爲論說之體。

其述作旨意則在《穀梁》文簡義微，前儒惟知循文訓義，罕究微言，而歷爲《公羊》所掩，乃旁通曲證，闡發幽微，〈條指敘〉云：

> 《穀梁》與《公羊》同出子夏，公羊家所傳有張三世、通三統諸大指，治《穀梁》者乃概無之，意頗不能無惑，又以穀梁氏之書，文義簡奧，猝不易通，知必尚有精意，爲諸儒所未及覺者，沈潛反覆，歷更寒暑，然後豁然醒悟，《穀梁》所述微言，較《公羊》尤爲明備。

〈通論〉亦云：

> 近世《公羊》盛行，其說幾風靡天下，而自來治《穀梁》者，皆惟尋文訓義，罕究微言，所謂《春秋》之指，從未有能舉之者，其爲《公羊》所掩，固無足怪。竊嘗以爲聖人經世之學，具於《春秋》，必有非常異義，振示萬世，穀梁子既游卜氏之門，不宜絕無所聞，徒以其書文簡義微，兼爲晉唐諸儒所汩亂，故無心知其意者耳。天牖愚衷，幸獲端緒，旁通曲證，燦然大明，今特表而出之，以告學者。

此江氏述作之旨意，且知其對己說之自信。

至其大要，〈通論〉云：

> 孟子論《春秋》有其事、其文、其義之別，而以義爲孔子之所取；則言《春秋》者，宜以義爲重矣。然太史公之言曰：「七十子之徒，口授其傳指」，董生書有十指之篇，何休有三科九指之說，皆不曰義而曰指何也？群者渾舉之大名也，意之所在謂之指，則義所歸宿也，治《春秋》者，苟得其指，則二百四十二年之事皆筌蹄矣。

目，而以傳文相從，其例目如下：始隱桓終獲麟例第一、王正例第二、世變例第三、內外例第四、時月日例第五、地例第六、名例上第七、名例下第八、尊周親魯故宋例第九、崇賢例第十、諱例第十一、重眾貴民例第十二、十二公終始例第十三、夫人內女終始例第十四、王崩葬例第十五、諸侯卒葬例上第十六、諸侯卒葬例下第十七、大夫卒例第十八、郊廟例第十九、內事雜例第二十、內外如來例第二十一、會盟例第二十二、侵伐遷滅例第二十三、二伯會盟侵伐例第二十四、獲歸例第二十五、至還復例第二十六、奔叛歸入例第二十七、弒殺例第二十八、災異例第二十九、志不志例第三十、傳疑例第三十一、雜辭例第三十二。《春秋穀梁傳條指》即由其中析出十指，論述成篇。又《春秋穀梁傳條例》未刊，其〈敘目〉見《國粹學報》六十八期。

知江氏所謂指者，義旨也。而其大指有十，〈通論〉云：

> 今約《穀梁》之說，定爲十指，十指者：一曰推世變，二曰託王正，
> 三曰立伯統，四曰異內外，五曰尊周，六曰親魯，七曰故宋，八曰
> 崇賢，九曰貴民，十曰重眾，以此十者，隱括全經之義，若網在綱
> 矣，其理奧賾，非卮言所能盡。

此以十指爲《春秋》微言大義之歸趨，而《穀梁》所闡發者。

　　該書體例，可稱謹嚴，首〈自敘〉，次〈通論〉，次詳論推世變之大指，
繼分論託王正以下九指。其十指之立論，均舉經傳，比辭論辨以證成之。其
前四指，以推世變通貫其間，以其爲《春秋》之通指，統貫全經者也；而尊
周、親魯、故宋三者，及貴民、重眾二者，則以其雖各明一義，而同條共貫，
不可離析，故合而論之。其論述舉證，或有不便行文者，則隨文附註，其有
歸納立論之歧異者，亦隨文辨說，可謂綱目明晰，結構謹嚴。

　　茲依其原次，分論推世變、論託王正、論立伯統、論異內外、論尊周親
魯故宋、論崇賢、論貴民重眾等七目論述之。

三、成　就

1. 論推世變

江氏以推世變爲《春秋》通指，統貫全經者也。《條指》云：

> 推世變者，即公羊家所謂張三世也。《春秋》爲推言進化之書，三世
> 者，進化之次序也；顧按其程度，皆循途漸進，可以三世差之，而
> 論其功化，則月異日新，當以世變目之。聖人盡舉前後古今，紛紜
> 萬變之象，納諸二百四十二年之中，借其事以明進化之公理，使若
> 隱公以前，猶是太古，比諸未開化之時代；入春秋乃漸進化，而託
> 隱桓爲進化之初級，推定哀爲進化之極端，此非可以事實求者也。
> 夫子與子游論大同曰：「大道之行，有志未逮」，而又自言，志在《春
> 秋》，即有志未逮之志，乃聖人之理想也。惟其未逮，故以理想託之
> 《春秋》焉；所書之事，特假之以爲標識符號而已，非十二公之篇，
> 真有此無窮之變象也。

此推世變之說，謂孔子以《春秋》託言進化之理想。

　　茲述其要義，《條指》云：

> 桓十四年《傳》曰：「立乎定哀，以指隱桓，隱桓之日遠矣」，此明

以隱桓爲遠世，定哀爲近世也；然則隱桓以後，定哀以前，自莊至
昭，皆春秋之中世矣。……哀七年秋公伐邾，八月己酉入邾，以邾
子益來，《傳》曰：「《春秋》有臨天下之言焉，有臨一國之言焉，
有臨一家之言焉；其言來者，有外魯之辭焉」，此傳特舉前後內外
之異，以明世變也。範圍所及曰臨，臨一家之言，據遠世言之，隱
桓之世，內同姓而外異姓，所謂家族主義也；臨一國之言，據中世
言之，自莊至昭，皆內本國而外異國，所謂國家主義也；臨天下之
言，據近世言之，定哀之世，遠近大小若一，不復分別內外，所謂
世界主義也。既已著治大同，無人我夷夏之異，故雖魯亦可外也。

此舉三世之分期，及其內外之別，並標舉家族主義、國家主義、世界主義之
名義以爲說。

　江氏又以其三世中又各自有別，更爲析分其世變之進程，其言曰：

隱桓同爲臨一家之言，而隱篇但是成立家族，桓篇則已成專制家族，
由專制家族遂一變而爲專制國家矣；自莊至昭同爲臨一國之言，而
莊閔僖爲專制國家，文宣成爲貴族國家，襄昭則爲平權國家，由平
權國家遂一變而爲平權天下矣；定哀同爲臨天下之言，而定篇猶是
平權天下，哀篇乃成大同天下，其變象無窮，固非一端可盡也。

而其三世，又比附據亂、升平、太平爲說，《條指》云：

公羊家有據亂世、升平世、太平世之說，而其傳無明文。……以《穀
梁》義推之，遠世爲家族主義時代，規模偏狹，國體未成，是據亂
也；中世爲國家主義時代，經制畫然，國度日進，是升平也；近世
爲世界主義時代，畛域盡化，天下大同，是太平也，兩義相比，若
合符節。

以下依次列述其於家族主義、國家主義、世界主義之論證。

　《條指》云：

上古之世，社會未立，先有家族，家族立而世及之禮成，後世相沿，
遂爲定制。三王以下，文化日進矣，而封建世官，猶是家族世及之
餘息也。《春秋》以此義爲偏私狹隘，不盡合公理，故託以爲進化
之最初級焉。隱三年尹氏卒，直稱氏者，起隱桓爲家族主義時代
也。……家族主義尤重同姓而輕異姓……隱桓之篇，小國皆不志
卒，而獨卒滕曹，以其爲魯之同姓，故進之也，益師、彄、翬皆稱
公子，而無侅、俠、柔直名不氏，以其爲異姓，故略之也，臨一家

之言，此其最著者矣。

此論社會進化，先有家族，而其義偏私狹隘，故《春秋》託以爲進化之最初級，並舉尹氏、益師、無侅等稱謂，證隱桓爲家族主義時代。

又云：

> 傳於無侅、俠之卒，皆曰「隱不爵命大夫」，然俠者，所俠也，俠既氏爲所矣，何以謂之不爵命？蓋所謂隱不爵大夫者，謂《春秋》於隱篇著不爵大夫之義，非眞謂隱於大夫不加爵命也。傳中申之曰「隱之不爵大夫何也？不成爲君也」，所謂不成爲君者，蓋寓意於家族初建，但以家長治事，君臣之體未立，使若隱猶是一家之長，未純同一國之君。一家之中，同姓可以相助爲理，異姓皆其家僕，直無任事之權，故以不爵大夫見義，見國家未成以前，其情狀不過如此也。隱固明立爲君矣，而謂之不成君，可知三世進化，特《春秋》所託之義，而不可泥事實以求之矣。

此謂《春秋》寓隱之世君臣之體未立，隱公猶一家之長，不成爲君，以符家族主義之說。至桓公亦家族主義時代，傳何以但言隱不爵大夫，不成爲君，而不及桓？江氏云：

> 桓篇是家族、國家交接時代，凡用兵之事，非君將者，皆無大夫帥師之文，蓋家長專制之局已成，君體漸立，故不言不成爲君，所以依違其事也。

此其桓爲專制家族之說也。

次論國家主義，《條指》云：

> 《春秋》臨一國之言，科條繁多，而莫著於諸伐我者之加言某鄙矣。隱二年莒人入向，直言入向，而上不言某鄙，桓之篇亦但有來戰之文，而無伐我某鄙之文。彼方爲臨一家之言，故特爲此渾而不明之辭，使若國家未立，疆界未定也。至莊以後，伐我者無不言某鄙矣。傳曰：「其曰鄙，遠之也，不以難逼我國也」，蓋國以疆土爲憑，各有疆土，則各有界限，鄙者，我國與他國之界限也。經爲遠之之文，見彼來伐我，但能至我邊界，離我國都尚遠，則我之疆土，歷歷可憑，若不加言某鄙，則彼師若可直造城下，而由彼國至我國之界限不明矣。無界限即無疆土，無疆土即無國家，故國家主義首以畫明疆土爲斷，內外之義即起於此也。

又云：

> 國家表面在土疆，而其內容則在政體。自僖以前，無大夫帥師之文，
> 見君主之專制也；文以後政在大夫，貴卿帥師，接踵於策，遂一變
> 而爲貴族政體矣；洎夫雞澤溴梁，大夫之張日甚，《春秋》特於襄篇
> 痛抑之，而襃美趙武之臣恭以明大法，且於其時著平等之公理，以
> 破君主專制、貴族擅權之迷夢，而立平權國家之政體焉。

此以《春秋》書不書「某鄙」，意謂疆土界限之有無，立其國家主義之說，並
依政體之不同，析分爲專制、貴族、平權三期。江氏並以平權爲升平之治之
極致，據以進太平之世，《條指》云：

> 自文公以下，政在大夫，君主不專制矣；趙武盟宋，而後大臣恭，
> 貴族不擅權矣；襄昭之篇，人漸平等，不立階級，國家政體，完善
> 美備，無復遺憾，升平之治，至是而臻極點焉，定哀之世，所以遂
> 進至太平也。

其分期之說，或無論證，或牽合失序，茲不贅引。

次論世界主義，《條指》云：

> 鍾文烝以定十年及齊平，十一年及鄭平兩事，爲著治太平之實，深
> 得其解，蓋所謂文致者，即以平齊、平鄭之文致之也。……齊鄭之
> 平適當其時，爲彼此欲之，兩無所迫，其事深合於太平公理也；其
> 以此文致太平宜矣。

此其以定篇爲寄寓致太平之證。又云：

> 定五年，歸粟于蔡，《傳》曰：「不言歸之者，專辭也，義邇也。」……
> 傳所謂義邇者，義即大同公義；邇，近也。言以散而無紀之諸侯，
> 而能同心合力，爲此救災恤患之舉，是於大同公義已漸近也。既於
> 定篇著治太平，而僅謂之義邇者，齊鄭既平，太平之基始立，前此
> 則猶是國家主義與世界主義交接時代，故定篇但由平權國家進而爲
> 平權天下，未得遂爲大同天下也。

此江氏據傳「義邇」兩字，釋義爲大同公義，而以定篇雖致太平，但近大同，
未致太平之極致，並證之曰：

> 宋辰叛而稱弟，傳曰「未失其爲弟也」，謂親者未失其爲親，苟有可
> 原，宜曲全之，以俟其自愧也；趙鞅叛而書歸，傳曰「許悔過也」，
> 謂大臣之有罪者，苟服其罪，則亦寬宥之，而予以自新也。此皆尚

德緩刑之精意，雖以意如之惡，辛亦書日，所以滌瑕蕩穢，與民更始，太平之初步，固當如是也。又如內諸侯例不書葬，而劉文公則書葬，見內外之漸為一體也，遠近大小若一之化，此其先路矣；妾子未為君，其母不得書卒，而定弋書卒，且備葬文，見妾婦之賤，亦莫不各得其所，〈禮運〉所謂女有歸者，此亦一隅也。凡定篇所書，皆太平基始之事，功化已隆，猶未造極，見大同之不易至也。

次論哀篇發揮大同之義，並以三事證之：一曰夷魯於列國，二曰等小國於大國，三曰進夷狄同中國。夷魯於列國者，哀八年吳伐我，十一年齊國書帥師伐我，均未加言某鄙，《條指》云：

自莊以後伐我者，無不加言某鄙，所謂臨一國之言，以疆域分別內

外界限也。哀篇既著治大同，則遠近大小若一，無復界限之可言矣；

故不言鄙以化其畛域，見魯非內，而列國非外，所以夷魯於列國也。

至等小國於大國者，謂小國之葬，始於襄而備於昭，下歷定篇，無書月者，至哀篇之滕隱、杞僖，亦從有故書月之例，與大國無異。進夷狄同中國者，哀十一年，「五月，公會吳伐齊，甲戌，齊國書帥師及吳戰於艾陵，齊師敗績，獲齊國書」，用中國戰敗先言戰而後言師敗績之例，是進吳同中國之證。

猶有進者，哀十三年公會晉侯及吳子于黃池，江氏以艾陵之戰，吳雖進同中國，仍以國舉，此則進而稱子；而書「及」更所以平吳晉之等，以示大同之極至，其言曰：

《春秋》於哀篇之末，方欲舉大小之等級，中外之界限，悉捐而除

之，故變文言會以及，使若晉為大國，吳亦為大國，公會晉侯，並

會吳子，不以晉加吳上，而以公之會及，特異其文，所以平吳晉之

等，而渾夷夏之迹也。此《春秋》功化之極，不特遠近大小畛域盡

平，甚至中國夷狄程度如一，大同之治，至此蔑以復加矣。

又其釋「西狩獲麟」云：

傳首言「引取之也」，謂麟本非時而至，《春秋》特引取以為瑞應也。

又曰：「非狩而曰狩，大獲麟，故大其適也」，言狩是大獲麟，言西

是大其適；蓋以中國言之，則魯地偏東，以大世界言之，則中國之

地偏東，其西荒遠而不可紀極，故渾言曰西，欲使大同之化，自東

而西，溥遍及於無垠也。又曰：「其不言來，不外麟於中國也：其不

言有，不使麟不恆有於中國也」，麟非中國之獸，故以中國言之，諸

> 凡言來者，外之也；言有者，不恆有也。《春秋》既引麟爲太平之嘉
> 瑞，故不言麟來，若曰天下太平，麟自來應，不得而外也；不言有
> 麟，若曰大同之化既成，則天下長治而不復亂，麟可恆有也。

此謂言「西」，乃以魯地偏東，中國偏東，欲使大同之化自東而西，及於無垠；而傳不外中國，不使不恆有於中國，亦附入天下大同之義，以其不得而外，可以恆有也。又云：

> 大同之治，首重天下爲公，公者，官天下而不家天下之謂也。《春秋》
> 所紀者，列國之事，皆所謂大人世及以爲禮者，欲張天下爲公之義，
> 萬不能以人事明之，故亦以獲麟寓其意焉。古人以麟爲王者之瑞應，
> 謂有王者則至，無王者則不至，春秋列國之局，無王久矣，今麟既
> 見，是有王者出而布大同之治於天下也。然而三王之盛，不聞致麟，
> 〈虞書〉有「鳳凰來儀，百獸率舞」之文，而《路史》言「帝堯即
> 位七年，麒麟游于郊藪」，可知麟之爲瑞，惟堯舜始能致之。堯舜官
> 天下者也，孔子祖述堯舜，每舉以爲大同之代表，《春秋》之意若曰：
> 麟之見獲，蓋有如堯舜之王者作焉，變家天下爲官天下，太平功成，
> 故嘉瑞來應也。

此謂麟爲王者而至，然三王家天下，猶不足以致之，惟堯舜官天下，爲大同表徵，始能致之。又云：

> 所謂堯舜之道者，大同之道也，天下爲公之道也；而獲麟者，大同
> 之實徵，即天下爲公之代表也。自三代之治，天下皆不脫家族餘習，
> 周人爲尤甚，盡失天下爲公之義，孔子意蓋非之，而不可以明言，
> 惟於論樂，以武爲未盡善，以微見其意，其論治則皆以堯舜爲宗。
> 《書》始唐虞，特標揭之以爲百王表率，推聖人之意，不特以封建
> 世官，有權并一姓之弊；即天子之世天下，亦不過沿家族之餘風，
> 而非必不可易之公理。《春秋》爲推見至隱之作，可特以生平欲言
> 而不敢明言之意，悉寓於其中，故首爲臨一家之言，見家族主義，
> 僅可爲進化之初級，既由家進而爲國，由國進而爲天下，又必易家
> 天下之局，爲官天下之局，而後家族餘習淘汰無餘，不以天下爲一
> 人之天下，大同之治，乃無遺憾。

此謂三代之治，不脫家族餘習，周爲尤甚，孔子意欲非之，而不可明言，乃託之《春秋》，寓以堯舜官天下，乃爲大同之極致，亦進化之終極。

以上爲推世變說之要義。

觀江氏之論，實以公羊家三世之說，附合西方家族主義、國家主義、世界主義及專制、平權等義涵以說《穀梁》，其先立理論架構，而後依次塡補，搜求足以證成其說，符合其說者，以爲論述之資，其跡顯然。其中雖亦有所創發，爲《穀梁》學者所未曾言，然曲解者實多，茲論述之。

其論家族主義，以隱元年傳有「邾之上古微」，即據以爲春秋之前，爲太古未開化之時代，而以隱桓爲進化之初級，即家族時代，而其證不過尹氏之稱氏；又解傳「不成爲君」，在寓家族初建，屈隱公爲一家之長，而無視傳明言，隱不書即位，在成其讓桓之志；然江氏又知隱固明立爲君，乃謂此爲《春秋》託義，不可以事實求之。

其論國家主義，謂國家首以畫明疆土爲斷，並以莊以後昭以前，伐我者皆加某鄙，乃明疆土界限之證。然春秋諸侯，本爲列國，有其疆土界限，理固然也，此其一；侵伐生於邊界，理之常也，隱二年之書入向，及莊昭之間之書某鄙，當爲據史實爲書，非爲家族、國家界限之寓義，此其二；以哀篇兩書伐我不加某鄙，爲捐除國家畛域之根據，屬世界主義時代，所謂遠近大小若一，不復分別內外，然同屬世界主義之定公，其七年、八年仍兩書齊國夏帥師伐我西鄙，其疆界之義依然，而莊二十年亦僅書齊人伐我，不加某鄙，則屬諸國家主義時代；且者，既書「我」，則彼我之分顯然，何來不別內外，世界大同，此其三。

其論世界主義，以定十年及齊平，十一年及鄭平，爲致太平之意，然哀公末年，魯屢與齊相伐，則平而未平矣，雖云寓寄其意，所謂文致者，然不應疏漏如此也。以定弋爲妾，子未爲君，不得書卒，今日卒且葬，見妾婦之賤，莫不各得其所；不知成風以下，妾子爲君，母皆爲夫人，時定公已薨，哀公已立爲君，惟未逾年，猶稱子不稱公，故弋氏不稱夫人，不書薨，然得書卒葬，江氏牽合〈禮運〉述大同「女有歸」之意，亦強辭矣。至解定五年「義邇」爲大同公義漸近，乃欲以古籍爲己註腳耳。

又江氏欲證成其說，或有強解經文，甚或以己說難通，遂改經文以就己者。如〈禮運〉篇孔子自言未逮三代之英，而有志焉，解志爲心志、理想，斥鄭玄注志爲「誌」爲非，又合孔子「志在《春秋》」之說，而謂孔子寄託大同理想於《春秋》。又如解西狩獲麟之西，謂魯在中國之東，中國又在世界之東，故寓欲使大同之化，自東而西，及於無垠，此了無憑據，斷章生義之說；

闚《春秋》微言大義，豈宜誣妄任意若此？至其證家族主義時代，小國不志卒，惟滕曹爲魯同姓，故進之書卒，然宿非同姓，隱八年亦書宿男卒，《傳》云「宿，微國也，未能同盟，故男卒也」，江氏爲符己說，竟改「未」爲「末」，並解爲「猶言略也」，謂宿本不當卒，以其略能親附大國，與魯宋爲盟故卒之，遂又強元年盟于宿之宿邑，爲八年宿男卒之宿國，改傳文「宿，邑也」爲「宿，國也」，以應其略能親附大國之說，此曲說難通，進而妄改以就己也。

2. 論託王正

江氏以《春秋》託王法以正天下，《條指》云：

> 《春秋》歲首之書春王正月，在舊史亦必如是，其意但謂月者王之月，天子班朔而諸侯受之者也，《春秋》因之，則寓以王法正天下之義焉。

而其所以託王法，在於亂賊並興，王道已絕，天下無王，故作《春秋》在振王道於無王，《條指》云：

> 王道之所以絕，由於亂賊並興，故治亂賊，即所以明王道，亂賊之橫，至於天子不能定，諸侯不能救，百姓不能去，則是舉世不復知有大義，彝倫之斁，至此而極，三王之法，至此而窮，小康之治，至此而終，古先哲王，雖有良法美意，亦不可以治後世之天下矣。……傳言元年有王，所以治桓，明天下實已無王，《春秋》之書王，是孔子以新王法治天下，非徒臨以虛號而已，顧《春秋》之新王法，乃公理也，而託之於書王者，以《春秋》爲無王而作，既以公理振起王道，則公理即王法矣。

又云：

> 《春秋》所書，皆亂世之事，而君子則欲撥去其亂，轉亂爲治也。平桓以後，天下無王，篡弒相尋，征伐四起，盜竊亂賊接踵於世，《春秋》據亂而作，貶天子，退諸侯，討大夫，一以正道裁之。

此謂天下無王，《春秋》以公理爲王法，撥其亂，反諸正，證之於傳，其言曰：

> 桓無王之篇，既於元年書王以治桓矣，二年宋公與夷之弒，十年曹伯終生之卒，皆適接乎歲首，故特書王，寓以王法治外諸侯之義，《傳》曰「正與夷之卒」「正終生之卒」，特在卒言卒耳。《春秋》將推舉新王法以普治天下，順借二君以示義，非必如桓之有罪也。

諸大國惟宋爲上公，舉以爲例，而齊晉陳蔡衛鄭皆可從同矣，諸小國以曹爲大，且同姓，舉以爲例，而許莒邾滕薛杞皆可從同矣。正與夷，正終生，又與正隱同意，彼言正內，此言正外，彼言書正之義，此兼言書王之義，亦互相備也。

又云：

傳者釋經，有正也、非正也、不正其云云等語，亦莫非以撥亂反正爲義；傳又每以正也、惡也及正也、故也爲對舉之文。惡者斥其人，故者目其事，皆不正之大者，而爲致亂之由，有待於撥者也；故立貶之絕之之法以正其人，詳非之惡之之條以正其事，凡全經之人事，無不可以此兩義隱括之焉。

此皆傳以王法立貶絕非惡以撥亂之證。

又謂《春秋》所制立者爲新王法，即以公理爲治者也，《條指》云：

《春秋》之作，別立法制，自成古今，不復與三代相沿襲，故傳者大其言，極其敗，明《春秋》之所以掃地而求更新也。

又云：

以新王法統攝列國，無論大小遠近，雖各自爲治，而舉不能出公理之外，迨涵濡浹洽之既久，而後天下爲一家，西狩獲麟，乃天下歸仁之象，而非可驟期也。

此謂《春秋》立新王法統攝列國者，襲公羊家王魯之說也，惟江氏又謂不復沿襲三代，乃以公理爲治，以進天下歸仁之大同之治，即應其堯舜之道，爲推世變之極致之論，而不局於公羊家之大一統、通三統之說。

3. 論立伯統

江氏以春秋爲霸者之時代，其間四分之三爲齊晉二伯所主持，《條指》云：

孟子之論《春秋》曰「其事則齊桓晉文」，說者但以爲大概之辭耳，而不知此言實括《春秋》紀事之要也。春秋既因無王而成列國之局，其會盟侵伐之事，不可以無統繫，故張齊晉爲二伯以挈之。齊桓創伯始於莊十三年，歷莊至僖而晉文繼之，文之子孫主盟中夏者百有餘年，至定之四年盟皋鼬而晉始失伯。春秋前後二百四十二年，而齊晉二伯之統紀其年數，幾占四之三，此百餘年，中國無一事非二伯之所主持也。

此謂齊晉主伯之期，可括春秋紀事之要，並謂無王立伯之所由。至立伯統之證，《條指》云：

> 莊十三年會於北杏，《傳》曰：「桓非受命之伯也，將以事授之者
> 也」，二十七年同盟于幽，《傳》曰：「於是而後授之諸侯也」，傳兩
> 言授之，皆謂《春秋》以伯者之權授齊桓，特明《春秋》立齊桓爲
> 伯之義也；其後晉文繼伯，不復言授之者，既於齊桓見伯統之已立，
> 則晉文之事，可以從同，故傳亦不復贅言矣。既以二伯統率諸侯，
> 故凡附二伯者皆與之，如諸小國列於會盟，則視爲與國，而志其卒
> 葬是也；其叛二伯者皆貶之，如鄭伯逃歸、陳侯逃歸之屬，則以其
> 去諸侯而以賤辭書之是也。他如鄭伯髡原未見諸侯，特言如會以致
> 其志，平丘之同盟，公亦以不與見譏，鄭背晉伐許，則夷狄之，若
> 是之類，皆所以明系統之所在而鞏固伯權也。

此皆《春秋》立伯統之證。

江氏又以由伯統可進於大同之治，《條指》云：

> 《春秋》於二伯，屢有內之之文，如齊獻戎捷，傳以爲內齊侯，新
> 臣卒不書地、屈完盟特言來，傳皆以爲內，桓師城楚丘、戍陳之屬，
> 傳或曰專辭，或曰內辭是也。所以爲此內文者，《春秋》之意，以爲
> 伯者能以公義提倡諸侯，使皆同心協力，漸去其畛域之見，可以合
> 列國爲一國也。所謂合列國爲一國者，非若後世盡天下而郡縣之，
> 但即列國分建之舊，因其政，齊其教，使之各自爲治，主治者惟總
> 其綱要，而立公共之善法以聯絡而維持焉，斯令不煩而政皆舉矣，
> 大同之治，即由此而推焉可也。

立伯統以進於大同之治，此亦應推世變爲說，然《穀梁》實未有此義，傳於
伯者有內之之文，或以伯者攘夷，內華夏而外夷狄，故內之，或以天下無王，
伯者代行王法，王者無外，故內之，並不寓去國家畛域，合列國爲一國之義。

4. 論異內外

江氏以內外之分，起於國別，《條指》云：

> 蓋內外之分，分於畛域，國與國別，有彼此而畛域生，有遠近而畛
> 域愈生，故小別之爲魯與列國，大別之則爲諸夏與夷狄，範圍之大
> 小雖殊，要起於國別則一而已矣。

又謂《穀梁》內外之指，與世變相表裏，《條指》云：

隱桓之世，雖曰內同姓而外異姓，而文化未開，自生分別，實不成爲
內外；哀之篇，魯無鄙疆，內外之跡皆化矣，彼時爲外魯之文，特以
衝決內外之藩籬，見無外之非內，亦無內之非外，所謂充類至義之盡，
實無內外之可言也。惟自莊篇以後，定篇未平齊鄭以前，伐我者無不
加言某鄙，其時內外之辨灼然著明，可知內外爲國家主義中最要之義。

此以內外生於國別，故莊定間之國家主義時代，特爲顯然，隱桓之家族主義，
不成爲內外，哀篇之世界主義則已無內外可言，此江氏推世變之說，而其曲
解處已辨之於前，茲不贅。

又《春秋》內外之指，傳文顯明，江氏以爲最當留意者，在存中國之說，
此說即由內中國之義，推而進焉者，《條指》云：

所謂存中國者，存中國之體統也。中國之體統何在？在其權利與其
義務而已矣。《春秋》以爲中國者，中國之中國，自有權利，自有
義務，斷不容以夷狄共之者也。莊以後夷狄日強，競以干預中國爲
事，中國之權利義務，遂爲所侵，而中國亦幾自放棄焉。如會雩、
會申、盟夷陵、滅傅陽，主會主兵，皆夷狄爲之，是中國無權利也；
殺陳夏徵舒、殺齊慶封，討賊之舉，亦夷狄主之，是中國無義務也。
失其權利，因其義務，則中國幾於不存矣。《春秋》憫中國之雖存
若亡，故亟亟焉思所以存之，如會雩執宋公、盟薄釋宋公，皆不直
言楚，曰「不與楚專釋也」，宜申獻捷不言宋捷，曰「不與楚捷於
宋也」，上書楚人殺陳夏徵舒，而下書入陳，爲內弗受之辭，曰「不
使夷狄爲中國也」，會吳于柤，遂滅傅陽，而中以月日隔之，使爲
異事，曰「不以中國從夷狄也」，鄭伯髡原將會中國，其臣欲從楚，
遂爲所滅，則諱而言卒，曰「不使夷狄之民，加乎中國之君也」，
楚子虔連殺蔡之二君，則蔡友稱世子而不稱子，曰「不與楚殺也」，
蔡侯盧、陳侯吳，無國而言歸，陳哀公、蔡靈公滅國而書葬，皆曰
「不與楚滅也」，凡傳曰不以，曰不與，曰不使，皆明《春秋》之
絕正其義，所以存中國之權利與其義務，即所以存其體統如此也。

《春秋》內外之旨顯明，所謂內魯而外諸夏，內諸夏而外夷狄，華夷之辨，
攘夷之義，傳皆多所闡發，如江氏之舉證是；惟江氏以爲此明中國無以自存，
而《春秋》以文存之，此則江氏處清末，見國勢積弱，列強侵凌，面臨瓜分
之危機，而特爲之強調。

5. 論尊周親魯故宋

江氏以公羊家有新周、故宋、王魯通三統之說，然於《公羊》僅見新周之語，王魯、故宋絕無明文，而《穀梁》異其說，有尊周、親魯、故宋之義，且傳中或有其文，或蘊其義，《條指》云：

> 故宋，《穀梁》有之，……所謂故者，親故之故。成元年王師敗績于貿戎，《傳》曰：「為尊者諱敵不諱敗，為親者諱敗不諱敵，尊尊親親之義也」，尊尊謂尊周，親親謂親魯，《穀梁》之意，以為《春秋》尊周、親魯、故宋也。

其證尊周云：

> 尊周之文，如書河陽以大天子，書及以會以尊王世子，王師敗不言戰之類，皆所謂狹義也；志周之災，謂周為京師之類，則所謂廣義也。僖八年《傳》曰：「朝服雖敝，必加於上，弁冕雖舊，必加於首，周室雖衰，必先諸侯」云云，弁冕以喻天子為諸侯之元首，朝服以喻周之文明，衣被天下也。

其證親魯云：

> 親魯有臣子之辭，有內辭。凡臣子之辭皆狹義也，如魯君生稱公，葬加稱君，弒諱言薨，奔但言孫，殺大夫而曰刺之類是也；凡內辭皆廣義也，如公之如至，夫人內女之歸往，內大夫之卒，與夫郊廟、蒐狩、城築興作諸事，皆備志之是也。若乃親親之尤為明白顯著者，莫如諸稱我之文，則有如葬我君也，執我行人也，伐我某鄙也，凡舉國之辭，皆言我以見之，舊史於諸公之葬，必但曰葬某公，於大夫之執，必但曰執某人，於諸侯之伐魯，必但曰來伐而已，加言我者，是《春秋》之新意也。

其證故宋云：

> 桓二年及其大夫孔父，《傳》曰：「其不稱名，蓋為祖諱也，孔子故宋也」，僖二十五年宋殺其大夫，《傳》曰：「其不稱名姓，以其在祖之位尊之也」，此以尊祖國為義者也。莊十一年宋大水，《傳》曰：「外災不書，此何以書，王者之後也」，襄九年宋災，《傳》曰：「外災不志，此其志何也？故宋也」，兩傳互文見義，明為王者之後，志災即是故宋，是以尊聖王之後為義也。宋者，孔子之祖國也，而在當時亦咸以其為聖王之後而加敬禮焉，故孔子得因以申其尊祖之義。

此江氏分論尊周、親魯、故宋，然又以此三事雖各明一義，而同條共貫，不可離析，故合而論之。前述尊周、親魯均有廣狹二義，故宋亦有尊祖及王者後兩義，於此江氏尚有申論，《條指》云：

> 尊周、親魯、故宋皆有廣狹二義：以周爲天下之共祖而尊之，此狹義也；以周爲列國文明之祖而尊之，則廣義也。以魯爲君子父母之國而親之，此狹義也；以魯爲諸夏之宗國而親之，則廣義也。以宋爲君子之祖母而故之，此狹義也，以宋爲王者之後而故之，則廣義也。必兼此兩義者，由前之說，是人人共有之私意也，人情莫不各尊其政令所從出，莫不各愛其祖國，莫不各重其種系所自來，聖人亦猶乎人情而已矣；由後之說，則推私意以合公義，且因公義而益得申其私意也。如周雖共主，而苟非文明之祖，則亦不能虛尊之矣；魯雖父母之國，而苟非諸夏所宗，則亦不得獨親之矣；宋雖祖國，而苟非聖王之後，則亦不得私故之矣。是兩義本即一義，惟必推極之而其說乃備耳。

尊周、親魯、故宋之證，前人均已述及，而分廣狹二義，由狹義推出廣義，謂其推私意合公義，因公義益得申私意，則江氏據傳義之引申闡發，而此說又受之於當代思潮，江氏自注云：

> 以後世之事證之，如漢以後儒者之稱述三代，日本、朝鮮、安南諸國之取法中國，泰西人之推重希臘、羅馬，是即尊周之廣義也；英吉利人自誇其國爲憲法之祖，美利堅人自詡其國爲民主之祖，是即親魯之廣義也；中國人自尊其爲黃帝之裔，而印度、歐洲亦咸以亞利安故族相矜重，是即故宋之廣義也。

此可見江氏據時代環境及西方學理以爲說。

6. 論崇賢

《春秋》有崇賢之旨，《穀梁》曾發其義，《條指》云：

> 莊二十六年曹殺其大夫，《傳》曰：「無命大夫而曰大夫，賢也；爲曹羈崇也」，成十五年葬宋共公，《傳》曰：「葬共姬則不可不葬共公也，夫人之義不踰君也；爲賢者崇也」，此兩傳皆特揭《春秋》崇賢之指也。

而崇賢之法，或舉貴以見義，《條指》云：

> 崇者，加重之辭，謂增加其文以崇重之，如曹本無命大夫，而稱殺

其大夫，以賢者不可居無大夫之國，故增加其文。

此以無大夫而稱大夫者，舉貴也；或特文以見義，《條指》云：

> 宋共公本不得書葬，緣夫人不踰君之義，不可獨葬共姬而不葬共公，
> 故亦增加其文也。

此以本不得書，以賢特增其文以見之。

江氏以《春秋》加意表章之賢者共十四人；伯者一人齊桓公，諸侯一人紀侯，微國君一人潞子嬰兒，內女一人宋伯姬，內大夫二人公子季友、公弟叔肸，外大夫八人孔父、仇牧、荀息、叔武、趙武、曹羈、公子意恢、季札。又以齊桓、伯姬、季友、叔肸之事，經傳甚明，季札事詳於《左氏》《公羊》，無煩贅論，而申說其餘。茲舉其論潞子嬰兒、孔父、仇牧及荀息之事以概見。《條指》云：

> 宣十五年六月癸卯，晉師滅赤狄潞氏，以潞子嬰兒歸，《傳》曰：「滅
> 國有三術：中國謹日、卑國月、夷狄不日。其日，潞子嬰兒賢也」，
> 十六年春王正月，晉師滅赤狄甲氏及留吁，《集解》曰：「甲氏、留
> 吁，赤狄別種，晉既滅潞氏，今又并盡其餘邑也。滅夷狄時，賢嬰
> 兒，故滅其餘邑猶月」。案：傳以潞子為賢，而不詳其所以見賢之事，
> 然觀經之辭繁而不殺，其賢之固無可疑也。《公羊》何休說以為潞子
> 慕中國，而去其夷狄之俗，晉師伐之，中國不救，夷狄不有，以至
> 於亡，君子以其去俗歸義亡，故憫傷進之；《穀梁》雖無明文，而經
> 書潞子事，純用中國之例，不與夷狄同，則其說信矣。潞子去野蠻
> 而就文明，雖不幸而亡國，其志可白於天下，《春秋》最崇進化，故
> 特表之，以為變俗歸義者勸也。

此舉何休說，以潞子去野蠻就文明而亡國，君子憫之，而《春秋》崇進化，故表彰之，以為變俗歸義者勸。

其論孔父、仇牧、荀息云：

> 經於三人之死，皆曰弒其君某及其大夫某，傳皆曰閑也。謂三人皆
> 因捍衛其君而死，故得言及又言其大夫也：蓋不曰遂殺其大夫某，
> 而以相及為文，明其由君而死，所以張君亡與亡之義也。不直言弒
> 其君某及某，而必言及其大夫，明臣必繫於君，所以申賢者閑君之
> 節也。孔父與殤公一體，君臣遂同生死，其事尚矣；仇牧手劍而斥
> 宋萬，亦討賊而為賊所殺者，《春秋》表之以教忠宜也；若荀息之事，

似乎從君於昏矣，乃亦得與孔父、仇牧一例者，以奚齊、卓子之皆
死，荀息義不獨生也，人以二子託我，我乃不能保全其一，雖朋友
不可以相對，況君臣乎？君子取之，亦與其進，不保其往之意焉。

此謂三者因捍衛其君而死，足以教忠，故《春秋》賢之。

至《春秋》崇賢之由，江氏亦有闡述，《條指》云：

崇賢者，《春秋》之曠典，非尋常褒美之比也。所表十四賢，自齊桓、
季友、趙武兼紀其功外，其餘非特立獨行之士，即仗節死義之人，《春
秋》將以發吾人勇壯之心，而振天下頹靡之俗，故懸此爲的，欲使
人人皆知發揚蹈厲，取義成仁，庶可以挽積習而維風尚也。觀於功
如管、晏，賢如子產、伯玉，《春秋》皆不見其名，而獨於此諸賢之
事，大書特書，以詔後世，聖人激厲天下之意，亦可見矣。

江氏此論，或亦有感於清末國勢孱弱，故思忠臣義士，奮起衛國，以禦列強
侵凌，而特爲表彰也。

7. 論貴民重眾

江氏以貴民、重眾爲《穀梁》之精義。先論貴民，《條指》云：

桓十四年宋人以齊人蔡人衛人陳人伐鄭，《傳》曰：「以者不以者也；
民者君之本也，使人以其死，非正也」，謂民爲君之本，明《春秋》
貴民之意也。

又云：

《春秋》所志，本無民事，而傳則屢以民爲言，是傳之善體經意也。
如僖之勤雨、喜雨，則以爲有志乎民；文之不憂雨，則以爲無志乎
民；莊之一歲三築，則以爲罷民三時，君子危之，冬築微、春新延
廄，則曰用民力爲已悉矣；宣之稅畝，則曰與民爲已悉矣；成之作
丘甲，且舉四民之分業言之。若是之類，皆所以申明《春秋》貴民
之意，見凡兵事之殘民，力役之妨民，稅賦之病民，皆《春秋》所
惡也。

此江氏概舉傳文，明《春秋》所志，本無民事，而傳屢發其貴民之意，乃善
體經意，如僖公喜雨、憂雨，是有志於民，《春秋》所褒；而無志於民、殘民、
妨民、病民，皆《春秋》所惡，此《春秋》貴民之明證。

然則民何由而貴？《條指》云：

不以君爲民之本，而以民爲君之本，蓋即孟子民爲貴，君爲輕之說

也。……生民之初，必先有雜居之民，而後奉一人以爲之君，有民
有君，然後組織之而成一國，是國以君爲本，而君又以民爲本也。
一國之貴，宜莫如君，而君既爲民所推立，實由民有以貴之，故民
戴之則爲元后，民叛之則爲獨夫，君之進退，權操諸民，是民貴於
君矣。民爲本，則君爲末，故民爲貴而君爲輕，立説雖殊，其意一
也。平桓以降，諸侯力征，貴族暴橫，壓制之風日甚，遂不知民之
爲貴，而倒行逆施，以犬馬土芥視之。穀梁子、孟子生當其時，特
爲此窮原反本之論，蓋欲提爲君者而警之，並呼爲民者而覺之也。

此謂《春秋》貴民與孟子民貴君輕之説合，而貴民之由則在國者民之積，君
之廢立，在民心之向背，穀梁子、孟子之特爲標舉者，乃所以警君，亦所以
覺民也。

次論重衆，《條指》云：

桓十三年及齊侯宋公衛侯燕人戰，齊師宋師衛師燕師敗績，《傳》曰：
「戰稱人，敗稱師，重衆也」，此特揭《春秋》重衆之指也。

此揭重衆爲《穀梁》之明文。

然則衆何以得重？《條指》云：

衆者民之多數會合而成者也，《春秋》惟貴民，故重衆；惟重衆，故
於事之合於公理者，必以衆辭書之。如襄三十年澶淵之會，諸國皆
稱人，《傳》曰「救災以衆」，其最著者矣；又如討賊稱人，殺大夫
之有罪者亦稱人，《傳》皆曰「稱人以殺，殺有罪也」，殺有罪必用
衆辭者，見其罪爲衆所共疾，殺之者不出於私也。討賊之稱人者，
乃亂臣賊子，人人得而誅之之義；殺大夫之稱人者，則〈王制〉所
謂「與衆棄之」，《孟子》所謂「國人殺之也」。

又云：

宣十五年宋人及楚人平，《傳》曰：「人者，衆辭也；平稱衆，上下
欲之也」，上謂君也，下謂民也，上下欲之，明其事爲全國之所同欲
也。平者，國之大事也，《春秋》不統於所尊，以君主之，反抑君就
民，而以衆辭書之，所以示君民一體之義也。舉以見隅，凡國家之
事，無不當與民共之矣。

此謂衆爲多數之民所會，惟貴民所以重衆，並據傳「人者衆辭」，以闡稱人以
平，稱人以殺，稱人以救災，皆示衆之所欲、所爲，而公理寓焉。

江氏貴民重眾之指，於傳有驗證，並能據傳闡傳；然仍有所附會，如其論民貴君輕，謂「君既爲民所推立」，又以當時立憲政治遍於天下，證視民土芥，視君寇讎之精塙，此混古之民本爲民主也。而其解「眾」云：

> 國家之事，不能合一國之民而共爲之，當必有代表之者矣。雖代表
> 之名，爲古人所未嘗有，而傳所謂眾辭者，非盡一國之人而目之爲
> 眾，乃於一國之中，舉其多數之會合者，而指之曰眾也。

此欲比附民主之代議制與多數決也，而傳之重眾，實難蘊此義。

四、評　價

江氏《條指》爲清代《穀梁》著作中，最具時代意識，且受西方學理影響最顯明之著作。蓋江氏處清末，時公羊學勃興，江氏以爲同出子夏之《穀梁》，於《春秋》之微言大義，亦必有所承受，然鮮有聞；又感於西洋船堅砲利，學說制度均凌中國而上之，故援引《公羊》及西方學理以說《穀梁》，其意概以《公羊》有者，《穀梁》豈可無之，〔註47〕西方有者，泱泱華夏，又豈能闕如。如江氏以爲通貫全經之通指推世變，實本於公羊家之張三世，而託

〔註47〕江氏《條指》中，時以《公羊》及公羊家之說，《穀梁》亦有之，且多較《公羊》說精闢而有據；茲舉其說以證：「公羊氏之學，見於董仲舒、何休所述者，於微言頗有發明，每怪《穀梁》與《公羊》同出子夏，公羊家所傳有張三世、通三統諸大指，治《穀梁》者乃概無之，意頗不能無惑；又以穀梁氏之書，文義簡奧，猝不易通，知必尚有精意，爲諸儒所未及覺者，沈潛反覆，歷更寒暑，然後豁然醒悟，《穀梁》所述微言，較《公羊》尤爲明備，而與《公羊》指趣各殊，良由源遠流歧，遂生差異，而一則溢出傳表，一則具見傳中，知《公羊》多後師附益之文，《穀梁》則原本師授而著之於傳，其說尤爲可信也。」（〈條指敘〉）「《公羊》謂以《春秋》當新王，《穀梁》則謂《春秋》振王道於無王，《公羊》謂《春秋》王魯、新周、故宋，《穀梁》則謂《春秋》尊周、親魯、故宋，此非所謂貌同心異者耶？……又如撥亂反正之文，本出《公羊》，而《公羊》但傳其語，《穀梁》能推之以釋全經；至貴民、重眾則《公羊》所未傳，而《穀梁》所獨得也。每謂公羊家說，附益者多，如三世之義，彼所最重，而其傳但有『所見、所聞、所傳聞』之語，而無『據亂、升平、太平』之文，三統之義，亦所最重，而其傳亦但有新周二字，王魯、故宋且無顯證，因知非盡出《公羊》本意也，《穀梁》諸說，本傳悉有明文，詞理秩然，不待添綴。」（〈通論〉）「公羊家以《春秋》當新王之義，蓋猶於一統之舊，以天下無王，無所統攝，遂欲以魯當之，其義不免狹隘，不如《穀梁》之說，以新王法統攝列國，無論大小遠近，雖各自爲治，而舉不能出公理之外，迨涵濡浹洽之既久，而後天下爲一家，西狩獲麟乃天下歸仁之象，而非可驟期也；明乎《春秋》之書王，爲本公理立王法，以治列國之天下，則公羊家所稱大一統、通三統，其說俱可不存矣。」（〈託王正〉）

王正、尊周、親魯諸說，則出於公羊家之三統說；至屬西方學理之國家主義，各種政體及演進，民主、立憲、平等、公理諸義涵，則更灼然可見。故其說雖云創發，然實多附會，錢穆先生評康有爲有云：

> 康氏之尊孔，並不以孔子之眞相，乃自以所震驚於西俗者尊之，特曰西俗之所有，孔子亦有之而已。

又云：

> 長素不知國人言共和，乃從西洋來，非從孔子來，長素必欲推本於孔子，而經典無證，乃附會之於董何之口說。〔註48〕

江氏之說《穀梁》適如此評。〔註49〕

　　江氏《條指》之作，蓋亦基於當時公羊學者「通經致用」之用心，其於《穀梁》學術史之意義，當大於對傳義之闡發。

〔註48〕見《中國近三百年學術史》（台北：臺灣商務印書館，72年11月，台八版），頁704、703。

〔註49〕熊十力先生於清末援引西學說經，曾有論述：「此中消息，極不可忽者，則爾時據經義以宣揚西學者之心理，並非謂經學足以融攝西學。亦不謂經學與西學有相得益彰之雅，而且於經學之根本精神，與其義蘊之大全，或思想體系，實無所探究。無有精思力踐。其於西學，雖聞天算物理化學等等學術之精究，與夫政治法紀之整肅。而於其學理，實一無所知曉。但震於西人之船堅砲利，而怖其聲威，思慕效之已耳。然以朝野大多數仍是守舊，自恃數千年文化之高，禮義之隆，不曾馳域外大觀。雖屢經挫敗，猶以華夏自居，夷狄西洋。故奉聖經賢傳爲無上至寶，不肯以夏變夷。此等氣習，正未易轉。於是維新人士，將欲吸引西學，不得不擇取經文中，有可以類通之語句，而爲之比附張皇。使守舊之徒，樂聞而不爲峻拒。此其用心甚苦。然此等心理，實由震攝西洋之威勢，而想慕其學術，欲與之亦步亦趨。其隱微之地，蓋早已失其對於經籍之信仰。」見《讀經示要》卷一（台北：明文書局，76年9月再版）頁2。

第四章　考證之屬

　　清代考據之學大興，《穀梁》述作中，除少數專論義理或文章評選外，皆或多或少兼及考證，然以其非考證專著，而各歸所屬，如鍾文烝《補注》、廖平《古義疏》歸諸注疏之屬，而兼論多方者歸諸論說之屬；又校勘、輯佚實亦考證範疇，然以其為考證之專門，故另立專章論述，不入本章。餘得三家，為齊召南《春秋穀梁傳注疏考證》、李富孫《春秋穀梁傳異文釋》及侯康《穀梁禮證》；其中齊氏《考證》亦兼論多方，頗類前章論說之屬，然以其內容多考辨，又明標「考證」以為名，仍歸諸此類。

第一節　春秋穀梁傳注疏考證

一、作者傳略

（一）

　　齊召南（1703～1768）字次風，號瓊台，晚號息園，浙江天台人。官至禮部侍郎，著有《水道提綱》、《歷代帝王年表》、《寶綸堂文鈔》、《詩鈔》，奉敕撰《禮記注疏考證》，與陳浩等撰《尚書注疏考證》、《左傳注疏考證》、《穀梁注疏考證》、《公羊注疏考證》、《前漢書考證》，並與纂修《大清一統志》及《明史綱目》。生於康熙四十二年，卒於乾隆三十三年，年六十六。

（二）

　　陳浩（1694～1771）字紫瀾，號未齋，又號生香，河北昌平人。雍正二

年進士，官至詹事，曾任武英殿總裁，修《一統志》，與齊召南、杭世駿等校經史，齊、杭服其精博，與桐城方苞爲至交。晚致仕，主河南大梁宛南書院。著有《生香書屋詩》、《恩光集》。生於康熙三十三年，卒於乾隆三十六年，年七十八。〔註1〕

二、概　述

《注疏考證》爲齊召南、陳浩、張照奉敕所撰，附於殿本每卷之後，後四庫全書本因之。所考各條，除三傳異文及校勘或不別撰者，餘均標「臣召南按」「臣浩按」「臣照按」，以明該條撰者；其中以齊氏所考爲多，亦較精要。

該書之版本有三，除前述殿本、四庫全書本外，另爲皇清經解本，題《齊侍郎春秋穀梁傳注疏考證》（卷三一五）。惟皇清經解本僅錄齊氏所考，且有數條四庫全書本標明爲齊氏所考而未收者，至陳浩、張照所撰及對監本之文字校勘則均闕如；雖此書以齊氏所考爲主，然究無以窺其全豹，故本文以四庫全書本爲據，其中張照所考僅數條，說亦不精〔註2〕，茲略而不及。

該書所考一百餘條，內容甚廣，有三傳異文、校勘、義例考辨、傳義闡釋、史實考辨、地名考證、禮制考證等，其中三傳異文僅列其相異，未明所由〔註3〕，地名考證三條均無所見〔註4〕，不予論述，餘依次舉例論之。

〔註1〕據郭益堉〈墓表〉（《國朝耆獻類徵初編》卷一二五）謂其年七十八；徐世昌《大清畿輔先哲傳》（卷二十一）謂其乾隆三十六年皇太后八十壽賜游香山，時年及八十矣，推測當卒於此一二年間，姑以乾隆三十六年爲卒年，並推計生於康熙三十三年。

〔註2〕茲引錄二條張氏所考以備見。莊二年，公子慶父帥師伐於餘丘，《傳》云「於餘丘，邾之邑也」，張照云：「於餘丘當是於越之類，於爲語助，但古人於此等文有語助，所未詳也。」莊九年，齊人取子糾殺之，范《注》云「言子糾者，明其貴宜爲君」，張照云：「群公子曰公子，太子嗣位而未成君曰子，《春秋》書子糾，不曰公子糾，則貴可知矣；糾、小白孰爲兄弟不必論。」

〔註3〕茲引錄二條以明。桓十二年，公會紀侯莒子盟于曲池，《注疏考證》云：「曲池《公羊經》作殿蛇；紀侯《左傳經》作杞侯。」莊五年，郳黎來來朝，《注疏考證》云：「郳《公羊》作倪；黎《左氏經》作犁。」

〔註4〕茲引錄一條地名考證以備見。莊三十二年，城小穀，范《注》云「小穀，魯邑」，齊召南云：「范《注》于地名，俱依《左傳》杜《注》，惟此不同；《左傳》：『城小穀，爲管仲也』，杜《注》：『小穀，齊邑』，范以《穀梁》無明文，與城諸及防一例耳。」此杜《注》誤，范氏不從是，齊氏並未辨析；說見第二章第一節〈春秋穀梁經傳補注・三成就・乙對范注之證補・ㄅ地名考釋之證補〉。

三、成　就

ㄅ、校　勘

△〈穀梁傳序〉：「石渠分爭之說。」

楊《疏》：「石渠者漢之閣名。」

陳浩云：「閣名各本俱誤作學名。按天祿、石渠，俱未央宮前閣名，宣帝於此閣集諸儒講五經同異，徧考前典，從無以此爲學校名者，今改正。」

連堂案：陳氏校是，《釋文》云：「閣名，漢宣帝時使諸儒講論同異於石渠閣也。」

△隱四年：「衛人殺祝吁于濮。」

《傳》：「祝吁之契，失嫌也。」

《注疏考證》：「不書氏族以下二十八字乃范《注》，監本誤以爲《疏》，雙行分寫傳後，今改正。」

連堂案：阮元《校勘記》云：「此注文也，閩、監、毛本凡注皆改單行，上加注字，此獨雙行無注字，蓋改十行本之舊而未盡者。」《注疏考證》之校勘十之八九皆如此例以殿本爲底本以校監本，齊召南〈跋語〉云：「監本所刊注疏二十卷目次，亦非當時之舊，而字句訛脫，比諸經爲尤甚。」校文中多出「監本作某」「監本誤作某」「監本誤刊」「監本脫」之類。復舉一例，如桓五年螽，楊《疏》云：「經書時雩，非正」，《注疏考證》云：「雩字監本誤作雨，今改正」。

此類對校，訛誤易明，不復舉例。

△文六年《傳》：「天子不以告朔，而喪事不數也。」

范《注》：「閏是叢殘之數，非月之正，故吉凶大事皆不用也，不數所右也。」

《注疏考證》：「注『皆不用也』下，各本皆有『不數所右也』五字，陸氏《釋文》於此處有『數，所古反』，後人誤以爲注，接寫於下，且衍不字，又訛古爲右，訛反爲也，今改正。」

連堂案：此處訛誤甚多，《注疏考證》之校是；余本不誤。

△宣十二年：「夏六月乙卯，晉荀林父帥師及楚子戰于邲，晉師敗績。」

《傳》：「日，其事敗也。」

齊召南云：「舊解此戰書日者爲敗之故也，特於此發傳者，二國兵眾，

不同小國之戰，故特發之。《春秋》於戰，不論大小內外，無不書日，
不獨此戰書乙卯也。如以爲兩大國交爭，不同小國，則莊二十八年衛
及齊戰，衛師敗績，一小一大亦書甲寅；僖二十二年宋楚戰泓，一小
一大亦書己巳；又如宋鄭之戰大棘，則兩國皆小矣，經書壬子何耶？
且書戰固有不書敗者，爲內諱敗自可不計，至若秦戰令狐，經書戊子，
戰河曲，經書戊午，又何嘗因書敗績而後書日乎？《疏》又云『今以
日爲語辭』是也。」

連堂案：《穀梁》傳列有「其月」「其日」「不日」者，無僅書一「日」字
者，齊氏之校可備一說。

△宣十五年：「六月癸卯，晉師滅赤狄潞氏，以潞子嬰兒歸。」

《傳》：「其日潞子嬰兒，賢也。」

齊召南云：「各本俱作日字，以上下文及《疏》推之，日字自是日字之
訛，日指癸卯也，潞子例不應書日而書日，則知其賢，作日字誤也。」

連堂案：此以文意及《疏》爲校也，傳云：「中國謹日，卑國月；夷狄不
日，其日，潞子嬰兒賢也」，此謂潞子夷狄，本不書日，以其賢進之也，楊《疏》
云：「此不云夷狄時而云不日者，方釋潞子嬰兒書日之意，故不云夷狄時也，
夷狄不日宜從下爲文勢。嬰兒爲賢書日復稱名者，書日以表其賢，書名以見
滅國，所謂善惡兩舉也。」

△成十七年：「十一月公至自伐鄭，壬申，公孫嬰齊卒于貍蜃。」

《傳》：「十一月無壬申，壬申乃十月也。」

齊召南云：「以下文十二月丁巳朔日有食之推校，則壬申自是十月之
日，傳所云不妄也，但經文隨事直書，嬰齊果卒於十月壬申，經可倒
書爲十一月壬申乎？故不如杜氏直云日誤爲是。」

連堂案：傅隸樸《春秋三傳比義》云：「此經緊接於上經十有一月之後，
則壬申應屬於十一月，據杜預《長曆》，十一月無壬申，十月十五日爲壬申，
依《左氏》『十月庚午圍鄭』之期推算，庚午是十月十三日，諸侯於十三日圍
鄭，十一月楚公子申救鄭，師于汝上，十一月諸侯還，故成公於十一月至自
伐鄭，則成公之不能在十月十五日返國，事實至爲明顯，故公孫嬰齊之卒既
書在公至之後，則嬰齊之卒定在十一月，但決非壬申，因十一月僅有壬辰、
壬寅、壬子及丙申、戊申，並無壬申，所以杜預認定此日有誤。但《左氏》
前既有『十月庚午圍鄭』，下又緊接『十有二月丁巳朔』的經文，不應不知此

日之誤，而隨經文同誤。想必在春秋戰國之初，經傳日期都未誤，誤在秦火後，故《公》《穀》均據以作解。」〔註5〕傅氏推測《春秋經》《左傳》原未誤，二傳據已誤之日期作解或是。

夂、義例考辨

△桓十一年：「葬鄭莊公。」

范《注》：「莊公殺段，失德不葬，而書葬者，段不弟，於王法當討，故不以殺親親貶之。」

齊召南云：「經書葬無義例，魯使往會其葬即書葬耳，不然，鄭寤生拒抗天王，罪大惡極，豈宜不見貶絕而且舉其謚乎哉？范《注》云云，附會之論也。晉獻公不言葬，魯自未嘗遣使往會，豈以殺申生故耶？《疏》亦附會。」

連堂案：《注疏考證》於《春秋》書法概以史書體例為據，其是否書卒書葬，視魯是否會葬，書日書月，一依史例，無涉于人物之褒貶臧否，以《春秋》無日月卒葬等特筆義例。如定四年劉卷卒，《傳》云：「此不卒而卒者，賢之也」，齊氏云：「寰內諸侯《春秋》例不書卒，其嘗同會盟來赴者則書之，不關于賢不賢也」。又如成十五年秋八月庚辰，葬宋共公，《傳》云：「月卒日葬，非葬者也。此其言葬何也？以其葬共姬不可不葬共公也」。陳浩云：「《穀梁》以日月為例，故有紛紛之說。魯宋婚姻之國，使使會葬則書葬，舊史有日故書日耳，傳謂以後葬共姬，此不可不葬共公，迂曲甚矣」，此皆謂卒葬無義例。

△桓十一年：「九月，宋人執鄭祭仲。」

范《注》：「祭氏，仲名。執大夫有罪者例時，無罪者月，此月者為下盟。」

齊召南云：「云此月為下盟，其實書時書月不關有罪無罪。如祭仲者本自有罪，書月以執，安見其非貶乎？」

連堂案：此不以時月日為例也。

△僖二十二年：「宋公及楚人戰于泓，宋師敗績。」

齊召南云：「泓之戰《穀梁》深責宋襄，最得經義。范《注》引何休及康成之說，以《左傳》證之，宋襄傷股，則《穀梁》所謂身傷有實據矣。何休以鄢陵之戰楚君傷目，經書楚子敗績，《穀梁》謂君重於師，

如泓戰宋公果傷，經亦當書宋公敗績，此其難《穀梁》之意也；康成以傷目與傷股有別，以解何休之駁，揆以聖經書法，實皆不然。泓之戰至於門官皆殲，師徒喪失，幾至亡國，故經書師；鄢陵之戰，楚君傷目，而三軍未至大損，經故舉重以概輕耳。」

連堂案：何休、鄭玄所難所釋，實皆不然，齊氏說近理。此以書君書師乃據舉重以概輕之史例，非關褒貶義例。

△哀十三年：「公會晉侯及吳子于黃池。」

《傳》：「黃池之會，吳子進乎哉！遂子矣。」

齊召南云：「吳本子爵而僭王，與楚同惡，《春秋》書其君以本爵，固是尊王之義，亦緣其時所僭名號，止施於其國之臣民；至與諸國會盟，諸國自稱其本爵也。是以《春秋》于二國之君書其卒，不書其葬，卒從赴告，史官筆之於策，可曰『楚子某卒』『吳子某卒』，葬必舉諡，而從其本國臣民之稱，若從其稱則必曰『葬楚某王』『葬吳某王』矣，義不可書，故削而不錄，尊王之大義然也。至如會盟侵伐，其君親行，經即書曰楚子吳子，並無義例。黃池之役，吳子自恃強大，與晉爭衡，非實有尊周之善也，夫子何所取而進之乎？且經書吳子屢矣，柏舉敗楚，季札來聘，經皆書曰吳子，豈俟此會而始進乎哉？」

連堂案：《穀梁》有借事明義、託義之說，於史實史例每有違逆難合，就史例言，齊氏之駁辨，不可易也。

ㄇ、傳義闡釋

△僖元年：「齊師、宋師、曹師次于聶北，救邢。」

《傳》：「以其不足乎揚，不言齊侯也。」

范《注》：「救不及事，不足稱揚。」

齊召南云：「齊桓之功在存亡國，而經書聶北救邢，既有三國之師，其力非不足以卻敵，而遲遲其行，徘徊不進，待邢人潰圍而出，始遷夷儀，此則霸者之私心也。《左氏》《公羊》無所發明，《穀梁》最得經意，至城邢復序三國之師，傳曰『美齊侯之功也』，功過兩不相掩，持論平矣。」

連堂案：此申傳義，以《穀梁》褒貶齊桓，不掩功過，得經意。

△文九年：「毛伯來求金。」

《傳》：「求車猶可，求金甚矣。」

齊召南云：「三傳皆言來求非禮，夫來求非禮所不必言，以天王之喪，魯自公孫敖奔莒之後更不復遣使，至毛伯來求金，始遣叔孫得臣如周會葬，爲侯國者當如是乎？經意見周與魯並失，且見當時列國不共貢職。」

連堂案：齊氏之說足補傳所未及。

△襄二十九年：「春王正月，公在楚。」

《傳》：「閔公也。」

陳浩云：「《左傳》言釋不朝正于廟；非也。《春秋》二百四十二年中，公在他國未歸，不朝正于廟者多矣。如僖十六年冬十二月與諸侯會淮，十七年九月始至；成十年秋七月如晉，十一年三月始至，皆踰時最久，因事見留，瀕于危難，經並不書在齊、在晉，惟昭公失國居外，經每于歲首書公在乾侯耳；《穀梁》謂閔公，其義甚長。」

連堂案：此明經之特筆以證補傳說，而傳義以明。

△昭二十六年：「公至自齊，居于鄆。」

《傳》：「道義不外公也。」

范《注》：「至自齊者，臣子喜君父得反致宗廟之辭爾，今君雖在外，猶以在國之禮錄之，是崇君之道。」

齊召南云：「昭既出奔，季孫恣肆，必無代公致廟之事，經書至自齊、至自會、至自乾侯，皆特筆以存君臣之大義，所謂《春秋》成而亂臣賊子懼也；《穀梁》之說甚精。」

連堂案：齊氏闡明傳釋經以特筆存君臣大義之精當，並補范《注》之不足。又昭二十七年邾快來奔，《注》引徐邈曰：「自此以前，邾畀我、庶其並來奔，今邾快又至，三叛之人，俱以魯爲主，邾魯鄰國，而聚其逋逃，爲過之甚，故悉書之以示譏也。」於此齊氏亦有證補，其言曰：「昭公在外，邾快之來誰受之？季氏也。已逐去其君，又受人之叛臣，季氏之罪不容于死矣；僅云受逋逃爲過之甚，猶非通論也。」齊氏之說，足補傳注所未及。

△昭三十一年：「晉侯使荀櫟唁公于乾侯。」

《傳》：「唁公不得入於魯也。」

楊《疏》：「不入魯有三文。」

齊召南云：「以理推之，前此齊侯唁公于野井及高張來唁公，不過弔不入國都而已，公猶在魯地；至荀櫟唁公于乾侯，本屬晉地，直是弔公

不入魯境也。傳雖同言不入魯，亦自有淺深存焉。」

連堂案：此屬辭比事，以闡發幽微。

ㄈ、史實考辨

△隱元年：「天王使宰咺來歸惠公仲子之賵。」

《傳》：「仲子者何？惠公之母，孝公之妾也。」

范《注》：「妾子為君，賵當稱謚，成風是也；仲子乃孝公時卒，故不稱謚。」

齊召南云：「妾母名係於子，以文九年秦人來歸僖公成風之襚例之，則此稱惠公仲子自屬惠公之母，孝公之妾，此《穀梁》說遠勝於《左氏》《公羊》者也。但范《注》云『仲子乃孝公時卒，故不稱謚』，其說非是。魯孝公以平王二年薨，平王三年癸酉歲，惠公之元年也，至平王四十八年戊午歲薨，明年己未歲入春秋，計惠公在位四十五年，仲子卒當在惠公之世，且并在惠公末年矣；故天王加禮於魯，尚遣使來賵，若謂在孝公時，豈有侯國之妾母，卒已逾五十年，而天子始追行賵禮者耶？即經所書成風薨在文四年十一月，王使榮叔歸含且賵在五年正月，此其明驗也；惟秦人僻遠，至九年始來歸襚，豈可以秦人例天王哉？大約春秋之初，猶近古樸，妾母之卒或有不稱謚者亦未可知，如桓母仲子無謚，齊桓母衛姬，晉文母狐姬，後亦不聞追謚，豈必以仲子無謚，即疑其卒在孝公時乎？」

連堂案：此以《穀梁》惠公仲子為惠公之母，孝公之妾之說是，以范《注》謂仲子死於孝公之時為非。王師熙元《穀梁范注發微》云：「以歸賵在元年，知仲子卒當在惠公末年，范說在孝公時，蓋非事實，齊說得之。又《穀梁》之意，成風有謚，仲子無謚，自由當時事殊，而范云妾子為君，賵當稱謚，禮無明文，蓋意造耳。」〔註6〕

△僖二年：「齊侯、宋公、江人、黃人盟于貫。」

《傳》：「中國稱齊、宋，遠國稱江、黃，以為諸侯皆來至也。」

齊召南云：「此與《公羊》說同，其贊美齊桓極矣。但聖經書法，理不得然，使魯君同盟，其可不書公及乎？使陳、蔡、衛、曹、邾、許諸君同盟，其可不敘諸君乎？江黃二國，南逼於楚，而北近宋，齊侯至

〔註6〕 嘉新水泥公司《文化基金會叢書‧研究論文》第二七〇種，64年9月，頁812。

宋與二國之使臣盟，其餘諸國皆不在會，經但書其實耳。」

陳浩云：「三年陽穀之會，經亦書齊侯、宋公、江人、黃人，《傳》曰：『諸侯皆諭乎桓公之志』，則意亦同此傳；然是冬季友即如齊盟，是魯侯不與陽穀之會灼然矣，至近如魯尚不至，況他國乎？」

連堂案：就史實言，齊、陳二氏之說是；就二傳言，則即經文以寄義，而略於考史。

△僖十二年：「楚人滅黃。」

《傳》：「管仲死，楚伐江滅黃，桓公不能救，故君子閔之也。」

楊《疏》：「《史記》管仲之卒在桓公四十一年，當魯僖十五年，而此云管仲死者，蓋不取之《史記》之說。」

齊召南云：「《穀梁》謂管仲既死，桓公霸業不終，但《史記》以管仲之卒在齊桓公四十一年，當僖十五年，考據必確。《左傳》雖無管仲卒年月明文，然僖十七年齊侯小白卒，《傳》曰：『公與管仲屬孝公於宋襄公以爲太子，雍巫因寺人貂以薦羞於公有寵，公許立武孟，管仲卒，五公子皆爭求立，冬十月乙亥，齊桓公卒』云云，是由五公子爭立，追敘管仲既卒，非謂仲卒於十七年也。總之，在十二年仲未必卒，《左傳》是冬齊侯使管仲平戎於王，王以上卿之禮享仲，仲受下卿之禮而還，是冬仲固無恙也。宋襄公嗣位在僖九年，即與葵邱之會時未終喪，經書宋子，桓公與仲屬立孝公，當不在此時。其後數年，齊宋並無會盟之事，惟十三年會于鹹，十四年城緣陵，十五年盟牡邱次于匡，齊宋並在，疑屬立孝公當在此時也。後人見此數年中霸業不振，斷謂仲必前卒，不知齊桓公末年，小人雜進，任仲亦必不如初年，雍巫因寺人貂以干進，雖不知確在何年，而寺人貂漏師多魚，在僖二年當霸業方盛之日，則嬖幸竊權久矣。小人害霸，管仲臨卒尚爲桓公言之，又烏知仲卒不在十五年如《史記》所云乎？」

連堂案：《穀梁》載管仲死年有誤當無可疑，齊氏以爲當從《史記》在僖十五年，朱駿聲〈管子卒辨考〉亦疑當在僖十五年。其言曰：「偶閱襄平李鍇所作《尚史·管夷吾傳》，大書特書曰『桓公四十三年夷吾卒』，以爲據《左傳》，殊不然。魯《春秋》僖公十七年傳曰：『管仲卒，五公子皆求立』，是追敘前事，非記管仲之卒也。古書雖不可盡信，然如《管子》、《呂氏春秋》、《莊子》、《韓非子》、《韓詩外傳》、《尸子》、《淮南子》、《說苑》、《列女傳》、《新

序》、《論衡》、《尚書中候》、《春秋文耀鉤》、《博物志》、《金樓子》諸書，頗載齊桓管仲事，而于齊桓三十九年（魯僖十三年。連堂案：此朱氏自注，下同）以後，如《春秋》所書會鹹戍周、城緣陵、盟牡邱、救徐、伐厲、會淮、伐英氏、滅項諸役，絕不載管仲一語，足證桓三十八年（僖十二年）冬，管仲平戎于王後，其存歿即未可考，未可必其與桓公同年卒也。稽《管子·霸形篇》載桓公請問所始于國，對曰：『宋伐杞、狄伐邢衛，今君何不定三君之處哉？于是桓公命各以車百乘，卒千人，以緣陵封杞，以夷儀封邢，車五百乘，卒五千人，以楚邱封衛』云云，又考《呂氏春秋·管仲有疾篇》：『仲死後，桓公逐易牙、豎刁、常之巫、衛公子啓方，食不甘，宮不治，苛病起，朝不肅，居三年，公曰「仲父之言，不亦過乎？」復召而反之。明年公病，三人作亂，啓方以書社四十下衛』云云。據兩書，是仲之卒疑在齊桓四十年（僖十四年）城緣陵後，決非卒于桓公四十三年（僖十七年）也。……檢查《朱子綱目》，周襄王七年（僖十五年）齊師曹師伐厲後，多書齊大夫管仲卒，是據《史記·齊世家》桓公四十一年（僖十五年）管仲隰朋皆卒，及〈十二諸侯年表〉四十二年（僖十六年）晉重耳聞管仲卒，去翟之齊之文。太史公必有所據，非姑妄言之者。〈晉語四〉重耳適齊在魯僖公十六年時。子犯曰『管仲歿矣！多讒在側』，《史記》殆據此。惟朱子繫之於多，不知何據？揆其事理，當在春正二三月，牡丘兵車之會前也。又按桓三十九年（僖十三年）會鹹，四十一年會牡邱，四十二年會淮，皆兵車之會，而《論語》以不以兵車稱管仲之力，四十年城緣陵，穀梁子曰『桓德衰矣』，則此四役恐已非管仲所行事，但無確證，不敢質耳。」（《傳經室文集》卷九）

ㄅ、禮制考辨

△僖三十一年：「夏四月，四卜郊。」

范《注》：「昔武王既崩，成王幼少，周公居攝，行天子事，制禮作樂，終致太平。周公薨，成王以王禮葬之，命魯使郊，以彰周公之德，祭蒼帝靈威仰，昊天上帝魯不祭。」

齊召南云：「范從康成之說，故如此，實則天無二，帝亦無二，豈有紛紛之名，如《元命苞》《文耀鉤》所云云者耶？感生之帝與昊天上帝實一帝耳。魯既僭用天子禮樂，郊壇所祀，即昊天上帝也。《詩》曰：『皇皇后帝，皇祖后稷』，明明祀天配以后稷矣！謂不祀昊天上帝可乎？」

連堂案：楊《疏》云：「祭蒼帝靈威仰，昊天上帝不祭者，是鄭玄之說」，

王師熙元《穀梁范注發微》云：「西漢讖緯之書，言天帝而有蒼帝靈威仰等怪誕之名目，鄭君深溺其說，乃取以釋先代之禮，誤甚！蓋周郊有二，而所祀天帝則一，《禮記・禮器》云『祀帝于郊，敬之至也』，謂圜丘之祀帝者也；〈月令〉云『祈穀于上帝』，謂祈穀之祀帝者也。曰帝、曰上帝，或加『上』字者，敬辭，非有二神也。……鄭氏誤採緯書，強分天帝，范用其說，遂沿其誤矣！至齊氏引〈魯頌〉證魯祀昊天上帝是也，云魯僭用天子禮樂則非，蓋魯郊得自王室特賜，《禮記》〈明堂位〉、〈祭統〉有明文。」〔註7〕此辨范《注》從鄭玄說之誤。

　　△成六年：「二月辛巳，立武宮。」

　　《傳》：「立者不宜立也。」

　　范《注》：「舊說曰：『武宮之廟，毀已久矣，故傳曰不宜立也』，《禮記・明堂位》曰：『魯公之廟，文世室也；武公之廟，武世室也』，言世室，則不毀也，則義與此違。」

　　齊召南云：「伯禽廟號太室，明見於經，至以武宮為武世室，實始於此，非舊有此兩世室名也。魯後儒作〈明堂位〉，誇陳魯事，見有武宮不毀，未及考其建自季孫，謬稱為武世室，因目魯公廟為文世室，可擬周之文武，而不知魯公廟曰世室，並無文世室之名也。經明書立武宮，是新作也，如果舊為不毀之廟，豈至此時始立乎？傳直言不宜立是也。范氏轉執〈明堂位〉以疑經傳，誤矣！」

　　連堂案：齊氏之駁范《注》是。周何〈論春秋立武公〉辨之云：「《春秋》文公十三年經書：『秋七月，大室屋壞。』《穀梁傳》云：『大室猶世室也。周公曰大廟，伯禽曰大室，群公曰宮。』《公羊》作世室，傳云：『世世不毀也。』伯禽為魯始封之君，故世世不毀，以別於周公之大廟，因謂之世室若大室也。其廟蓋由來久矣，故當時魯人必習聞大廟、世室之名，與夫群公之稱某宮者，迥然有異。即令群公之宮有親盡而不毀者，仍以某宮稱之，如哀公三年經書『桓宮、僖宮災』是也，並無其他任何特殊異稱。武公為成公九世之祖，其廟早毀，至今復立者，必別有緣故，是不同於桓、僖之親盡而不毀者，然而其廟仍曰武宮，是猶群公稱宮之義也，當時蓋無所謂世室之稱。以《春秋》文公十三年經書『大室屋壞』徵之，祇言大室，魯人盡知是伯禽之廟，足見當時無所謂『文世室』之稱；更以昭公十五年經書『有事於武宮』徵之，至昭公之世，甚至終

春秋之世，猶稱『武宮』，未見有所謂『武世室』之名也。……是就宗廟制度言，魯實無文武世室之制也。」又云：「魯人所習聞者，除大廟外，則始封之君曰世室，以崇武而立者武宮而已。其後容或二廟並稱，別白言之，武宮崇武因謂之武世室，伯禽之廟文武相對乃有文世室之名。此雖出於推測，固亦情理之中。然則兩世室云者，蓋魯人習俗之稱，非宗廟之定制也。記禮者多係魯人，既有意盛美魯事，復習知有此二世室之稱，因爲錄之云爾。倘使魯實無此不毀之廟，舊昔無此兩世室之習稱，記禮者終係仲尼之徒，亦不致謬妄擅造以至於此也。」〔註8〕

四、疏　失

《注疏考證》之說率皆平實可從，然仍有說而未當者，如昭八年，葬陳哀公，《傳》云「不與楚滅，閔公也」，齊氏云：

> 「公」字無謂，《疏》既明曰閔陳之滅，故書葬以存之，推尋文義，
> 則知傳原文是「閔陳」也；因各本皆然未改。

齊氏以「公」字無謂是也，然以爲「閔陳」，以各本皆然則非也。此處「公」字爲「之」字之訛，鍾文烝《補注》云：

> 「閔之」各本誤作「閔公」，今依唐石經、余本、劉敞《權衡》、孫
> 覺《經解》、呂本中《集解》本、張洽《集註》改正。

知齊氏未能查考相關書以爲校勘也。

又如昭六年冬，齊侯伐北燕，七年春王正月，暨齊平，《傳》云：「以外及內曰暨」，齊氏云：

> 杜注《左傳》謂燕暨齊平，是承上冬齊侯伐北燕之文也。《穀梁》謂
> 外及內，是起下三月叔孫婼如齊涖盟之文也。然經自昭元年以來，
> 齊魯並無彼此侵伐，何緣此年與齊平乎？《春秋》固有隔年連書者，
> 隱五年冬州公如曹，六年春正月寔來是也。

齊氏從杜《注》非是，趙鵬飛《春秋經筌》云：

> 今魯內睦於晉，南連於楚，東婚於吳，齊實懼焉，故欲平雖非齊之
> 欲，勢有所不得已也。既不可曰「及齊平」，亦不得曰「會齊平」，
> 故變文而書暨。暨者內有以彊之，而外有所不得已也。如定十年宋

〔註8〕《屈萬里先生七秩榮慶論文集》（台北：聯經出版事業公司，67年10月），頁348。

公之弟辰暨仲佗石彄出奔陳者同，《春秋》各因人情而立文，不以文
害情，《左氏》以爲燕暨齊平，以比周公如曹，次年書寔來之文，若
然，則下安得有叔孫婼如齊涖盟之事乎？案定十一年及鄭平，繼書
叔還如鄭涖盟，與此事同文一用，是知《左氏》之說迂矣。（卷十三）

柳興恩《大義述》云：

齊意從《左傳》，由不知《穀梁》之例也，書寔來者，爲與内接也；
若燕及齊平，與内何涉，而經書之乎？觀宣十有五年宋及楚平，《傳》
云「以吾人之存焉書之」，則知外平不書矣。（卷十）

鍾文烝《補注》云：

傳例平稱眾，「暨某平」「及某平」云者，猶言「魯人暨某人平」「魯
人及某人平」也，文不得稱魯人，故外亦不稱人。

由趙、柳、鍾三氏於史實背景及書例之解析辨證，知齊氏之疑傳非也。

五、評　價

《注疏考證》之考辨遍及文字、義理義例、史實、禮制等，其說率皆平
實有所見，惜齊氏等非《穀梁》專家。論述過廣，述作又多，而未能於《穀
梁》多所著力，不然，當更精深宏富。

第二節　春秋穀梁傳異文釋

一、作者傳略

李富孫（1764～1843）字既汸，號薌沚，浙江嘉興人。幼從從祖李集學，
長游四方，就正於盧文弨、錢大昕、王昶、孫星衍，阮元撫浙，肄業詁經精
舍，著有《易》《尚書》《毛詩》《春秋三傳》及《禮記》等《七經異文釋》五
十卷，及《易解賸義》《說文辨字正俗》《鶴徵後錄》等書。生於乾隆二十九
年，卒於道光二十三年，年八十。

二、概　述

《穀梁傳異文釋》一卷，與《春秋左傳異文釋》、《春秋公羊傳異文釋》
合稱《春秋三傳異文釋》，其〈自敘〉云：

《左氏》先著竹帛，《公》《穀》先由口授，後著竹帛，所說不能盡

同,《公羊》著於漢景之時,《穀梁》顯於漢宣之代,歷世既久,安
能無展轉傳寫之誤,其間方俗異言,言聲易淆,而文字因隨以變,
經師授受,家法各殊,故三傳之文,最為錯雜,唐陸德明《經典釋
文》僅采諸家之文字音切,而未盡會通其誼,茲就研窮之餘,見經
史傳注諸子百氏所引,以及漢唐宋石經、宋元槧本,校其異同,或
字有古今,或音近通假,或沿襲乖舛,悉據古誼而疏證之,而前儒
之論說,並為蒐緝,使正其訛謬,辨其得失,折衷以求一是,學者
讀之,而經傳之異文,亦可無惑於紛紛之歧說矣。

李氏於三傳經文之歧異者,皆辨釋於《春秋左傳異文釋》,《穀梁傳異文釋》
僅為《穀梁》經傳不同版本所見之異文,計四十七條,其中引自《經典釋文》
者三十二條為多,其次范《注》、石經、《太平御覽》,大略為辨其為或體,為
假借,或為訛脫。惟其所辨述,前人已論及者多,或所指假借,多顯而易見,
不待辨而明。如隱元年《傳》:「信道不信邪」,范《注》云:「信,申字,古
今所共用」,《穀梁傳異文釋》云:

〈士相見禮注〉云:「古文伸為信」,《漢書韋音義》:「信,古伸字。」

此條范《注》已明,實不待辨。又如成二年,叔孫僑如云云,《釋文》云:「僑
本又作喬,《穀梁傳異文釋》云:

《說文》云:「僑,高也」,從省作喬,音義同。

此條通假顯然,不釋可明。

以下分或體、假借、訛脫三類,舉其較有可述,或他說未及者,以明其
成績。

三、成 就

1. 或 體

△隱元年《傳》:「貝玉曰含。」

《異文釋》:「《釋文》云:『含又作唅』,案《說文》作琀,經傳作含,
省通。唅,俗字。」

連堂案:此明含唅正俗字。

△隱十一年《傳》:「牆言,同時也。」

《異文釋》:「《釋文》云:『牆,獨也,本或作特』,案〈少儀〉:『喪俟
事,不牆弔』,定本作特。《汗簡》引義雲韻,特作牆,二字同。」

連堂案：此明牭爲特之或體字。

△成十八年：「晉侯使士匄來聘。」

　　《異文釋》：「《釋文》云：『匄，本又作丐』，案《左成十六年傳》：『范
　　匄趨進』，《釋文》：『匄本文作丐』，後皆同，此爲俗字。」

連堂案：此明丐匄正俗字。

2. 假　借

《穀梁傳異文釋》明其爲假借者多，然大多顯而易見，以下僅舉二例爲
說。

△僖元年《傳》：「是向之師也。」

　　《異文釋》：「《釋文》云：『向本又作鄉』，案《說文》云：『向，北出
　　牖也；鄉，不久也』，《廣韻》：『向，對也』，漢人多假鄉字爲之。」

連堂案：此明向爲假借字。

△定十年《傳》：「首足異門而出。」

　　《異文釋》：「〈孔子世家〉作『手足異處』，《家語・相魯》同，案〈古
　　今人表〉『敤手』，《說文・攴部》作『敤首』，〈士喪禮注〉：『古文首爲
　　手』，二字古通。」

連堂案：李氏自注「見《左傳釋》」，《春秋左傳異文釋》云：「趙盾士季
見其手，《釋文》云：『手一本作首』，成二年經『曹公子首』，《公》《穀》作
『公子手』，襄廿五年傳『授手于我』，《家語・正論》引作『授首』，案〈大
射儀〉：『何瑟後首』，《注》：『古文後首爲後手』，〈士喪禮〉：『魚左首』，《注》：
『古文首爲手』，《說文》：『舜女弟名敤首』，〈古今人表〉作『敤手』，二字亦
同音通假。」（卷四）

3. 訛　脫

此類辨異文乃由傳寫訛脫，屬文字校勘。

△僖元年《傳》：「惡公子之給。」

　　《異文釋》：「唐石經初刻作公子友，案文當有『友』字，後人磨改去
　　『友』字，今本從之，非是。」

連堂案：依下文三稱「公子友」及傳之稱謂例，當有「友」字，李說可
從。

△襄二十六年：「衛侯衎復歸于衛。」

　　《異文釋》：「《釋文》云：『衎一本作衍』，案二傳皆作衎，衍與衎以形

聲相近而譌。」

連堂案：此以形聲皆近致訛。

△昭八年《傳》：「以葛覆質以縶。」

　　《異文釋》：「《注》云『葛或作褐』，《釋文》：『褐，毛布也』，案葛褐
　　聲近字變，作褐義長。」

連堂案：李氏說是。楊《疏》云：「質者中門之木椹，謂恐木椹傷馬足，故以葛草覆之以爲縶。葛或爲褐者，謂之毛布覆之，徐邈亦云『恐傷馬足，故以毛布覆之』，《毛詩傳》云『褐纏旃以爲門，裘纏質以爲縶』，與此異也。」以葛草、毛布相較，當以毛布爲長，又《毛詩傳》雖與傳說異，然以褐裘爲纏，則可證傳當爲褐不爲葛。

四、評　價

李慈銘《越縵堂讀書記》述《春秋三傳異文釋》云：

　　大要以《說文》爲主，以雅訓爲輔，專於形聲通假求其指歸，采掇
　　近儒，頗爲賅密，書成於趙氏《春秋異文釋》之後，故於尹氏君氏
　　等大端之異，皆置而不論。〔註9〕

三傳經文之異，既有趙坦箋之於前，李氏復全歸入《春秋左傳異文釋》辨釋，故《穀梁》部分卷帙寡少，而前人已發者不少，其辨析假借，又往往淺顯易見，故其成就，實無如何。

第三節　穀梁禮證

一、作者傳略

　　侯康（1798～1837）原名廷楷，字君模〔註10〕，廣東番禺人。道光十五年舉人，精研注疏，尤深史學。著有《補後漢書藝文志》、《補三國志藝文志》、《後漢書補注續》、《三國志補注》及《春秋古經說》、《穀梁禮證》等書。生於嘉慶三年，卒於道光十七年，年四十。

〔註9〕原繫於光緒乙亥十一月二十日，見楊家駱主編《中國學術名著·目錄學名著第二集》新編本〈三歷史〉（台北：世界書局，50年9月），頁118。

〔註10〕「模」據陳澧〈穀梁禮證序〉（《東塾集》卷三）、〈二侯傳〉（《東塾集》卷五）；《續皇清經解》及《清史稿》作「謨」。案侯康原名廷楷，取字「君模」較爲切合，且陳澧與侯康交誼甚久，陳氏當不誤，以作「模」爲是。

二、概　述

《穀梁禮證》二卷，爲未成之書。陳澧〈穀梁禮證序〉云：

> 《穀梁禮證》者，吾友君模孝廉未成之書也。甲午歲，余治《穀梁春秋》，君模出示此編曰：「此傳今爲絕學，君當努力，吾方治諸史，未暇卒業也。異時君書成，當以此相付。」（《東塾集》卷三）

知侯氏以《穀梁》絕學，欲爲之繼，而未暇卒業，今書二卷，蓋非原帙，李慈銘《越縵堂讀書記》云：

> 閱侯君模《穀梁禮證》共二卷，止於昭公八年秋「蒐于紅」之傳，蓋未成之書也。引史據經，古義鑿然。然自僖公以後，止文五年傳「會葬之禮于鄙上」一條，……其下便接「蒐于紅」傳禮證四條，疑其書實至僖公而止。其〈文〉傳一事，〈昭〉傳四事，刻者撥拾系於其後耳。伍崇曜〈跋〉言：「孝廉撰是書，未完而卒，假得其叢稿，釐爲二卷」，則非其次第本如是矣。〔註11〕

李氏以爲非原次第當是。僖十一年秋八月「大雩」條，侯氏證曰：「書秋雩者七，此年及成三年」云云，「此年」乃指桓五年，今繫於僖十一年下，又隱九年「聘問也」條，桓八年春正月己卯「烝」條，各有兩條證文，後一條以「又曰」冠其首，蓋原分論於他處，爲析卷者所合，可爲輔證。

《穀梁禮證》計五十二條，於傳注之及於禮制者，率皆詳爲引證，有助經傳義理之闡發，亦偶有後世依違《穀梁》禮說之論述。侯氏熟習三禮，多引禮經以證《穀梁》，又參酌《左》《公》爲之辨析，且立論態度平允，書中有以傳說爲非者；有謂《穀梁》不同《左氏》，義視《左氏》爲短，而家法如是，不可強合者；有謂《公羊》較密，《穀梁》不同《公羊》者，非曲爲迴護所學之學者可比，故其說之可從者多。下舉其要者以明之。

三、成　就

此書專論禮制，不復類分，而依十二公先後爲次。

　△隱元年《傳》：「讓桓正乎？曰：不正。」

　　范《注》：「隱長桓幼。」

　　《禮證》：「《公羊》於立嫡之外，別有立子以貴之法，蓋以左右媵及

〔註11〕原繫於光緒甲申十一月二十六日，見楊家駱主編《中國學術名著·目錄學名著第二集》新編本〈三歷史〉（台北：世界書局，50 年 9 月），頁 136。

－325－

適姪娣及左右媵姪娣分貴賤也。《左氏》義則云：『太子死有母弟則立之，無則立長，年鈞擇賢，義鈞則卜』，又云：『王后無適則擇立長，年鈞以德，德鈞以卜』，是除立適之外概立長，不復問母貴賤矣。隱桓之母，《穀梁》無文，據《左傳》隱公聲子子，桓公仲子子。禮，諸侯不得再娶，仲子雖有手文之瑞，不得爲夫人，則隱桓俱非適，祇當分長幼，不必分貴賤。此《注》所云事與義皆據《左氏》也；若《公羊》謂桓母右媵貴當立，非《穀梁》義也。」

連堂案：侯氏證《傳》《注》合於禮制、史實是也。鍾文烝《補注》云：「惠公元妃孟子早卒，無太子適子，隱以長庶爲兄，宜立」，又云：「惠公以再娶仲子之故，嘗欲立桓爲世子，……惠公終不敢以仲子爲夫人，故終不立桓爲世子，以隱是長庶，故以與隱。案《左傳》隱母聲子爲繼室，有諡，桓母仲子雖再娶，無諡，是知桓母但有手文之祥，曰『爲魯夫人』，惠終不以爲夫人明矣」。又云：「《公羊》稱諸侯不再娶，明再娶亦妄也」。（隱元年）傅隸樸《春秋三傳比義》云：「聲子之聲是諡號，子是宋姓，《諡法》：『不生其國曰聲』，故聲子當是繼夫人之位後始有的諡號，如果只是媵，是不能有諡的。……禮，王侯一娶九女，不得再娶，孟子死後，既以聲子爲繼室，而再娶於宋，這是惠公違禮之處。『男兒愛後婦』，惠公以晚年娶少女，則其愛仲子自不待言，因愛仲子而遂愛其子桓公，欲立之爲世子，但格於宗法，未及廢隱，即卒。……（《公羊》）因宗法上『立嫡』以長不以賢，立子以貴不以長。隱雖賢於桓，但桓卻貴於隱。桓何以貴於隱？因桓爲仲子所生，仲子歸於魯，聲子媵於魯，歸者爲夫人，媵者非夫人，不知禮無再娶之制，雖惠公以再娶之禮迎仲子，終不是元妃。聲子既由媵爲繼室，是聲子已爲夫人了，再娶仲子，仲子不過三夫人罷了。仲子有何貴於聲子？且聲子有諡，仲子無諡，兩者孰貴，觀於文十七年『葬我小君聲姜』之文，聲姜之諡，不正同於聲子嗎？聲姜既稱小君，則聲子豈非小君嗎？故啖助謂：『仲子非夫人，桓公非嫡子。』」〔註12〕傅氏之辨析推論，詳細切理，說可從。

△隱二年《傳》：「逆女親者也，使大夫非正也。」

《禮證》：「《公羊》亦云『譏始不親迎』，是二傳義同也。《五經異義》引禮戴說：天子親迎；《春秋公羊》說：自天子至庶人皆親迎；《左氏》說：天子至尊無敵，故無親迎之理，諸侯有故，若疾病，則使上大夫

迎，上卿臨之。許君從《左氏》義，鄭駁則從禮戴及《公羊傳》說。按〈齊風‧著〉詩，刺不親迎，《毛傳》以三章爲人君禮，然則天子當親迎與否，毛義未知云何；至諸侯不親迎，則毛以爲譏，不得如《左氏》說有故得使上大夫矣。〈韓奕詩〉：『韓侯迎止，于蹶之里』，亦諸侯親迎之明文。《說苑‧修文篇》：『親迎，禮也。其禮奈何？曰：諸侯以屨二兩加琮，大夫庶人以屨二兩加束脩。二曰：某國寡小君，使寡人奉不珍之琮，不珍之屨，禮夫人貞女，夫人曰：「有幽室數辱之產，未諭于傅母之教，得承執衣裳之事，敢不敬拜祝」，祝答拜，夫人受琮，取一兩屨以履女，正笄衣裳而命之曰：「往矣，善事爾舅姑，以順爲宮室，無二爾心，無敢回也」，女拜，乃親引其手授夫于戶，夫引手出戶，夫行女從，拜辭父于堂，拜諸母于大門，夫先升輿執轡，女乃升輿，轂三轉，然後夫下先行。按此言諸侯親迎禮最詳，足補昏禮之闕，劉向習《穀梁》，此或《穀梁》逸典與？」

桓八年：「祭公來，遂逆王后于紀。」

范《注》：「《春秋左氏》說曰：『王者至尊無敵，無親逆之禮，祭公逆王后，未致京師而稱后，知天子不行而禮成也』，鄭君釋之曰：『太姒之家，在洽之陽，在渭之涘，文王親迎于渭，即天子親迎之明文矣，天子雖尊，其于后猶夫婦，夫婦牉合，禮同一體，所謂無敵，豈施此哉？《禮記》哀公問曰：「冕而親迎，不已重乎？」孔子愀然作色而對曰：「合二姓之好，以繼先聖之後，以爲天地宗廟社稷之主，君何謂已重乎？」此言親迎繼先聖之後，爲天地宗廟社稷之主，非天子則誰乎？』」

《禮證》：「此《駁五經異義》文也。文王爲諸侯世子，而得證天子禮者，其說已具楊《疏》，故《白虎通》云：『天子下至士，必親迎授綏者何？以陽下陰也；欲得其歡心示親之心也。《詩》云：「文定厥祥，親迎于渭，造舟爲梁，不顯其光」，亦以此詩證天子親迎矣。《左傳‧桓八年疏》又譏鄭注《禮》，以先聖爲周公，《駁異義》以爲天子，二三其德。〈哀公問疏〉則謂事含兩義，故彼此各舉一邊，是《左疏》所糾，亦不足疑也。周氏柄中云：『天子親迎，禮無明文，〈士昏禮〉：「父醮子而命之迎，若宗子父母皆沒則不親迎，以無命之者也」，由此推之，天子不親迎可知。諸侯即位而娶，無父命有王命則親迎宜也，若天子，

則眞無命之者也』。按元儒敖氏繼公已有無父命則不親迎之說，爲盛世佐所譏，緣其立此論者，蓋因〈士昏禮〉記子無父一段與不親迎一段，文勢相連，遂疑不親迎之禮，即爲宗子無父者設耳，不知二事文雖相承，義實不屬，觀賈《疏》自明，不得引爲天子不親迎之證也。漢高祖時，皇太子納妃，叔孫通制禮，以爲天子無親迎。平帝時詔光祿大夫劉歆雜定昏禮，四輔、公、卿、大夫、博士、郎吏家屬，皆以禮娶親迎，亦不上及天子，蓋皆用《左氏》說，而參校經典，終以鄭駁爲長，但其禮亦有可變通者，何邵公桓八年《注》言當親迎，襄十五年《注》又言禮逆王后當使三公，彼《疏》云『蓋謂有故之時』，然則天子即不親迎，亦未爲不可，但鄭駁言正禮，不言變禮耳。」

連堂案：《公》《穀》以諸侯當親迎，《左氏》則主卿爲君逆；至天子是否親迎，三傳無明文。侯氏於諸侯，從傳說引證，於天子，則以鄭玄天子當親迎說爲長，惟有故得變通，證之如上。周何〈春秋親迎禮辨〉〔註 13〕曾詳爲辨析，以爲諸侯親迎於境上，越國則卿爲君逆，而天子不親迎。以下摘其要點：

①《公》《穀》以諸侯親迎，《左氏》主卿爲君逆，《左氏》義長。

 Ⅰ、《春秋》經載諸侯昏娶者九，《左傳》另有七事，其中唯莊二十四年「公如齊逆女」有越境之事，餘均無越境親逆之證。而依《春秋》之例，常事得禮不書，書必志非常。「逆女」本無不可，其見於《春秋》經傳者，大抵皆以他事非常而兼帶書及，知莊公逆女之非常在「如齊」，以越國「如齊」爲非常書之，則諸侯親迎不得出境可知。〔註 14〕《公羊》「親迎，禮也」之說，顯然牴牾，而《穀梁》之說蓋襲《公羊》。

 Ⅱ、顧棟高《春秋大事表》十九，《春秋》譏不親迎論云：「假令婚於秦、楚，而爲國君者將舍國事之重，越千里，踰時月，以求婦乎？魯十二公之夫人，若子氏、若姒氏、若歸氏，均非若齊、魯之近，當日必以大夫迎之。昭公娶于吳，而魯之諸公未嘗涉吳境，此則

〔註13〕《慶祝林景伊先生六秩誕辰論文集》，58 年 12 月。

〔註14〕以「如齊」爲非常，不必定指「越境」，依《穀梁》當因齊襄弑桓公，魯以齊爲仇讎之國，今娶仇女，故「不正其親迎」，下哀姜入，傳明云「娶仇人子弟以薦舍於前，其義不可以受也」，且哀姜後與慶父私通，與殺子般與閔公，亦肇始於此。而越境親迎唯此一例，難據以推定越境爲非。

當使誰迎之乎？」顧說極爲明暢。

III、或有據文王娶大姒，韓侯迎于蹶里，以爲諸侯之娶，雖在境外亦得親迎之論證者。《左氏·桓公八年經》下孔《疏》云：「文王之迎大姒，身爲公子，迎在殷世，未可據此以爲天子禮也」，雖云不以爲天子禮，而「迎在殷世」一語，似指此正諸侯之禮也。又《詩·大雅大明》云：「文定厥祥，親迎于渭，造舟爲梁，不顯其光」，美文王之迎大姒也，而時在殷世，猶爲諸侯，既得親迎于渭，足證諸侯得有越境逆女之事矣。按《詩·大明》旨在頌美文王之明德，溢美之辭，是否可以據爲稽考禮制之確證，是當審慎考慮者，此其一。又親迎于渭時，文王是否已嗣位爲西伯？亦堪注意。孔《疏》既云「身爲公子」，則不得視爲諸侯之制也。故毛奇齡《春秋傳》（桓公八年）自注云：「不知詩頌文王，謂諸侯世子也」，此其二。世更代易，禮有因革，孔《疏》云「迎在殷世」，則殷制或未便即以據論周法也，此其三。又顧棟高《春秋大事表》十九，《春秋》譏不親迎論條引程子曰：「文王親迎于渭，周國自在渭旁，未嘗出疆也，況其時乃爲公子，未爲國君」，是更不能據論諸侯出境親迎矣，此其四也。至於〈韓奕〉之詩，其孔《疏》曰：「此韓侯娶妻，未必受命之後始娶，但作者先言受命，乃次及之耳。」詩旨頌韓侯之受王錫命，因美其娶妻時之威儀，則迎于蹶里，或在受命之前也，是亦未可以爲諸侯越境迎娶之據。

IV、諸侯親迎，不得越國出境，既已信然無疑；然而禮尙敵體，又不娶同姓，是諸侯必有聘於異姓諸侯之女以爲夫人者，禮既不得出境親迎，乃必有使人將命以迎之事也。是則《左氏》「卿爲君逆」之傳，爲盡實矣。桓三年「公會齊侯于讙」，《穀梁》云：「公會齊侯于讙無譏乎？曰：爲禮也。齊侯來也，公之逆而會之，可也」，范《注》曰：「爲親逆之禮」，《穀梁》又云：「不言翬之以來何也？公親受之于齊侯也。子貢曰：冕而親迎，不已重乎？孔子曰：合二姓之好，以繼萬世之後，何謂已重乎？」知公會齊侯于讙者，實即親迎之節，讙地屬魯，則桓公之迎，迎於境上而已。又據《左傳》昭五年晉韓宣子如楚送女所載，知晉卿之如楚送女，本守之以信，行之以禮，奉之以舊法，考之以先王而爲之者，更由知楚

子自始至終未嘗出境也。是則諸侯之娶，得迎於境內，無越國而逆之禮者。

②天子不親迎

Ⅰ、《春秋》逆后，經祇二見（桓八年、襄十五年），《左傳》別有二事（莊十八年、宣六年），均無天子親迎於其國之文。天子親迎之說起自漢儒，如《白虎通》、鄭玄《駁五經異義》、何休《公羊解詁》，其後賈公彥《儀禮・士昏禮疏》、孔穎達《禮記・哀公問疏》、陸佃《五禮通考》、劉逢祿《公羊何氏解詁》及侯康《穀梁禮證》皆依漢儒說為之闡述，然皆後儒私議，難免牽強附會，不足為據。

Ⅱ、《詩・大明》本頌美之辭，尚未可引為諸侯之制，（連堂案：見前Ⅲ引述）何得據論天子之禮。則《白虎通》及鄭玄《異義》之駁，其非正可知。

Ⅲ、何休謂遣祭公逆后，使魯為媒，可則因魯迎之，疾王不重妃匹，逆天下之母，若逆婢妾，是譏王之不親迎也。按此實何氏臆妄之辭，未必合於《公羊傳》意。又其襄公十五年「劉夏逆王后于齊」注曰：「禮逆王后當使三公」，則似又主天子禮不親迎，當使三公逆之，與桓公八年注意大相逕庭。何《注》乖違傳意，又其說不定，自不足論。

Ⅳ、《左氏・桓公八年傳》孔《疏》云：「孔子之對哀公，自論魯國之法。魯、周公之後，得郊祀上帝，故以先聖天地為言耳，其義非說天子禮也。且鄭玄注《禮》，自以先聖為周公，及駁《異義》，則以為天子；二三其德，自無定矣」，是則鄭玄駁義本不足採信也。

Ⅴ、《儀禮・士昏禮》「主人爵弁纁裳」者，記士昏親迎之服也。賈《疏》天子親迎袞冕，依士禮上推，本臆測之說，不可據論禮制之必有也。

Ⅵ、《儀禮・士昏禮》起首云「昏禮。下達，納采用鴈」，「昏禮」二字乃標題，若依陸佃、劉逢祿等說，以「昏禮下達」為句，不惟曲解文義，且亦由見不明《儀禮》之書例也。

Ⅶ、《五經異義》引《左氏》說云：「王者至尊，無敵體之義，不親迎」，此所謂無敵體者，以天子無外，總領萬方，諸侯有國，而受命於

天子；設若王者親迎於諸侯之室，翁婿相對之際，尊卑上下，禮
實兩難。是無敵體之義者，指言天子諸侯相對之間，非謂天子與
王后無敵，鄭玄駁難，義本偏失。《公羊》桓公八年傳：「使我為
媒，可則因用是往逆矣」，桓公九年紀季姜歸于京師，《穀梁傳》：
「為之中者，歸之也」，楊《疏》云：「若魯主婚而過我，則言歸」，
是則王者昏娶必使同姓諸侯為之主，由同姓諸侯命使往逆，然後
致歸京師，則於敵體之義無所愆失也。《左氏》桓公八年傳孔《疏》
曰：「凡昏姻、皆賓主敵體相對行禮。天子嫁女於諸侯，使諸侯為
主，令與夫家為禮。天子聘后於諸侯，亦使諸侯為主，令與后家
為禮。嫁女則送女於魯，今魯嫁女與人；迎后則令魯為主，使魯
遣使往逆，故祭公受魯命也，嫁王女者，王姬至魯，而後至夫家。
其王后昏，后不來至魯者，以王姬至魯，待夫家之逆以為禮，故
須至魯；后則王命已成，於魯無事，故即歸京師。」孔氏此疏，
釋天子娶后必使諸侯為主之義，最為明暢。

周氏考辨天子諸侯是否親迎，詳且辯矣，其說可從。惟其論諸侯不越境親迎，
以莊二十四年乃因越國「如齊」為非常書之，然「如齊」非常不必定指「越
境」，依「穀梁」當因桓公為齊襄所弒，齊為仇讎之國，莊如齊娶讎女，其非
常以此，而傳以為非禮，以為不正。又，未有他處載越境親逆之事，或難遽
以推定其是非。

△隱三年《傳》：「未畢喪，孤未爵。」

范《注》：「平王之喪在殯。」

《禮證》：「《白虎通・爵號篇》：『《春秋傳》曰：天子三年然後稱王』
者，謂稱王統事發號令也，《尚書》曰『高宗諒闇三年』是也。《論語》
曰：『君薨，百官總己以聽於冢宰三年』，緣孝子之心，則三年不忍當
也，故三年除喪乃即位統事，踐阼為主，南面朝臣下，稱王以發號令
也。惠士奇《春秋說》曰：『天子諒陰三年不言，王言謂之命，諒陰不
言，焉得爵命大夫』，然則未畢喪，統指三年以內，《注》謂喪在殯者，
據此時事言之，實則既葬仍不得謂之畢喪也。」

連堂案：侯氏之引述可補證傳義。

△隱三年《傳》：「歸死者曰賵，歸生者曰賻。」

《禮證》：「《御覽・禮儀部》引《春秋說題辭》曰：『知生者賻，知死

者賵』，鄭君注〈少儀〉『賵馬入廟門』云『以其主于死者』，注『賻馬不入廟門』云『以其主于生人』，《小爾雅・廣名》：『饋死者謂之賵』，皆與此傳同。而《荀子・大略篇》：『賻賵所以佐生也，贈襚所以送死也』，《說苑・修文篇》云：『知生者賻賵，知死者贈襚，贈襚所以送死也，賻賵所以佐生也』，又似賵非歸死者之名。考〈既夕禮〉：『兄弟賵奠可也』，《注》：『賵奠于死生兩施』，《公羊・隱元年注》：『知生者賵賻，知死者贈襚』，據徐彥《疏》及《穀梁・隱元年疏》所引，則贈襚本作賵襚，是何亦以賵兼生死，與鄭義合。《荀子》、《說苑》專屬之佐生，《穀梁》專屬之歸死，各明一義，實非有違。但以訓詁求之，《春秋說題辭》、《廣雅》、服子慎、何邵公皆訓賵爲覆，當是覆被亡人之意，屬之死者，稱名尤當矣。」

連堂案：以訓賵爲覆，當是覆被亡人之意，屬之死者，稱名尤當，侯說當是，至或兼生死，或專屬佐生，當是後來混用不別之故。

△隱四年《傳》：「《春秋》之義，諸侯與正而不與賢也。」

范《注》：「雍曰：正謂嫡長也。」

《禮證》：「此與《公羊》立適以長不以賢同義。何氏《膏肓》云：『不以賢者，人狀難別，嫌有所私，故絕其怨望，防其覬覦』，《白虎通》云：『曾子問：立適以長不以賢何？言爲賢不肖不可知也』，《尚書》曰：『惟帝其難之』，此二傳之義可相通者。至《公羊》謂立子以貴不以長，非《穀梁》義。《穀梁》于庶子不分貴賤，則立子亦以長，此注嫡長二字當對文。長謂庶長，嫡子固是正，無嫡而庶長當立亦是正，此即《左氏》『王后無適則擇立長，年鈞以德，德鈞以卜』之說。年鈞以德似與此傳不與賢相反，然唯無適可立，又無長可立，而後出此，則有嫡長者與正不與賢明矣。何氏《膏肓》云：『君之所賢，人必從之，焉能使王不立愛也』，鄭君箴之曰：『立嫡固以長矣，無適而立子固以貴矣，若長鈞貴鈞，何以別之？年鈞則會群臣、群吏、萬民而詢之，有司以序進而問大眾之口，非君所能掩，是王不得立愛之法也』，按此說足申《左氏》，而仍參用《公羊》立子以貴之說，則義終窒礙，蓋擇賢之法，必施于長鈞貴鈞兼者也。而長鈞貴鈞兼者，必庶子不分貴賤者也；今立子以貴則是不同母者，長鈞而貴必不鈞，同母者貴鈞而長必不鈞，斷無擇賢一法，此《公羊》之義有不可強合于《左氏》者，鄭君欲會

通為一，誠不必也。就二義相衡，《公羊》較密，但《穀梁》似同《左氏》，不同《公羊》。」

連堂案：立嗣君不以賢《公》《穀》無異說，至《公羊》尚有以貴不以長之說，侯氏以為《公羊》說較密，又云非《穀梁》義。惟於此當明禮制之實然，二說只容一是，非如義理可各從其說。鍾文烝《補注》亦以何休說詳密，然禮制實不如此，乃《公羊》誤說，惟未有辨說。未知孰是，仍存其異。

△隱五年《傳》：「禮，庶子為君，為其母築宮，使公子主其祭也。」

《禮證》：「《公羊傳注》：『不就惠公廟者，妾母卑，故雖為夫人，猶特廟而祭之。禮，妾廟，子死則廢矣』，按何休謂妾母得為夫人，此《公羊》義，非《穀梁》義也，其謂特廟而祭，則與《穀梁》同。《宋書‧禮志四》載虞和議孝武昭太后祔廟之禮云：『《春秋》之義，庶母雖名同崇號，而實異正嫡，是以猶考別宮，而公子主其祀』，《晉書‧簡文宣鄭太后傳》、《宋書‧臧燾傳》載徐邈、臧燾議宣太后不宜配食元帝，亦引考仲子之宮為證，仍宋儒陳氏傅良謂：『古者妾祔于妾祖姑，無妾祖姑則易牲而祔于女君，仲子之宮別廟非禮』，按陳氏所引〈喪服小記〉文，泛指妾母，非指庶子為君者之母，不得相難，且即使指庶子為君者之母，而子在則立廟以祭，至孫則毀其廟而祔于妾祖姑，于義自可兼通。妾祖姑無廟而得祔之者，〈雜記上疏〉引庾蔚之謂為壇祭之是也。」

連堂案：徐震《穀梁箋記》云：「士大夫雖不祭祖妾，於妾祔食時，得為壇一祭之，後即不更祭矣。據〈祭法〉，大夫立三廟二壇，適士二廟一壇，去壇為鬼，壇雖無廟，不與于享嘗，有禱焉猶得祭之。妾祔於妾祖姑，非常事也。於妾祖姑一祭不更祭，比於有禱焉而祭，與時祭不同，故雖有祔於妾祖姑之事，與妾母不世祭之禮不相逢，以世祭之祭，自謂時祭也。大夫有二壇，故妾得祔於高祖之妾，適士二廟一壇，則鬼其高祖矣。其無妾祖姑者，當易牲而祔於女君也，至庶子為君，為其母築宮，使公子主其祭，自是諸侯之禮，不可通於大夫士者。」〔註15〕徐以侯說是，然〈小記〉之文雖亦可通於諸侯，自為大夫士而言，《穀梁》所言，則專為諸侯以上禮，此可駁陳傅良說，不必以其大夫士兼通諸侯為說，侯氏未辨。

△桓二年《傳》：「孔，氏；父，字諡也。」

范《注》：「孔父有死難之勳，故其君以字為諡。」

〔註15〕國立武漢大學《文哲季刊》第七卷第一期，30年10月。

《禮證》：「隱八年《左傳》：『諸侯以字爲謚，因以爲族』，杜《注》從『字』字句絕。哀十六年《左傳疏》引鄭康成讀，則從『謚』字句絕。《儀禮‧少牢饋食禮注》云：『大夫或因字爲謚，《春秋傳》曰「魯無駭卒，請謚與族，公命之以字爲展氏」是也』，細審傳文及《禮注》，似展即無駭字，杜預謂『無駭，公子展孫』，未知所本。如其說則展是名非字，且是王父之名，傳當顯言之，今但云公命以字爲展氏，則是無駭字可知。無駭字展即謚展，因以爲族，不然羽父請謚與族，曷爲但賜族乎？此字謚之一證也。《禮記‧檀弓上》：『魯哀公誄孔某曰：天不遺耆老，莫相予位焉，嗚呼哀哉，尼父』，《注》：『尼父因其字以爲之謚』，哀十六年《左傳疏》駁鄭《注》，謂《禮記》惟說誄辭，不言作謚。然誄之訓謚見于《說文》，〈曾子問注〉引《春秋公羊》說，讀誄制謚于南郊，《論衡‧道虛篇》：『誄，生時所行爲之謚』，是誄必有謚甚明，孔子固以字爲謚者也。唯以字爲謚，故漢平帝元始元年追謚孔子曰『褒成宣尼公』，後魏孝文太和十六年改謚宣尼曰『文聖尼父』，皆不敢舍尼爲謚，此字謚之又一證也。孔氏廣森《經學卮言》云：『古人訓謚字與號同義，殷制生有名，死則以其字爲號，若湯名履，沒號帝乙，文王之父名歷，沒號公季，凡商之諸王以甲乙丙丁稱者，皆其字也，措之廟，立之主，而配帝言之，即其謚。周人始有大名細名之禮，然亦唯天子得司之，若侯國卿大夫既卑，不得請謚于王，其君又未敢自爲論定，則仍殷之舊，以子易名而已，故眾仲曰：「諸侯以字爲謚」，謂諸侯賜其臣謚之禮也。春秋以來，列國踰制，卿大夫亦以行制謚，唯宋大夫孔父字謚，哀公誄先聖，以先聖每自稱殷人，故仍以宋謚孔父之法謚之。嘗考列國之臣，見于《左傳》者，唯宋卿無謚，《世本》敘大夫世系皆云『某子某，生某子某」，獨宋則言某父，悉以字謚者也。足徵宋君雖請謚于周，而于其國中自秉殷禮。按此說甚創而確，蓋此正是殷尚質處。然則孔父字謚，亦沿宋國舊章，范氏謂因有死難之勳，恐未必然。傳文氏字當依段氏玉裁說，以爲衍文。」

連堂案：此證以字爲謚之說，並謂孔父字謚，或沿宋國之舊，范《注》死難之勳之說，恐未必然。

△桓四年《傳》：「春曰田，夏曰苗，秋曰蒐，冬曰狩。」

范《注》：「田，取獸於田；因爲苗除害，故曰苗；蒐，擇之，舍小取

大；狩，圍狩也，冬物畢成，獲則取之，無所擇。」

《禮證》：「《公羊》無夏田，〈王制〉云：『天子諸侯無事則歲三田』，《注》：『三田者，夏不田，蓋夏時也』，《周禮》：『春曰蒐，夏曰苗，秋曰獮，冬曰狩』，何氏《穀梁癈疾》云：『《運斗樞》曰：夏不田，《穀梁》有夏田，於義爲短』，鄭君釋之曰：『四時皆田，夏殷之禮，《詩》云：「之子于苗，選徒囂囂」，夏田明矣。孔子雖有聖德，不敢顯然改先王之法，以教授於世，若其所欲改，陰書於緯，藏之以傳後王，《穀梁》四時田者，近孔子故也。《公羊》正當六國之亡，讖緯見讀，而傳爲三時田，作傳有先後，雖異不足以斷《穀梁》也』，按《公羊》善於緯，故中多緯書說，不如《穀梁》爲時王正禮。《左傳》、《爾雅》、《太平御覽》引《韓詩內傳》皆四時田，但稱名與《穀梁》異耳。隱五年《左傳疏》云：『《白虎通義》因《穀梁》之文爲之生說曰：王者諸侯所以田獵何？爲苗除害，上以共宗廟，下以簡集士眾也。春謂之田何？春，歲之本，舉本名而言之也；夏謂之苗何？擇去其懷任者也；秋謂之蒐何？蒐索肥者也；冬謂之狩何？守地而取之也。四時之田，總名爲田何？爲田除害也』，考《白虎通》多公羊家言，而此獨從《穀梁》，以其義本勝耳。」

《傳》：「四時之田用三焉，唯其所先得。一爲乾豆，二爲賓客，三爲充君之庖。」

《禮證》：「秦氏蕙田云：『四時用三，即夏不田之說，傳意謂有此禮而不常用也，可與〈月令〉孟夏毋大獵相發明』，按傳言四時之田，皆爲宗廟之事，則夏田豈不常用者哉？用三即指乾豆三事，《周易》：『王用三驅』，馬融《注》：『三驅者，一曰乾豆，二曰賓客，三曰君庖』，《穀梁》之用三，猶《周易》之用三驅，與〈王制〉歲三田之文相似而實不同。鄭君《釋癈疾》云：『歲三田謂以三事爲田，即一曰乾豆之等』，此以解〈王制〉似未盡合，而以解《穀梁》則甚合。〈月令〉：『孟夏驅獸，毋害五穀，毋大田獵』，既曰驅獸，非田而何？《周禮・大司馬注》：『夏田主用車，示取物希』，所謂毋大田獵者蓋如此，未可附會夏不田之說也。唯秦氏謂四時之田，有詳略之別，此論甚善，〈周語〉：『蒐于農隙，獮于既烝，狩于畢時』，獨不言夏，蓋因其禮略之故，不容執此一語，盡疑《穀梁》及《周禮》、《左傳》、《爾雅》矣。」

連堂案：此二條證四時皆田，而四時之田有詳略，夏田蓋較略。

△桓七年：「春二月己亥，焚咸邱。」

《傳》：「其不言邾咸邱何也？疾其以火攻也。」

范《注》：「不繫於國者，欲使焚邑之罪與焚國同。」

《禮證》：「《六韜》有〈火戰〉一篇，是其時已有火攻。然據篇中武王太公問答，則衹防敵人之燔吾軍，而非己欲燔敵人之軍，可見王師所不用也。至《孫子·火攻篇》則云：『凡火攻有五：一曰火人，二曰火積，三曰火輜，四曰火庫，五曰火隊』，其下論用火之道尤詳，蓋居然以此制勝，此衰世之法，非王者之兵矣。」

連堂案：此述軍禮，足證補並引申傳義。

△桓八年：「春正月己卯，烝。」

《傳》：「烝，冬事也，春興之，志不時也。」

《禮證》：「楊《疏》謂：『烝合在夏之十月，故何休云「祭必于夏之孟月者，取其見新物之月」是也，今正月為之，違月隔年，故傳曰春興之，志不時也』，按如此解不時，於義自可通，蓋晏子《春秋》、董子《繁露》、鄭君〈王制注〉皆謂祭以孟月，與何邵公合。則此烝在夏之仲月，誠為不時，然《穀梁》之義，似不盡於此也。《穀梁》之義，以時祭當用周正，不用夏正，何者？若用夏正，則此年之烝，在夏時猶是冬，不過差一月耳，其為不時也小，而傳已有譏；下十四年秋八月乙亥嘗，則是夏正之六月，其為不時大，而傳反無文。是《穀梁》義以周八月可嘗，而周正月不可烝，時祭用周正明矣。據上四年公狩于郎《注》，則時田亦同。又晏子、董子、鄭康成、何邵公皆以為時祭用孟月，服虔以為在仲月，南師以為得祭天者，祭宗廟用仲月，不得祭天者用孟月，杜預又分為上下限，以孟月中氣為上限，仲月初氣為下限，至仲月中氣乃過限而不時。諸說紛紜如此，《穀梁》未知云何？但謂《穀梁》時祭主夏正，則此傳僅可通於孟月之說，謂其主周正，則兼可通於仲月之說也。」

連堂案：侯氏以時祭用周正，得禮之實，足明傳義，並糾楊《疏》之說。周何《春秋吉禮考辨》云：「烝者冬祭之名，春正月為之，是為不時；而夏五月再烝，則非僅不時，且為不敬矣。傳所謂春、夏、冬者，皆據周正，則《穀梁》之義於周世時享之禮主用周正亦可知矣。……向來治《穀梁》者，所見

多不及此，獨侯康深得其旨，而《穀梁》於時享之禮主用周正之義遂以大明。」又云：「一時之中，其祭於孟月、仲月、季月，原所不限。蓋既名之爲時享，當以『時』爲限，逾『時』而後乃失禮。孟、仲、季月，皆在一時之內，既不可謂此或彼爲失『時』，則俱可祭也。惟祭主於敬，敬生於勤，勤則不怠，故時享當以孟月爲上，蓋取其時首物新以致敬養之義。此所以《春秋繁露》特舉一四七十之月爲原則，而向來主用孟月之說者爲多也。至若孟月有故，不得已而延用仲月、季月，亦無不可。」〔註16〕周氏說足證補侯說。

　　△莊元年《傳》：「禮有受命，無來錫命，錫命非正也。」

　　　　范《注》：「賞人於廟，與士共之，當召而錫也。《周禮・大宗伯》職曰『王命諸侯則儐』之，是來受命。」

　　　　《禮證》：「《詩》〈彤弓〉、〈瞻彼洛矣〉、〈采菽〉、〈韓奕〉皆言錫命諸侯之事，而其詩云：『我有嘉賓，君子至止，君子來朝，韓侯入覲』，則皆是往受命，非來錫命也。就諸詩所云錫命，其事亦殊，〈瞻彼洛矣〉則因諸侯初立來朝，故鄭《箋》云：『此諸侯世子，除三年之喪，服士服而來』，《白虎通》云：『世子三年喪畢，上受爵命于天子何？明爵者天子之所有，臣無自爵之義。世子上受爵命，衣士服何？謙不敢自專也。故詩曰「韎韐有奭」，謂世子始行也』，〈采菽〉詩則是尋常朝覲，而復有錫予，《儀禮・覲禮》：『天子賜侯氏以車服，路先設西上，路下四亞之，重賜無數在東南』，即《詩》『路車乘馬，玄袞及黼』者也。〈彤弓〉、〈韓奕〉則因有勳德，而或錫以弓矢，或命爲侯伯，《尚書・文侯之命》正兼此二事，而平王有歸視爾師父往哉之言，則亦文侯往受之于周也。在春秋時，王使召伯來錫文公命，王使虢公命曲沃伯以一軍爲晉侯，王使召武公、內使過賜晉惠公命，王使太宰文公、內史興賜晉文公命，則初即位禮也。王使召伯廖賜齊桓公命，王命尹氏及王子虎、內史叔興父策命晉文公爲侯伯，則命侯伯禮也。其因朝而錫命者，蔑有聞焉。天子使召伯來賜成公命，王命劉定公賜齊靈公命，則文於三者皆無當，蓋春秋時不行受命之禮，而惟天子之所遣使，故靡有定期。《穀梁》於此年及文公元年、成公八年皆發傳，言『非正也』，其

論甚偉。若《左氏》則於諸來錫命者皆無譏辭，何邵公文元年《注》云：『古者三載考績，三考黜陟幽明，文公新即位，功未足施而錫之，非禮也』，亦第譏其錫命之早，不譏其來錫之非，皆不如《穀梁》義正大。〈無衣詩疏〉謂：『王錫諸侯命，有召而賜之者，有遣使賜之者，《穀梁》之言非禮意』，豈不舛哉？〈瞻彼落矣詩疏〉又謂：『諸侯踰年即位，天子遣使就國，賜之命圭，如文元年天王使召伯來錫公命者是其正，若不得命，則除喪自見天子』，按此說亦祇可施於《左氏》，不可施於《穀梁》，蓋《穀梁》之義，諸侯必親往受命，而未除喪，無朝天子之禮，即無踰年錫命之禮，故當以《白虎通》及〈瞻彼洛矣箋〉所云為得《穀梁》義也。至《白虎通》又謂：『童子當受爵命者，使大夫就其國命之，明王者不與童子為禮』，此義未知於《穀梁》云何，無文以證。」

連堂案：侯氏此條特證《穀梁》義之宏正，於《左》《公》錫命之說則未有駁。宋鼎宗《左氏傳賓禮嘉禮考》云：「《儀禮》〈韓奕〉言入覲，〈采菽〉君子謂來朝，〈彤弓〉則我有嘉賓，〈瞻彼洛矣〉雖君子至止。斯皆入覲王所，而天子錫之，侯氏受之也。此先王錫侯氏命之大略如此。……《春秋》書錫命者三，皆云來錫命，與〈覲禮〉〈韓奕〉〈彤弓〉之入受於庭者異。且桓公即位十有八年，未嘗入覲，且未能敵王之所愾；文公嗣立，喪期未終，而王遽錫之命；成公即位八年，再朝乎晉，而未嘗如京師，且政未施於民，而王使來錫命，其春秋周王之錫諸侯命亦異於成周乎？此穀梁家首見之矣。……檢《春秋》所述，與禮經、詩人所述各別，而春秋諸侯之不能勤王，朝聘之禮闕如，則《穀梁》有受命，無來錫命之義，至正至嚴矣。」雖然，宋氏以禮制實有錫命，其言曰：「禮經固無來命之文，詩人謳詠，言其梗概，非典禮史制也。然春秋行之，豈可謂皆貶之乎？考《左氏》《公羊》二家，但隨文發義，未為譏貶，則來錫命非正者，固穀梁家說也。」又舉賜命見諸《左氏》者有四：僖十二年、僖二十八年、襄十四年、昭七年，見諸《國語·周語》者二，證《春秋》無譏遣使侯國錫命，謂「特穀梁子有見盛周之『郁郁乎文哉』！而蔑乎禮有從宜之義，則其亦拘泥之過也。蓋禮之始也，時為大，宜為要也。……三王異世，其禮必有因損，故不相襲。若乎成周，迄及春秋，其禮能一成亡變乎？從宜順時，不失其為禮也。考春秋之世，天王不振，京

師陵夷，諸侯並興，勢駕天威，時王因時勢而爲之節文，遣使侯國，錫之命而親之可也。」﹝註17﹞侯氏謂《穀梁》言非正，其論甚偉，又謂《左》《公》於錫命無譏辭，不如《穀梁》義正大；宋氏亦謂《穀梁》之義至正至嚴。於《穀梁》闡義之莊嚴正大，皆無異辭；然侯氏亦引述當時有錫命之事，且謂其僅可施於《左氏》，不可施於《穀梁》，蓋亦不以《左》說爲非，而宋氏則引證辨析，以爲乃從宜順時，未有譏貶。於此，義理之應然與禮制之實然，或當分別觀之；於闡義，《穀梁》有其功；於禮制，則當如宋氏說。

　　△僖八年：「七月，禘於太廟，用致夫人。」

　　范《注》：「劉向曰：夫人成風也，致之于太廟，立之以爲夫人。」

　　《傳》：「言夫人必以其氏姓，言夫人而不以氏姓，非夫人也，立妾之辭也，非正也。」

　　范《注》：「夫人者，正嫡之稱謂，非崇妾之嘉號，以妾體君，則上下無別，雖尊其母，是卑其父，故曰非正也。禮，有君之母非夫人者，又庶子爲後，爲其母緦，是妾不爲夫體明矣。」

　　《禮證》：「《五經異義》引《公羊》說：妾子立爲君，母得稱夫人；《穀梁》說：魯僖公立妾母成風爲夫人，入宗廟，是子而爵母也，以妾爲妻，非正也；古《春秋左氏》說：成風得立爲夫人，母以子貴，禮也。許君從《公羊》《左氏》義，鄭君駁云：『禮喪服父爲長子三年，以將傳重故也；眾子則爲之期，明無二適也。女君卒，貴妾繼室攝其事耳，不得復立爲夫人，妾子立，得尊其母，禮未之有也』，則鄭從《穀梁》義。范云『庶子爲後，爲其母緦』者，出《儀禮・喪服緦麻章》：『傳曰：何以緦也？與尊者爲一體，不敢服其私親也』，范云『禮有君之母非夫人』者，出《禮記・服問篇》，云：『君之母非夫人，則群臣無服，唯近臣及僕驂乘從服，唯君所服服也』，彼《注》云：『妾先君所不服也，禮庶子爲後，爲其母緦，言唯君所服伸君也。《春秋》之義，有以小君服之者，時若小君在則益不可』，蓋鄭以小君不在，則庶子王僅得爲母服緦，小君在則爲母無服，〈曾子問〉所謂古者天子練冠以燕居是也。若服小君之服，失禮彌甚，故云益不可。古人嚴嫡庶之辨如此，惟《穀梁》深得禮意，《公羊》《左氏》皆不及，故鄭《駁異義》從之，

﹝註17﹞國立臺灣師大《國文研究所集刊》第十六期，61年6月，頁314。

但鄭又謂僖公妾母得爲夫人者，緣莊公夫人哀姜有殺子般、閔公之罪應貶故，則又爲變通之法，揆之《穀梁》，并無其說。」

連堂案：《穀梁》妾子爲君，母不得稱夫人，以嚴嫡庶之辨，侯氏引證頗詳。周何《春秋吉禮考辨》云：「諸侯嫡妻，稱曰夫人，通乎存亡，禮也；妾爲先君嫡配，其子雖立，於禮亦不得稱夫人，此所以嚴嫡庶之分，否則無以處先君嫡妻之猶存者。……蓋庶子爲君，母以子貴者，生則宮室衣物，奉養有加，下堂固尊行國中，上堂猶屈於嫡前，名分既定，不容輕易，使爲立典改制，則有篡嫡之嫌；至於薨卒，愼終追遠，禮或視同夫人，不須以子爵母，嘗備立嫡之典，行於大廟，昭之國人而後可，是爲母以子貴之確義也。故成風、敬嬴、定姒、齊歸四人，皆魯君之妾，而《春秋》悉書夫人者，惟見於其薨葬之時，始得有此稱也。此四人終其一生，固未嘗有嫡妻之名者明無二嫡也；而卒葬乃以夫人之禮，使得配食於廟者，父母者子之天也，不可使爲人君，而終有父無母，故卒葬祔廟，俾備合祀也。然則妾母雖以子貴，重在卒葬喪祭，而生時實不有夫人之稱也。原乎人子之親情，國家之制典，驗諸《春秋》之所書，禮義之精詣，皆無不洽。」〔註18〕周氏考辨翔實，可補侯氏之說。

△僖十一年：「八月大雩。」

《傳》：「雩月，正也。雩得雨曰雩，不得雨曰旱。」

范《注》：「禮，龍見而雩，常祀不書，書者皆以旱也。故得雨則喜，以月爲正也；不得雨則書旱，明旱災成。」

《禮證》：「雩祭有二：《左傳》：『龍見而雩』，〈月令〉：『大雩，帝用盛樂』，此常雩也；《周禮・司巫》：『若國大旱則帥巫而舞雩』，〈女巫〉：『旱暵則舞雩』，〈稻人〉：『旱暵共其雩斂』，此旱雩也。《穀梁》之義，以《春秋》常雩不書，旱雩乃書，此傳云『雩月，正也』，成七年傳云『雩不月而時，非之也』，定元年傳云『雩月，雩之正也，秋大雩，非正也，冬大雩，非正也』，今以其例求之經，《春秋》書八月雩者四：僖十一年、襄二十八年、昭三年、二十四年是也；書九月雩者七：僖十三年、襄八年、十七年、昭六年、十六年、定元年、七年是也。此皆雩月，得禮之正者也。書秋雩者七：此年及成三年、襄五年、十六年、昭八年、定七年、十二年是也；書冬雩者一：成七年是也。此皆

〔註18〕同註16，頁181。

雩時，不得禮之正者也。書七月雩者二：昭二十五年上辛大雩，季辛又雩是也。《穀梁》以秋雩八九月皆合禮，則不合禮者獨在七月，而仍書月者，爲季辛又雩而書，若上文不系月，但云秋上辛大雩，有日無月，則不辭矣。故雖書月，仍不得爲正，此《穀梁》禮例也。（侯氏自注：〈月令疏〉云：「《春秋》周七月、八月、九月皆書雩，《穀梁》不譏」，非也，如其說則定元年傳，秋大雩非正者當屬何月乎？故知凡書秋大雩，《穀梁》皆以爲在七月，即皆以爲譏；若昭二十五年書法，又變文見義耳）旱雩必以八月始者，《禮記・玉藻》云：『至于八月不雨，君不舉』，《注》謂此建子之月至建未之月。然則七月雖旱，人君尚未不舉，故亦不行雩祭，《穀梁》禮例與〈玉藻〉合，若鄭君注〈月令〉謂凡周之秋三月而旱，亦脩雩禮以求雨，非《穀梁》義也。」

僖二十一年：「夏，大旱。」

范《注》：「傳例曰：得雨曰雩，不得雨曰旱。」

《禮證》：「《注》所引僖十一年傳例乃雩祭例也。據其文似此年夏曾經雩而不得雨者，然定元年傳云『其時窮，人力盡，然後雩，雩之正也』，則八月九月始可雩，夏非雩時。又據《春秋考異郵》及〈月令注〉，冬及春夏雖旱，有禱無雩，是夏不得行雩禮審矣。然則此書大旱未必雩不得雨，當是禱不得雨耳。《春秋》書雩不書禱，傳因即雩以見例，雩禱雖小異，其爲求雨則同，故禱不得雨亦與雩不得雨同科，傳不復晰言之矣。」

連堂案：僖十一年、二十一年兩條皆證雩禮，故并論之。周何《春秋吉禮考辨》云：「《春秋》書雩皆因旱起，旱事無常，故雩無定期，無論時月，無所約限。無旱暵之事，則數十年不舉；災甚而致饑饉，則一時之內再舉雩事，定公七年秋大雩、九月大雩是也；甚者有一月之中而雩云再者，昭公二十五年秋七月上辛大雩，季辛又雩是也。此實時君順時重民之所爲也。」周氏並以侯氏沿楊士勛《疏》之誤而申說。〔註 19〕案周氏說合於情理，然侯氏據《傳》《疏》以爲說，以明《穀梁》禮例，並未誤釋《穀梁》。周氏以七月雩非正，蓋楊《疏》自爲之說，非《穀梁》禮例，實則，楊說有據，定元年傳云「秋大雩，非正」，因《穀梁》以八月、九月雩爲正，知此秋指七月，侯氏自注並有說，是就《穀梁》本傳立言，楊、侯說不誤。至僖二十一年條，

侯氏以夏非雩時，非是。鍾文烝《補注》云：「六月乃常雩之時」、「此時得雨亦不言雩，龍見常祀，不志也」（僖二十一年），周氏亦云：「二傳以雩皆旱雩之說，實就書見於經者立義，於經之所不書者，言所不及耳。」又云：「《春秋》魯史，凡常祀得禮，不煩悉載，必以事出非常乃書。魯兼二雩，常雩依時而行，無他事故，是以不必書諸史策；若雩因旱起，乃必備載，以志非常。……經書旱雩始于七月，七月以前，非不舉雩，蓋以常雩不書耳，是周之六月爲常雩之期可知。」〔註20〕

四、評　價

　　《穀梁禮證》卷帙雖少，而引證有據，語多有中，陳澧〈穀梁禮證序〉云：

　　　　君模之學，最精三禮，以三禮貫串漢晉南北朝諸史志，精深浩博，
　　　　爲諸儒所未有，此編雖未成之書，亦略見一斑矣。（《東塾集》卷三）
陳氏之評頗公允。

〔註20〕同註16，前一段見頁82，後一段見頁88。

第五章　校勘之屬

　　《穀梁》校勘之作，清以前不聞，清代樸學鼎盛，校勘版本之學，陵越前代，《穀梁》述作中及之者多，專著則有阮元《春秋穀梁傳注疏校勘記》、汪文臺《穀梁傳注疏校勘記識語》、丁寶楨《春秋穀梁傳校刊記》、楊守敬《春秋穀梁傳考異》及劉承幹《穀梁疏校勘記》。

第一節　春秋穀梁傳注疏校勘記

一、作者傳略

（一）

　　阮元（1764～1849）字伯元，號芸臺，江蘇儀徵人。乾隆五十四年進士，授編修，歷官禮、兵、戶、工等部侍郎，浙、閩、贛、粵諸省巡撫及湖廣、兩廣、雲貴總督，終體仁閣大學士，加太傅。生平淹貫群書，精研經籍。所至以提倡學術自任，在史館倡修儒林傳，在粵設學海堂，在浙設詁經精舍。嘗彙刻《學海堂經解》，輯有《經籍纂詁》，著有《揅經室集》、《金石志》、《疇人傳》、《廣陵詩事》及《十三經注疏校勘記》等書。生於乾隆二十九年，卒於道光二十九年，年八十六。

（二）

　　李銳（1768～1817）字尚之，一字四香，江蘇元和人。潛心經史，屢試不第。以曆學為致治之要，為政之本，作《曆法通考》，又深研算學，著算書十餘種，參與《十三經注疏》校勘，經其屬稿者有《周易注疏校勘記》、《孟

子注疏校勘記》及《春秋穀梁傳注疏校勘記》。生於乾隆三十三年，卒於嘉慶二十二年，年五十。

二、概　述

阮《校》十二卷，每公一卷，阮元〈自序〉云：

> 范《注》援漢魏晉各家之說甚詳，唐楊士勛《疏》分肌擘理，爲《穀梁》學者未有能過之者也；但晉豕魯魚，紛綸錯出，學者患焉。康熙間長洲何煌者，焯之弟，其所據宋槧經注殘本、宋單疏殘本，並希世之珍，雖殘編斷簡，亦足寶貴，元曾校錄，今更屬元和生員李銳，合唐石經、元版注疏本及閩本、監本、毛本，以校宋十行本之訛，元復定其是非，成《穀梁注疏校勘記》十二卷。

《十三經注疏校勘記》分纂者七人，《穀梁》由李銳讎校，大體經其屬稿，少數經阮元覆按，蓋即校文中出「○」加按語者是。如〈序疏〉：「父名注」，校云：

> 閩本同，監、毛本注改汪，下文注同。○按：《晉書》本傳作汪。

則○以上爲李銳之校，○以下爲阮元按語，〈自序〉所謂「元復定其是非」者也。

惟據范希曾《書目答問補正》云：

> 阮元《校勘記》實以盧文紹所校《十三經注疏》爲藍本，盧校尤完備，未刊，舊藏阮氏，今不知存否？方東樹有臨本，已燼於火。（卷一〈經部〉）

則阮《校》實多人經手。本文仍依一般認定，繫之阮元。

以下述其校勘態度、取材及範圍。

首述態度：

阮元〈重刻宋板注疏序〉云：

> 刻書者最患以臆見改古書，今重刻宋板，凡有明知宋板之誤字，亦不使輕改，但加圈于誤字之旁，而別據《校勘記》擇其說附載於每卷之末，俾後之學者不疑于古籍之不可據，慎之至也。其經文注文有與明本不同，恐後人習讀明本而反臆疑宋本之誤，故盧氏亦引《校勘記》載於卷後，慎之至也。〔註1〕

〔註1〕見阮刻《十三經注疏》卷首。

阮氏刻書不輕改古籍，於他人之輕率則譏之以爲淺人妄改；其刻書如此，其校勘尤然，旨在羅陳各本同異，不炫新奇、不誇秘本而妄改臆校，態度亦審愼矣。

次述取材：

阮氏彙集眾本相校，並引述前人校勘所得，取材頗爲廣泛，據其引據目錄所列即有唐石經、宋槧經注殘本、鈔宋單疏殘本及元本、十行本、閩本、監本、毛本等重要注疏本，其中或已經顧炎武、何煌、浦鏜、段玉裁等校正，而其校文中徵引爲據者尙有《經典釋文》及臧琳、齊召南、惠棟、錢大昕、姚鼐諸家，觀其校勘成績，僅據諸本對校，羅列異同，即已斐然可觀，主要即得力於資料之宏富，屈萬里〈十三經注疏板刻述略〉云：

> 《校勘記》所據之本，除十行本、閩本、北監本、汲古閣本外，復廣稽他刻，用力之勤，殆無與匹。〔註2〕

次述範圍：

阮《校》以宋十行本爲底本，然非限以諸本校底本，乃以底本爲準，引據眾本互校，實爲兼校眾本。茲舉例以證：

隱元年《疏》：「據之君言之」，阮《校》云：

> 閩、監、毛本上之字作無。

此以閩、監、毛本校底本也。宣八年《傳》：「以譏乎宣也」，阮《校》云：

> 閩、監、毛本同，石經譏誤饑。

此校唐石經也。文五年《疏》：「又此傳云『兼歸之，非正也』，明天子於諸侯含襚，常各異使也」，阮《校》云：

> 閩、監、毛本同，單疏本無「又此」至「含襚」一十八字。

此校單疏本也。成二年《注》：「蓋言高傒處父」，阮《校》云：

> 余本脫高傒二字。

此校余本也；惟阮元所見余本非余氏定本，其所校，定本已校正，說見後〈疏失〉。莊二十八年《注》：「是不與民共何利也」，阮《校》云：

> 閩本同，監、毛本何作同是。

此校底本、閩本也。桓二年《疏》：「以內爲志焉」，阮《校》云：

> 閩、毛本同，監本焉誤馬。

〔註2〕載《學原》第三卷三、四合期（40年4月），後收入《書傭論學集》（台北：臺灣開明書店，58年3月），頁230。

此校監本也。〈序疏〉:「唯祭與號」,阮《校》云:

　　閩、監本同,毛本號誤虩。

此校毛本也。定元年《疏》:「食雖民天」,阮《校》云:

　　何校本雖民二字闕。

此校何校本也。宣十三年,晉殺其大夫先縠,阮《校》云:

　　宋本《釋文》出先縠,云「一本作穀」,兩者必有一誤;通志堂本:
　　「先縠,一本作穀」。

此校及《釋文》也。

　　由上知阮《校》之校勘範圍,除校底本,並及石經、單疏本、余本、閩本、監本、毛本、何校本、〈穀梁釋文〉,乃兼校眾本。

　　以下分引他本為校、以本書為校、以相關書為校、以文意為校論述之。

三、成　就

1. 引他本為校

　　阮《校》九成以上均引他本為校,據前述校勘範圍所引例證已可概見,茲復舉數例以明。

　　△莊三十年《傳》:「周之分子也。」

　　　　阮《校》:「閩、監、毛本同,《釋文》:『分,本或作介,《注》同』,按:姚鼐云:『其文蓋本為周之別子,古別字作 𠔁,故傳本或作分或作介,皆以古字形近而誤,故《注》云「謂周之別子孫也」,唐以後其文舛失,故《疏》解失之。』」

　　連堂案:田宗堯〈春秋穀梁傳阮氏校勘記補正〉云:「別字古作 𠔁,非作兆;段玉裁亦以為古別字作兆,與姚說誤同。《說文》:『𠔁、分也,從重八。《孝經說》曰:故上下有別』,《玉篇》:『𠔁、古文別』,依《說文》及《玉篇》,本文作『分子』亦通。《釋文》云『或作介』,介字蓋𠔁字形近之誤。」
[註3] 梁煌儀《春秋穀梁傳校證》云:「查姚氏原文謂:古『別』字『𠔁』,非作『兆』,段氏誤識於前,而田氏承之。『別』字,《殷虛書契前編》作『𠔁』,《說文》作『𠔁』,并从重『八』。考『八』為獨體字,《說文》:『八,別也。象分別相背之形』,甲骨文重『八』即合文,實亦止是『八』字,《說文》作

〔註 3〕原載《孔孟學報》第八期(53 年 9 月),後收入《春秋三傳研究論文集》(中華民國孔孟學會主編,台北:黎明文化事業公司,70 年 1 月),頁 249。

－346－

『八』，則爲形變字。『分』字，《說文》云：『別也。从八刀；刀以分別物也』。『介』字，《說文》作『介』，云：『畫也。从人从八』，《說文通訓定聲》：『介：按八者，分也；从人者，取人身之左右以見意』，《爾雅・釋言》李巡《注》：『介，別也』。據上述所考，『介』字、『分』字、『八』字之最初語根爲『八』字，且有『分別』、『分介』之義，并可通用。故今本作『分子』，〈漢北海相景君碑〉、〈武都太守耿勳碑〉、舜子巷義井碑陰皆有『分子』之語。《釋文》或作本不妨爲《介》。依《說文》則作『八』。推其原，即『八』之合體字『穴』是也。」〔註4〕此例阮《校》引姚鼐《穀梁傳補注》之說，田宗堯以爲非，梁煌儀詳考其可通。

　　△僖十八年《注》：「故不云及。」

　　　阮《校》：「案：《釋文》出『故去』，起呂反。在『以別』下『于邲』上，今驗『以別』之下，『于邲』之上，無『故去』之文，當是陸所據本此『故不云及』四字作『故去及』三字。」

　　連堂案：此據《釋文》所出，今本未見，而推定注文異本。

　　△文六年《傳》：「射姑殺者也。」

　　　阮《校》：「石經、閩、監、毛本射作夜，《釋文》出『夜姑』，云：『《左氏》作射姑』；此十行本本亦作夜，淺人據《左氏》妄改，剜補之跡顯然；下『射姑之殺』、『射姑使人』並當作夜。」

　　連堂案：田宗堯〈春秋穀梁傳阮氏校勘記補正〉云：「宋建安本、《文選・陽給事誄注》引『射姑』並作『夜姑』，皆是也。」〔註5〕

　　△宣元年《疏》：「稱國至罪也。」

　　　阮《校》：「此下疏三條，十行本并爲一條，在注『故不致』下，閩、監、毛本分屬三節，此疏在傳『放無罪也』下，『離會不故不致』段在注『故不致』下，『內不至齊也』段在注『故書齊取』下。」

　　連堂案：此引閩、監、毛本，明十行本誤列疏文。

　　△宣八年：「壬午，猶繹。」

　　　《傳》：「猶者，可以已之辭也。」

　　　阮《校》：「石經同，閩、監、毛本『繹』下衍『萬入去籥』四字，《釋文》先『之享』，後『去籥』亦其證。」

〔註4〕文化學院中文研究所碩士論文，67年6月，頁112。
〔註5〕同註3，頁252。

連堂案：此引石經及《釋文》所出之次序，校閩、監、毛本之衍文。

△成十年：「冬十月。」

　　阮《校》：「閩、監、毛本同。浦鏜云：『〈中庸疏〉云「成十年不書冬十月」，《公羊》無此三字，今有者，後人妄增，當爲衍文。』案：石經『公如晉』下漫漶，細驗之，冬字上半猶隱隱可辨，是范氏本《穀梁》有此三字也。」

連堂案：此以唐石經明范氏本《穀梁》有此三字，不從浦鏜說。

△哀元年《傳》：「此該之變而道之也。」

　　阮《校》：「閩、監、毛本同，石經、余本之上有郊字，與《儀禮》經傳合。顧炎武曰：『石經該誤作郊』，錢大昕曰：『石刻止存「郊之變而」四字，以字數計之，郊上當有該字，炎武非也。』」

連堂案：李富孫《穀梁傳異文釋》云：「唐石經作郊之變，案《注》云：『《春秋》書郊終於此，故備說郊之變；變謂郊非其時，或牲被災害』，下文又云：『該郊之變而道之』，今本脫去郊字，不成文義。」梁煌儀《春秋穀梁傳校證》云：「疏標起訖及其下傳文并有『郊』字，吳本、呂本中《集解》、李廉《會通》、俞皋《集傳釋義》本亦不誤。」〔註6〕

2. 以本書為校

阮《校》有以《穀梁》經、傳、注、疏所引互校者，茲舉例以明。

△隱二年《疏》：「春，公至自齊。」

　　阮《校》：「春字乃承上文經而誤衍也，否則夏字之訛。」

連堂案：此當爲「夏」字之訛。楊《疏》云：「莊十年二月，公侵宋，《傳》曰：『侵時，惡之，故謹而月之』，二十三年春，公至自齊，《傳》曰：『往時，正也』，故此年春，公會戎于潛，五年春，公觀魚于棠，皆不書月是也。」此處論時月，則莊二十三年當書時，而「春，公至自齊」並未發傳，發傳者爲夏之「公至自齊」，知「春」爲「夏」之訛。

△宣十五年《疏》：「謂衛滅許之類。」

　　阮《校》：「單疏本、元本同，閩、監、毛本許作邢是也。按：僖廿五年衛侯燬滅邢。」

連堂案：此引經文校疏。以上二例以經文爲校也。

〔註6〕同註4，頁250。

△桓十一年《疏》:「自來歸次之。」

　　阮《校》:「案:成公十六年《傳》來作某。」

連堂案:此引傳文校疏。

△襄六年《傳》:「非立異姓以蒞祭祀。」

　　阮《校》:「十行本『非』字空缺,閩、監、毛本無非字,石經、余本
　　有,顧炎武云『石經多一非字』,何煌云『非字疑衍』,案:宣十五年
　　《傳》:『非稅畝之災也』,《注》云:『緣宣公稅畝,故生此災以責之。
　　非,責也』,此傳非字義同。繒非滅,謂之滅者,立異姓是滅亡之道,
　　故責之。顧說、何說並誤。」

連堂案:此以傳校傳,並駁顧、何二氏之說。以上二例以傳文爲校也。

△文八年《疏》:「禮大夫云。」

　　阮《校》:「何校本云作去,與成十六年《注》合。」

連堂案:此引何校本並以注校疏。

△成十六年《注》:「故詳而已之。」

　　阮《校》:「閩、監、毛本已作紀,余本已作日。按;作日是也,否則
　　與成十六年《注》不合。」

連堂案:此引余本並以注校注。以上二例以注爲校也。

△莊三年:「溺會齊侯伐衛。」

　　阮《校》:「石經侯作師。案:隱二年《疏》引正作師。」

連堂案:此引石經並疏文校經。

△宣十五年《注》:「又受田十五畝。」

　　阮《校》:「余本無『五』字是也。莊廿八年《疏》引作『又受田十畝』。」

連堂案:此引余本並疏文校注。以上二例以疏爲校也。

3. 以相關書爲校

桓二年《注》:「鄧,某地。」

　　阮《校》:「《釋文》出『厶地』,云:『本又作某』。按:《困學紀聞》云:
　　『某或作厶,出《穀梁注》:鄧,厶地。』」

連堂案:此以所引書爲校。

△成十七年《疏》:「論用郊而陳宮室者。」

　　阮《校》:「閩本同,監、毛本用作有。按:《儀禮經傳通解》續廿二引
　　作用。」

連堂案：以上二例以所引書為校也。

△成八年《疏》：「或言天王。」

　　阮《校》：「依《公羊注》或字上有『或言王』三字，此不當刪。」

連堂案：此依《公羊注》為校。

△成十二年《疏》：「周公自其私土謂國也。」

　　阮《校》：「《公羊傳》『謂國』作『而出』，此誤。」

連堂案：以上二例以相關之《公羊傳》《注》為校。

△〈序疏〉：「父名注。」

　　阮《校》：「監、毛本『注』改『汪』，下『父注』同。按：《晉書》本
　　傳作汪。」

連堂案：此引史傳為校。

△〈序疏〉：「孔演、劉瑤。」

　　阮《校》：「《隋・經籍志》《唐・藝文志》演作衍；《隋》《唐・志》並
　　作劉珧。」

連堂案：此以史志為校。以上二例引相關之史傳、史志以為校。

4. 以文意為校

阮《校》多以他本為校，以相關書為校者已不多見，以不據典籍之文意
為校者更僅得數條，茲舉二例明之。

△隱元年《疏》：「故同禮。」

　　阮《校》：「同乃周之誤。」

連堂案：《疏》云：「此傳直云貝玉曰含者，璧亦是玉之別，故《周禮》
子男執璧，亦同謂之玉」，知同為周之誤。

△僖四年《疏》：「則此新臣亦不正。」

　　阮《校》：「不正當作在外。」

連堂案：《疏》云：「宋共公卒書月者，彼為葬日，表其違例，故不得書
時也，雖例言之，則此許男新臣亦是不正也，故范直以非惡解之，不云正與
不正；又昭二十三年夏六月，蔡侯東國卒于楚，范云『不日，在外也』，則此
新臣亦不正，故不書日，襄二十六年八月壬午，許男甯卒于楚，彼亦在外而
書日，則甯是正可知也。」依上下文意，知「不正」當作「在外」，乃涉上文
而誤。

四、疏　失

阮《校》引據宏富，成就可觀，然因典籍卷帙浩繁，且有未見及未及見之資料〔註7〕，而誤校漏校難免，茲引例證之。

莊二十七年《注》云：「雖欲哭之，安得而哭之，今之大夫交政於中國，雖欲勿哭，安得而勿哭」，阮《校》於「安得而哭之」下云：

> 《釋文》出「焉得」，音於虔反。案：據此則此及下文「安得而勿哭」二安字，《釋文》本作焉。

梁煌儀《春秋穀梁傳校證》云：

> 此阮氏考之未審也。檢《禮記》原文「安得而哭之」，字作安；「安得而勿哭」作「焉得而弗哭」（梁氏原注：古籍叢殘本正作焉），《釋文》乃音下「焉」字，而阮氏誤爲陸氏所音即上「安」字，而字作焉。〔註8〕

又如襄二十四年《疏》：「有死曰大餓，旡死曰饑」，阮《校》云：

> 單疏本、監、毛本「死」下有「者」字；閩本「旡」作「無」，監、毛同；餓、饑字倒。按：《公羊注》作「有死傷曰大饑，無死傷曰饑」。

梁煌儀《春秋穀梁傳校證》云：

> 監毛本無「者」字；閩本「饑」作「餓」，監毛本「餓」作「饑」，阮元并誤校。〔註9〕

以上二例梁氏考訂頗詳。

至其因未見資料而誤校者，未見余仁仲萬卷堂覆校定本即爲顯例。阮氏所見余本爲何煌所校，乃余氏初刻，非其定本，且篇帙不全。阮氏〈校勘記引據目錄〉云：

> 宋槧殘本：余仁仲萬卷堂藏本，兼載《釋文》，〈宣公〉以前缺，自〈宣公〉以後，分卷與石經合，今據何煌校本。

〔註7〕屈萬里〈十三經注疏板刻述略〉云：「阮氏作《校勘記》時，於單疏本及八行本多據傳校之本，罕睹原刻，以是尚難免舛訛。且單疏本及八行本，復有阮氏未曾知見，而今日尚有流傳者。餘若單注舊刻，及敦煌寫本之傳於今日，而未爲阮氏所見者亦多，況漢魏石經殘石，近年出土益富，尤足爲校勘之資。」同註2，頁236。

〔註8〕同註4，頁103。

〔註9〕同註4，頁222。

然何校本猶有未善，楊守敬〈余仁仲萬卷堂穀梁傳考異序〉〔註10〕云：

> 惟《穀梁》僅康熙間長洲何煌見之，然其本缺〈宣公〉以前，已稱
> 爲希世之珍，此本首尾完具，無一字損失；以何氏校本照之，有應
> 有不應，當由何氏所見爲初印本，此又仁仲覆校重訂者，故於何氏
> 所稱脫誤之處，皆挖補擠入，然則此爲余氏定本，何氏所見猶未善
> 也。

知余仁仲尙有覆校重訂本，阮氏未見，阮《校》中以余本脫者有成二年《注》、襄十七年《經》、二十六年《注》、昭七年《傳》、二十二年《經》、定元年《傳》、十四年《經》、哀二年《傳》、《注》、六年《傳》、十三年《經》等十一處；以余本誤者有成七年《注》、定十二年《傳》、哀元年《傳》等三處；以余本倒者有襄二十年《傳》一處；以余本爲衍者有襄十一年《注》一處；以上脫、誤、倒、衍字，定本中皆已補正無誤，且定本足以校正他本之訛者多，惜阮氏未之見也。

至其漏校，實校勘所難免，非阮氏獨然，僅略舉二例明之。

僖五年《傳》：「及以會，尊之也，侯尊焉」，梁煌儀《春秋穀梁傳校證》云：

> 作「侯」無義。余本、備要本、閩本、吳本、閩、監、毛本「侯」
> 作「何」是也。《合璧事類後集》二引亦作「何」。〔註11〕

又如襄二十五年，秋八月己巳，諸侯同于重丘。梁煌儀《春秋穀梁傳校證》云：

> 余、備要、閩、吳、閩、監、毛本「同」下有「盟」字是也。

以上二例，阮氏所據本足以校正而未校，爲較顯明之漏失。

五、評　價

阮《校》因資料宏富，又兼校眾本，錢基博《版本通義》云：

> 羅列諸家異同，使人讀一本，如遍讀諸本。（〈讀本〉第三）

究其成績，《穀梁》經、傳、注、疏文字傳刻之訛誤，大致已得校正，後人同類之述作，僅得據以證補修正而已；且其所校刻之注疏本，末附《校勘記》，甚爲精善，至今仍爲校勘最精，流布最廣之善本，裨益學術，其功大矣。

〔註10〕參見本章第四節《春秋穀梁傳考異》。
〔註11〕同註4，頁131。

　　惟此類以眾本對校爲主之校勘，與王引之《經義述聞》、俞樾《群經平議》等之讎校古籍者異；前者能勤於查考，即有所得，後者則須淵博之學識，據傳文傳例、文意、訓詁、相關典籍，加以謹嚴之態度及方法，始得見成績。其間高下有別，阮《校》未得與之並論。又，就範圍言，阮《校》涵蓋范《注》楊《疏》，王、俞則以經傳爲主，偶及相關之注疏。

第二節　穀梁注疏校勘記識語

一、作者傳略

　　汪文臺（1796～1844）字南士，安徽黟縣人，府廩生，膏火所入，悉以購書，聚書數萬卷，博學強記，通經史百家，治經宗漢儒，與同邑俞正燮齊名，相善，正燮號博覽，而精深不逮文臺，惟足不出鄉邑，而知者鮮。以《論語》邢《疏》疏略，因取證古義，博采子史箋傳，依《韓詩傳》例，作《論語外傳》，曾應阮元聘至揚州，值英吉利犯上海，文臺以當代不知敵情，歸而作《英吉利考略》，此外尚有《淮南子校勘記》、《說文校字錄》、《後漢書輯》及《十三經注疏校勘記識語》等書。生於嘉慶元年，卒於道光二十四年，年四十九。

二、概　述

　　汪氏《十三經注疏校勘記識語》四卷，乃據阮元《十三經注疏》南昌刻本所附《校勘記》而作，朱師轍〈黟三先生傳〉云：

> 見阮元《十三經注疏校勘記》，謂有益於後學，然成於眾手，時有駁
> 文，別爲表識，作《校勘記識語》，寄示阮元，元服其精博，涵聘至
> 揚州。（《碑傳集補》卷五十）

知《識語》旨在校正阮《校》之誤，或證補阮《校》，其中亦有補阮《校》所未及者。《穀梁》之部與《公羊》、《論語》、《孟子》、《孝經》合爲一卷，雖僅得二十一條，然所校多精當，故予專節論之。

　　茲略分校正阮《校》、證補阮《校》及補阮《校》所未及三目，舉其校之有當者明之。

三、成　就

ㄅ、校正阮校

△〈序疏〉：「愚上不能用也。」

　　阮《校》：「閩、監、毛本上作者是也。」

　　《識語》：「上當作主。」

連堂案：楊《疏》原文：「明聖人雖作法，愚主不能用也，言我教誨汝王諄諄然，何故聽我言藐藐然而不入？」由文意觀之，作「主」是也。

△桓十八年《注》：「此年書王，以王法終治桓之事。」

　　阮《校》：「嚴杰云：『元本《左傳》桓三年《正義》引，「治」字上有「始」字是也』」。

　　《識語》：「元年《疏》云：『十八年有王，取終始治桓也』，引范氏《略例》文，非此注，其有『始』字者，兼元年有王言之。《左傳疏》各本皆無始字，《校勘記》嚴君所定，但云『終下當有始字』，不言有元本可據也。此注無始字，義正自通。」

連堂案：就文意言，無「始」字是，汪氏並指其引據有誤。

△莊二十八年《疏》：「兩國相與交戰。」

　　阮《校》：「監、毛本作『國都相與交戰』是也。」

　　《識語》：「作『國都』則下《疏》不得云『問在何處戰也』，監、毛本非。」

連堂案：汪氏說是，楊《疏》原文：「於伐與戰，安戰也，謂於伐衛之時，兩國相與交戰，問在何處戰也。」

△閔二年《疏》：「此莊公薨來二十二月。」

　　阮《校》：「閩、監、毛本『來』作『未』是。」

　　《識語》：「閩、監、毛本非也。自莊公薨以來至此吉禘正二十二月。」

連堂案：此以文意校阮《校》。

△僖十一年《注》：「固以久不雨別之。」

　　阮《校》：「監、毛本固作故是。」

　　《識語》：「此本是也。何休難言：『如《穀梁》書旱，則以不雨明之，設旱而不害物，則何以別乎？』鄭君釋之曰：『旱而不害物，固以久不雨別之矣。』」

連堂案：汪氏以上下文意斷「固」字不誤。梁煌儀《春秋穀梁傳校證》

云：「汪說是也。余本、備要本並作固。」〔註12〕

　　△僖三十一年《疏》：「故博卜三正。」

　　　阮《校》：「博當轉之壞字，監、毛本作傳亦非。」

　　　《識語》：「博是也。《公羊》成十七年傳《注》：『魯效博卜春三月』，《校勘記》云：『博卜者，廣卜三月也。』」

　　連堂案：汪氏引《公羊注》及《校勘記》指阮《校》之誤，阮《校》蓋據浦鏜《公羊注疏正誤》而說，《公羊傳注疏校勘記》云：「浦校本作『轉卜』非。」

　　△定十五年《疏》：「日中而克葬各二。」

　　　阮《校》：「單疏本而作不是也。」

　　　《識語》：「日中而克葬，宣八年《經》文，云二者，兼此年『日下稷乃克葬』言之，單疏本非。」

　　連堂案：楊《疏》引范氏《略例》之克例，謂雨不克葬、日中而克葬各二，阮《校》不查，汪氏說是。觀阮《校》之誤，皆僅各本對校，而略於文意，又拙於採擇。

夕、證補阮校

　　△〈序疏〉：「言旻天者。」

　　　阮《校》：「閩、監、毛本旻作昊，下『旻天不弔』同。」

　　　《識語》：「《疏》云：『言旻天者，以父卒，故以殺方言之』，是《疏》本自作『旻天』，與《釋文》又作本合，閩、監、毛本非也。」

　　連堂案：此阮《校》僅明其異，而未定其是非，汪氏據楊《疏》與《釋文》定之，補阮《校》所未盡。

　　△隱五年《注》：「則干在其中。」

　　　阮《校》：「閩、監、毛本干作羽。此干字作羽，則上『不言六佾者』，佾字亦當作羽。」

　　　《識語》：「此『不言六佾者』，據經書『六羽』言之，以經若言佾，則兼有干戚，無由見婦人獨奏文樂也。改『干』『佾』作『羽』，義亦得通，而與下《注》不接。」

　　連堂案：此辨析阮《校》，明其義得通，而未盡圓足。

〔註12〕同註4，頁145。

△桓八年《注》:「夫婦叛合。」

　阮《校》:「閩、監、毛本叛作配。案:今《儀禮》作『胖合』,古本只作『半合』或作『判合』。」

　《識語》:「《詩・大明疏》、《後漢書・許荊傳注》引作『判合』,與《周禮・媒氏注》同是也。」

連堂案:此據所引書以證阮《校》。田宗堯〈春秋穀梁傳阮氏校勘記補正〉云:「宋建安本正作『判合』,《白虎通・三綱六紀篇》云:『夫婦,判合也』,字亦作判。」〔註13〕

ㄇ、補阮校所未及

△莊二十七年《疏》:「洮會下亦無云兵車之會。」

　《識語》:「無字當衍。」

連堂案:僖八年盟于洮,《傳》云「兵車之會也」,汪氏說是。

△閔元年《疏》:「是惡之也。」

　《識語》:「惡當作累。」

連堂案:經書「齊仲孫來」,《傳》云:「其曰齊仲孫,外之也。其不目而曰仲孫,疏之也。其言齊,以累桓也」,楊《疏》云:「慶父魯人而繫之於齊,是外之也。齊桓容赦有罪,故繫慶父於齊,是惡之也」,由上下文意知「惡」當作「累」。

△成十八年《疏》:「故約之為天子諸侯三十里耳。」

　《識語》:「天子下當脫『百里』二字。」

連堂案:楊《疏》原文:「《毛詩傳》云『囿者天子百里,諸侯三十里』,與徐、何二說別者,《詩傳》蓋據《孟子》稱:『文王囿七十里,寡人三十里』,故約之為天子諸侯三十里耳」,則天子下當有「百里」二字。

△哀八年《注》:「侵齊故也。」

　《識語》:「侵字誤,疑當作畏。」

連堂案:丁寶楨《春秋穀梁傳校刊記》據欽定《穀梁傳注疏》作畏。〔註14〕梁煌儀《春秋穀梁傳校證》云:「留真新編本作『畏齊益于』,疑『益于』為『故也』之訛。經謂魯歸邾子益于邾,正以畏齊之故也。前《注》云『畏齊,故賂

〔註13〕同註3,頁247。

〔註14〕丁寶楨《校刊記》參見本章第三節。

之』，則此『侵』字當爲『畏』字決矣！」〔註15〕

四、評　價

　　汪氏《識語》爲首部正補阮元《十三經注疏校勘記》之專著，其篇卷雖少，然多精要，足補阮《校》缺失及其所未及。

第三節　春秋穀梁傳校刊記

一、作者傳略

　　丁寶楨（1820～1886）字稺璜，貴州平遠人。咸豐三年進士，屢征苗、番、捻子，俱有功。同治三年，任山東巡撫，光緒二年擢四川總督。治軍善恤將士，能推有功，銳於乘勢，不主畫疆自守；整吏治，復都江隄，還民田，有治績。能持大體，不爲刻谿，器量恢豁，廉剛有威。著有十三經及《大學》、《中庸》等十四卷校勘記，每書一卷，附於其所編《十三經讀本》。生於嘉慶二十五年，卒於光緒十二年，年六十七。

二、概　述

　　丁《校》一卷，附於其所編《十三經讀本》後。所校乃以欽定《春秋穀梁傳注疏》（殿本）爲底本，以與唐石經、汲古閣本及阮元刻本互校，惟十之七八阮《校》已有之。茲分校阮刻阮《校》、補阮《校》所未及二目，舉其校之有當者以明。

三、成　就

ㄅ、校阮刻阮校

　　校阮刻者，阮元所據十行本不誤，而阮刻誤者，丁氏校之；校阮《校》者，阮《校》有誤，丁氏正之。

　　△隱七年《傳》：「其不言逆何也？」

　　　范《注》：「據莊二十七年莒慶來逆叔姬言逆。」

　　　丁《校》：「七阮刻傳疏作九。」

　　連堂案：此校阮刻本之誤。

〔註15〕同註4，頁257。

　　△莊三十二年：「公子牙卒。」

　　　范《注》：「鄭君之說，甯所未詳。」

　　　丁《校》：「汲古閣傳疏『甯』作『某』，阮刻傳疏『甯』作『其』，今
　　　謹遵欽定《穀梁傳注疏》更正。」

　　連堂案：阮《校》從閩、監、毛本以作「某」為是，誤矣。梁煌儀《春
秋穀梁傳校證》云：「『某』字亦非。依范《注》之例，『某』當為『甯』，莊
元年遷紀于邢鄑郚，僖八年禘于大廟《注》并謂『甯所未詳』。余本、古籍叢
殘本，此下疏文標起訖皆作『甯』」。〔註16〕

　　　△僖四年：「冬十二月，公孫茲帥師會齊人宋人衛人鄭人許人曹人侵陳。」

　　　范《注》：「莊十年春二月，公侵宋。」

　　　丁《校》：「二阮刻傳疏作正。」

　　連堂案：此校阮刻本之誤。

　　　△僖九年《傳》：「葵丘之會，陳牲而不殺。」

　　　丁《校》：「會唐石經、汲古閣傳疏作盟。」

　　連堂案：各本均作盟，梁煌儀《春秋穀梁傳校證》云：「《注》謂無歃血
之盟，則此會字當為盟字之訛。」〔註17〕此例丁氏所據底本、阮刻本並誤。

　　　△昭七年《傳》：「鄉曰衛齊惡。」

　　　丁《校》：「惡阮刻傳疏作侯。」

　　連堂案：此阮刻本誤刻。

　　　△定五年：「春王三月。」

　　　丁《校》：「三阮刻傳疏作正。」

　　連堂案：此校阮刻本之誤。以上除莊三十二年之「甯」字為阮《校》誤
校外，另五例為十行本不誤，而為阮刻本誤刻。

ㄆ、補阮校所未及

　　補阮《校》所未及者，阮元所據十行本有誤，而阮《校》未校，丁氏校
之。

　　　△隱二年《傳》：「義者行。」

　　　范《注》：「臨事能斷。」

　　　丁《校》：「事汲古閣傳疏、阮刻傳疏作者，今謹遵欽定《穀梁傳注疏》

〔註16〕　同註4，頁115。
〔註17〕　同註4，頁136。

作事。」

連堂案：梁煌儀《春秋穀梁傳校證》云：「作『者』字於義無取，疑涉上下文『者』字而誤。余本者作事是也。」〔註18〕

△隱四年《傳》：「遇者志相得也。」

范《注》：「八年《傳》曰：不期而會曰遇。」

丁《校》：「阮刻傳疏無曰（連堂案：指下曰字）字。」

連堂案：范氏明引八年傳，此傳有「曰」字，此以傳校注。

△桓二年《傳》：「桓無會而其致何也？遠之也。」

范《注》：「桓會甚眾而曰無會，蓋無致會也。」

丁《校》：「蓋汲古閣傳疏、阮刻傳疏作善，今謹遵欽定《穀梁傳注疏》作蓋。」

連堂案：余本亦作蓋，是也。

△桓十三年《傳》：「戰稱人，敗稱師，重眾也。其不地，於紀也。」

范《注》：「時在龍門城下之戰，迫近故不地。」

丁《校》：「時汲古閣傳疏、阮刻傳疏作得，今謹遵欽定《穀梁傳注疏》作時。」

連堂案：余本亦作時，是也。楊《疏》引《春秋考異郵》云：「時戰在魯之龍門。」

△僖二十七年《傳》：「楚人者，楚子也。其曰人何也？人楚子所以人諸侯也。其人諸侯何也？不正其信夷狄而伐中國也。」

范《注》：「夫三人行必有我師，諸侯不能以義相師，反信楚之曲，屈宋之直，是義所不取。」

丁《校》：「夫三人行之『夫』，諸侯不能以義相師之『師』，汲古閣傳疏、阮刻傳疏，『夫』作『我』，『師』作『帥』，今謹遵欽定《穀梁傳注疏》作『夫』作『師』。」

連堂案：「我」字不辭，作「夫」較順，惟無他本佐證；「帥」字阮《校》已校。

△宣元年《傳》：「于棐林，地而後伐鄭，疑辭也。」

范《注》：「夫救災恤患，其道宜速，而乃云會于棐林，然後伐鄭，狀似伐鄭有疑，須會乃定。」

〔註18〕同註4，頁31。

丁《校》：「乃云會于棐林之『乃』，汲古閣傳疏、阮刻傳疏作『方』，今謹遵欽定《穀梁傳注疏》作『乃』。」

連堂案：作「乃」文意較順，無他本佐證。

△昭十一年：「楚師滅蔡，執蔡世子友以歸，用之。」

《傳》：「此子也，其曰世子何也？不與楚殺也。」

范《注》：「變子言世子，使若不得其君然。」

丁《校》：「然汲古閣傳疏、阮刻傳疏作終，今謹遵欽定《穀梁傳注疏》作然。」

連堂案：作「然」義長。

四、評　價

丁《校》篇帙雖不多，仍有多處足補阮《校》所未及，並校阮刻本之疏失；然以參校之本少，所得不多，又均為異本互校，未有以傳例、文意及相關書為校者，所校且多阮《校》已明。蓋丁氏以治軍任巡撫大員，功在治績，於巡撫任內編刻《十三經讀本》，普及讀經風氣，亦難能矣；然學術之道，固非所長歟？

第四節　春秋穀梁傳考異

一、作者傳略

楊守敬（1839～1915）字惺吾，湖北宜都人。博學嗜古，書法漢魏，二十四歲中舉，後屢會試皆不第。光緒六年，隨何如璋出使日本，回國後，為黃州府學教授，光緒間，舉經濟特科，以內閣中書用。入民國，任參政院參政。在日期間，從事搜佚，凡板已毀壞者皆購之，不一年遂有三萬餘卷。旋交日人森立之，見所著《經籍訪古志》，遂按錄索之。時日本維新伊始，唾棄舊學，所有善本，悉以廉價得之，滿載海舶以歸，有屋數十間充棟。又助黎庶昌刻《古逸叢書》，力任搜訪，或以古今石刻文字與日人互易，於是古鈔舊槧，孤本秘笈，紛集於篋，每得一書，即為考其源委，即《日本訪書志》。楊氏卒後，藏書由政府購入，日久頗多散佚，所餘今存台北故宮博物院，即「觀海堂舊本」。楊氏著述宏富，有《望堂金石》初集、二集、《集帖目錄》、《壬癸金石跋》、《重訂隋書地理志考證》、《漢書地理志校補》、《水經注疏》等書，

又輯有《古詩存》、《補嚴可均古文存》、《漢唐經籍存佚考》等，或已刊行，或存稿本。其刻書亦富，有《景宋淳熙本古文苑》等。生於道光十九年，卒於民國四年，年七十七。

二、概　述

　　此書題《余仁仲萬卷堂穀梁傳考異》，一卷，實即校勘之作，乃以《余仁仲萬卷堂穀梁傳》爲底本，而參校《穀梁注》《疏》諸古本、善本及相關書而作。〈自序〉云：

　　　　余仁仲萬卷堂所刻經本，今聞於世者曰《周禮》、曰《公羊》、曰《穀梁》，《公羊》揚州汪氏有繙本，《周禮》舊藏盧雅雨家，惟《穀梁》僅康熙間長洲何煌見之，然其本缺〈宣公〉以前，已稱爲希世之珍，此本首尾完具，無一字損失，以何氏校本照之，有應有不應，當由何氏所見爲初印本，此又仁仲覆校重訂者〔註19〕，故於何氏所稱誤脫之處，皆挖補擠入，然則此爲余氏定本，何氏所見猶未善也。

《考異》云：

　　　　此行字小而密，初刻必有脫文，後挖補擠入。（文十四年）

知余仁仲曾覆校重訂，又如成二年《注》：「蓋言高俁、處父亢禮敵公」，阮《校》出「蓋言高俁處父」，云：

　　　　余本脫「高俁」二字。

《考異》出「善（連堂案：當作蓋）言高俁」，云：

　　　　何校余本脫「高俁」二字，不相應。按：此行字密，當是何所見本爲初印，此爲余氏覆校挖補擠入也。

阮《校》云然者，以其所據乃何煌所校之初印本故也。〈自序〉又云：

　　　　范氏之《解》，則傳習愈希，除注疏刊本外，絕尠證驗，即明知脫誤，亦苦於無徵不信，然則此本之不絕如線，誠爲瓌寶。

余氏定本之可貴可見一斑。

　　至其校勘態度，〈自序〉云：

　　　　自宋以來，所傳經注本不必與《釋文》合，而合刊注疏者，往往改《釋文》以就之，至毛本則割截尤甚。此本後有仁仲自記：「不以《釋文》改定本，亦不以定本改《釋文》」，猶有漢唐經師家法，今單行

〔註19〕余仁仲於十二卷末記有「癸丑仲秋重校記」。

《釋文》俱在，此本既悉與之合，故於注疏所附，亦不一一訂正焉。

楊氏所謂仁仲自記者，余氏云：

> 陸氏釋音，字或與正文不同，如此〈序〉（連堂案：指何休〈公羊傳
> 序〉）「釀嘲」，陸氏「釀」作「讓」、隱元年「嫡」字作「適」、歸「含」
> 作「唅」、「召」公作「邵」、桓四年曰「蒐」作「廋」，若此者眾，
> 皆不敢以臆見更定，姑兩存之，以俟知者。

又莊十二年《考異》出「扞衛」亦云：

> 又引《釋文》作「捍」，此亦余氏兩存之一事。

楊氏稱揚余仁仲兩存異本而不妄改，實即師法余氏之用心，亦可知其校勘態度之謹慎。

至其取材，〈自序〉云：

> 今以唐石經證經傳，以唐宋人說《春秋三傳》者佐之，以宋監本、
> 注疏本證《集解》，以陸氏《釋文》佐之。

此其取材之源也。由《考異》中之引證，幾遍及《穀梁》經傳注疏，及唐宋之說《春秋》者，亦可謂宏富矣。

《考異》所校，阮《校》多已有之，或阮《校》所無，而鍾文烝《補注》已校或據改，茲不復論；下分正補阮《校》、校正鍾氏《補注》及校前人所未及，分別舉例明之。

三、成　就

ㄅ、正補阮校

△莊十八年《注》：「不使戎得逼近於我，故若入境，望風退走。」

阮《校》出「故君入境」：「監、毛本君作若。」

《考異》：「監、毛同，十行、閩本若作君。按：作若是也，言入境者指戎也，故言若。」

連堂案：此阮《校》有之，而未定其是非，楊氏以余本爲是，並明其由。

△昭八年《注》：「各去門邊容握，握四寸也。」

阮《校》出「各去門邊空握」：「余本空作容。」

《考異》：「何校合，注疏本容訛空。」

連堂案：梁煌儀《春秋穀梁傳校證》云：「余本是也。《通典》七六、《周

禮・大司馬疏》引正作容。」〔註 20〕原本《玉篇・車部・轚》引劉兆《穀梁注》云：「各去門旁容楃，楃四寸也」，可爲佐證，又原本《玉篇》引「楃」从木不从扌。

△成二年《注》：「蓋言高傒、處父亢禮敵公。」

阮《校》：「余本脫『高傒』二字。」

《考異》：「何校余本脫『高傒』二字，不相應。按：此行字密，當是何所見本爲初印，此爲余氏覆校挖補擠入也。」

連堂案：阮《校》據何校余本，以余本爲脫、誤、倒、衍者計十六處，余氏覆校本均已補正，《考異》亦一一明之，茲列舉其何公何年經、傳、注如下，不復一一列明文字。以爲脫者十一處：成二年《注》、襄十七年《經》、二十六年《注》、昭七年《傳》、二十二年《經》、定元年《傳》、十四年《經》、哀二年《傳》、《注》、六年《傳》、十三年《經》；以爲誤者三處：成七年《注》、定十二年《傳》、哀元年《傳》；以爲倒者一處：襄二十年《傳》；以爲衍者一處，襄十一年《注》。楊氏於此，均明其余氏定本未誤，均屬校正阮《校》。

ㄆ、校補鍾氏補注

△莊元年：「齊師遷紀郱鄑郚。」

《考異》：「近人或欲據下文於『紀』下增『于』字。按；紀下若有于字，則《傳》不爲或說矣。」

連堂案：《傳》云：「紀，國也，郱鄑郚，國也。或曰：遷紀于郱鄑郚」，楊氏說是。楊氏所稱近人指鍾文烝，下同。

△莊元年《傳》：「紀，國也，郱鄑郚，國也。」

《考異》：「近人或欲改下『國字』爲『邑』。按：范注此國以三言爲名，是范解兩國字並出之義甚明，如改下國爲邑，即下或說之本義，則此傳應在或說下矣，此說亦非。」

連堂案：此據范《注》及文意，明鍾氏誤改。

△莊三十二年《傳》：「辭所遇，遇所不遇，大齊桓也。」

范《注》：「辭所遇，謂八百里間諸侯必有願從者而辭之；遇所不遇，謂遠遇宋公也。」

《考異》出「辭之」：「各本辭訛不，近人遂增『遇』字以足之，非也。」

〔註 20〕同註 4，頁 233。

連堂案：鍾文烝《補注》增「遇」字作「而不之遇；遇所不遇」，唐龍朔寫本《春秋穀梁傳》「而辭之」作「所辭齊桓」，就文意及寫本證之，余本作「辭」是，《補注》增「遇」非也。

△昭二十三年：胡子髡、沈子盈滅。」

《考異》：「閩、監、毛滅下衍『獲陳夏齧』四字非也。」

連堂案：此例鍾氏已校，《補注》云：「各本此經下衍『獲陳夏齧』四字，今依唐石經、十行本刪正。」又閩、監、毛本誤衍四字爲經，而傳文「沈子盈其滅乎」下之四字當爲正確經文，然與傳文混同。所以然者，《考異》云：「《穀梁》合經之例，凡經一事數句者，傳文即隨句散附，與《公羊》一事爲一傳者不同。然既以傳文散附經文，則經文之上當有○以隔之，今無○則與傳文混，故閩、監、毛往往以經文數句並爲一條。」（桓元年）《考異》中明其因而誤衍者，尙有莊七年「夜中星隕如雨」；至僖二十一年「釋宋公」、昭二十五年「次於陽州」則爲誤跳於前條經文下；惟宣八年「萬入去籥」、十八年「至檉遂奔齊」、成七年「改卜牛，鼷鼠又食其角，乃免牛」諸條，《考異》亦以其誤跳於前條經文之下則非是，仍應如鍾氏《補注》謂其誤衍，以其前後重出，如昭二十三年衍「獲陳夏齧」之例，非如僖二十一年「釋宋公」之例。

ㄇ、校前人所未及

△桓七年《注》：「不言朝。」

《考異》：「各本皆作『不言名』（連堂案：各本作『不名』，無『言』字）。按：各本皆誤讀《疏》文以改《注》文，不知范正以釋傳「朝」字，故引郕伯之奔以相決，非以郕伯不名之謂也。」

連堂案：經書「鄧侯吾離來朝」，《傳》：「其名何也」，《注》：「據隱十一年滕薛來朝不名」，《傳》：「失國也」，《注》：「禮，諸侯不生名，失地則名」，《傳》：「失國則其以朝言之何也」，《注》：「據文十二年郕伯來奔不名」，作「不名」與《傳》意不合，楊氏說合《傳》，余本作「不言朝」是。

△閔元年《注》：「繫仲孫於齊，言桓容赦有罪。」

《考異》：「各本桓作相，非。」

連堂案：梁煌儀《春秋穀梁傳校證》云：「相蓋桓字之訛，余本、古籍叢

殘本并作桓，下疏引亦作桓。」〔註21〕

　　△僖八年《注》：「是妾不爲夫人明矣。」

　　　《考異》：「宋監十行『夫』下空缺一字，閩、監、毛作『體』，以意補，當從此作『人』」。

　　連堂案：《傳》云：「言夫人必以其氏姓，言夫人而不以氏姓，非夫人也，立妾之辭也，非正也」，《注》云：「夫人者，正嫡之稱謂，非崇妾之嘉號，以妾體君，則上下無別，雖尊其母，是卑其父，故曰非正也。禮，有君之母非夫人者，又庶子爲後，爲其母緦，是妾不爲夫人明矣。」就文意言，余本合於《傳》《注》是也。

　　△僖二十五年《注》：「宋之大夫盡同姓。」

　　　《考異》：「注疏本同訛名，此余本獨是者。」

　　連堂案：梁煌儀《春秋穀梁傳校證》云：「蓋此釋宋之大夫不稱姓者，以宋之大夫盡同姓。」〔註22〕

　　△定四年《注》：「公畏強楚，疑於侵之，故復會更謀也。」

　　　《考異》：「各本會訛者，何失校。」

　　連堂案：作「者」意不明，作「會」是。

　　△哀十四年《注》：「言引取之者。」

　　　《考異》：「各本脫者字，何失校。」

　　連堂案：敦煌秘籍留眞新編本《春秋穀梁傳集解》亦有「者」字。

四、評　價

　　《考異》之成就，主要得力於余氏覆校定本之善，楊氏又能明《穀梁傳》《注》文例、版本，據以互校眾本，採擷折衷，故能正補前人之缺失，而余本獨是者，亦足校眾本。

第五節　穀梁疏校勘記

一、作者傳略

　　劉承幹號翰怡，江蘇吳興人。爲清末刻書名家，彙刻有《嘉業堂叢書》、

〔註21〕同註4，頁119。
〔註22〕同註4，頁158。

《求恕齋叢書》、《吳興叢書》、《希古樓叢書》，著有《周易正義》、《尚書正義》、《毛詩正義》、《禮記正義》、《春秋左氏正義》、《春秋公羊疏》、《穀梁疏》等經疏《校勘記》，並附刻於《嘉業堂叢書》中。

二、概　述

劉《校》二卷，附於其所刊楊士勛《穀梁疏》殘卷後，此本存〈文公〉以後七卷，劉《校》因之；乃劉氏據愛日精廬舊鈔之單疏殘本，以校阮《校》之底本宋十行本，劉氏概稱爲「阮本」，劉氏〈跋〉云：

> 此本愛日精廬舊鈔，今歸張菊生侍郎，知余有單疏之刻，允假錄副。
>
> 阮只據何小山校本，未見本書，今細核與校本不合者亦有數事。

昭二十五年《疏》：「四者書地，地有所田」，劉《校》云：

> 阮本同。《校記》（連堂案：指阮元《校勘記》）云：「單疏本『書地』
> 作『地書』」，此本不誤。

是所謂劉所見與阮元所據何校本不同；又據陳鱣《經籍跋文·宋本穀梁傳單行疏跋》云：

> 是本出章邱李中麓家，惜缺〈文公〉以前五卷，字多駁落，繕寫雖
> 不工，然行款悉依舊式，其駁落處俱空白，長沙何小山煌嘗據以校
> 汲古閣注疏，改正甚多，今爲周狝唐明經所藏，余又從狝唐借鈔，
> 首題「春秋穀梁疏卷第幾」，越三格「某公」，次行低八格「唐國子
> 四門助教楊士勛撰」，又次頂格疏文起，每半葉十二行，行二十字、
> 二十一字不等。

陳氏《跋》所述，與劉氏刻本對照，首題、格氏、行數均有出入，惟愛日精廬抄本，亦從李中麓藏本輾轉傳寫，〔註23〕兩者之異蓋未依式傳抄，至有阮所見本有誤而經傳寫之愛日精廬本不誤者，其中當經校勘。

劉《校》除二十餘條劉本與阮《校》底本不異，乃引他本他說爲校外，均以「阮本作某」云云爲校，惟劉氏所校，十之八九阮《校》均已校出，此無以見劉氏成績，至單疏本之訛誤或劉本獨誤者，概無補於《穀梁》，皆所不論；茲列單疏本足以校正他本，而爲阮《校》所無者。

〔註23〕參見屈萬里〈十三經注疏板刻述略〉，《書傭論學集》（台北：臺灣開明書店，58 年 3 月），頁 219。

三、成　就

劉《校》足道者僅數條，不復類分。

△宣八年《疏》：「公子翬當桓世無罪，則不去公子，仲遂非宣惡人，而去公子者，翬非桓罪人，故生不去公子之號。」

　　劉《校》：「阮本生下有存字。」

連堂案：有「存」字累贅，當從此本。

△成十六年《疏》：「舊解《注》言二事：舍是一事也，於苕丘是二事。今以爲乘上《注》意，則二事者謂舍於苕丘及不致爲二事。」

　　劉《校》：「阮本爲（連堂案：下「爲」字）作焉，誤。」

連堂案：此本是，作「焉」乃形近致訛。

△昭十一年《疏》：「又似華夷事異者。」

　　劉《校》：「阮本夷作戎。」

連堂案：楊《疏》：「又似華夷事異者，據此傳意，就討不以罪之內，則華夷不同；《注》意言但罰當其理者，則華夷不異；知然者……則華夷不異可知也」，由下文三出「華夷」爲說，則作「夷」爲是。以上三例各本均誤，單疏本足以校正諸本。

△宣二年《疏》：「陸德明云。」

　　劉《校》：「阮本德作得。」

連堂案：此阮《校》漏校。

△成九年《疏》：「苕盟既更須言盟。」

　　劉《校》：「阮本下衍『也苕盟』三字。」

連堂案：此阮《校》漏校。

△成十六年《疏》：「阮本譖作謂，誤。」

　　連堂案：此形近致訛，阮《校》漏校。

△襄元年《疏》：「曾子問。」

　　劉《校》：「阮本曾誤魯。」

連堂案：此形近致訛。以上四例阮元所據十行本誤，單疏本、閩、監、毛本均不誤，阮《校》漏校。

△宣八年《疏》：「即是罪惡之臣。」

　　劉《校》：「阮本是作見，《校記》云：『單疏本見下有是字』，實則，單疏本以是字改見字，非見下又有是字也。」

連堂案：此校十行本之訛，並正阮《校》之誤。

△定十年《疏》：「一會之怒。」

　　劉《校》：「案《疏》例當有『傳公會至主（連堂案；主當作之，誤刻）矣』數字，此及阮本並脫。」

　連堂案：此據《疏》例爲校，說可從，故存錄之。

四、疏　失

　　劉《校》之疏失，有誤校，有失考，成五年《疏》云：「又別一」，劉《校》云：

　　　　阮本脫「一」字。

楊《疏》原文云：

　　　　釋曰：范氏云出女例凡三：齊人來歸子叔姬一也，郯伯姬來歸二也，此杞叔姬來歸三也。又別引文十八年夫人姜氏歸於齊爲例者，……

就上下文意言，則無「一」字明暢，非阮本脫，當是單疏本衍文。

　　襄二十七年《疏》：「《傳》：涉公事矣」，劉《校》云：

　　　　《傳》：「織絇邯鄲」，麋信云：「絇者著履烏之頭，即《周禮》『絇繶及純』是也。」案：《傳》無是文，不知何處佚簡，阮《校勘》不言何也？

實則，此爲下經「衛侯之弟專出奔晉」之傳文，劉氏失考。

　　又劉《校》之校刻頗爲疏略，二卷中錯、倒、亂、脫、衍不下二十處。宣八年「阮本三繹作去籥」，「籥」誤「篇」；襄十年「阮本尚未作向來」，「尚未」誤「凌遲」，此誤也。文三年「亦以宋德薄，阮本作薄德」，當作「亦以宋薄德，阮本作德薄」；成六年「或以爲此年公遠會」條當在「至月則危」條之後，此倒也。又有誤繫他年者，「然彼稱夫人」、「何娶乎大夫者」二條當繫文公四年，誤繫於五年；「偃爲僑如所譖」當繫於成十六年，誤繫於十七年，此亂也。文十三年「又不可繕修之」，「可」下脫「不」字；成六年「何云以字疑」，「疑」下脫「衍」字，此脫也。襄三十年「阮本夫在作災死之道」，衍「之道」二字，此衍文。劉氏爲《校勘記》，而校刻疏略如此，亦可議矣。

五、評　價

　　劉《校》繼前人成就之後，雖有宋單疏善本爲據，然大多前人已校，足供採擇者少。

第六章　輯佚之屬

　　古書雖亡而不亡者，輯佚之功也。輯佚之業，起於宋人，及清代而大盛。清代諸家多以博搜廣采，求詳責備爲善，成績斐然可觀。梁啓超以爲此業之舉，起於漢學家之治經，其說是。且以成績觀之，亦以經學較全備，故諸輯佚學者，雖無《穀梁》專家，而《穀梁》佚書亦多網羅其中，考計之有王謨之鄭玄《穀梁癈疾》、麋信《穀梁傳麋氏注》、劉兆《春秋公羊穀梁傳集解》、范甯《穀梁傳例》、《答薄氏駁穀梁義》，王復之鄭玄《起癈疾》，孔廣林之《釋穀梁癈疾》，黃奭之鄭玄《釋穀梁癈疾》、麋信《春秋穀梁傳麋氏注》、范甯《穀梁傳例》，袁鈞之鄭玄《釋癈疾》，馬國翰之尹更始《春秋穀梁傳章句》、劉向《穀梁傳說》、麋信《春秋穀梁傳注》、徐邈《春秋穀梁傳注義》、徐乾《春秋穀梁傳注》、鄭嗣《春秋穀梁傳說》、劉兆《春秋公羊穀梁傳解詁》、范甯《薄叔元問穀梁義》、江熙《春秋公羊穀梁二傳評》，王仁俊之劉向《穀梁劉更生義》、《春秋穀梁劉氏義》、段氏《春秋穀梁傳注》、劉兆《穀梁劉氏注》及未詳作者之〈春秋穀梁傳序〉。

　　以上輯佚書中，有一書而多家輯之者，如鄭玄《起癈疾》即有王謨、王復、孔廣林、黃奭、袁鈞諸家，本文即以所輯書分節，而對照各家所輯異同，明其優劣，又略依首輯者時代先後，先《起癈疾》，次麋信《春秋穀梁傳注》、范甯《穀梁傳例》、《薄叔玄問穀梁義》、劉兆《春秋公羊穀梁傳解詁》。一書僅一家輯之者，如馬國翰之尹更始《春秋穀梁傳章句》，即取與原書相校，並略論其輯錄之當否，論述次序則先馬國翰，次王仁俊，亦以時代先後爲據也。

第一節　起癈疾

一、輯者傳略

（一）

王謨（1736～1810）字仁圃，一字汝上，江西金谿人。乾隆四十二年進士，授知縣，乞就教職，選建昌府教授，後告歸。自少疾俗學，好博覽，晚歲獨抱遺經，泊然榮利之外，輯有《漢魏遺書鈔》五百餘種，著有《汝巘玉屑》、《韓詩拾遺》、《逸詩詮》、《夏小正傳箋》、《孟子古事案》、《補孟子釋文》、《湯通占》、《尙書雜說》、《左傳異辭》、《論語管窺》、《爾雅後釋》、《江右考古錄》、《豫章十代文獻略》及《汝巘詩鈔》、《文鈔》等。生於乾隆十一年，卒於嘉慶十五年，年七十五。

（二）

王復（1748～1798）字敦初，一字秋塍，浙江嘉興府秀水縣人。以國子監生應順天鄉試，授主簿，後任偃師知縣，少喜爲詩，長益工，有《晚晴軒詩集》、《詞》、《偃師金石遺文補錄》，病中輯刻康成遺書《駁五經異義》、《箴膏肓》、《發墨守》、《起癈疾》、《鄭志》，刻未成而歿。生於乾隆十三年，卒於嘉慶三年，年五十一。

（三）

孔廣林字叢伯，號幼髯，山東曲阜人，孔廣森之兄。乾隆年廩貢生，署太常寺博士，年二十六即絕意進取。博雅好古，專治鄭學，著有《周禮臆測》、《儀禮臆測》、《吉凶服名用篇》、《禘祫解篇》、《延恩集》、《溫經樓游戲翰墨》及《通德遺書所見錄》等。

（四）

黃奭字右源，江蘇甘泉人。世爲富商，而奭獨嗜學，以重禮延江藩館其家，而精漢學。讀書之餘，好索隱輯佚，隨得隨刊，成《黃氏逸書考》二百八十餘種，著有《端綺集》、《存悔齋集》、《杜詩注》。

（五）

袁鈞字秉國，一字陶軒，號西廬，浙江鄞縣人，乾隆拔貢，嘉慶初舉孝廉方正，後主稽山書院。幼孤，穎悟絕人，工詩古文辭，邃於康成一家之學，

有《鄭氏佚書》〔註1〕、《四明文獻徵》、《近體樂府》。

二、概 述

鄭玄《起癈疾》清以前即有輯本，見武英殿聚珍本，《四庫全書總目》云：

> 此本凡《箴膏肓》二十餘條，《起癈疾》四十餘條，《發墨守》四條，
> 並從諸書所引，掇拾成編，不知出自誰氏？或題爲宋王應麟輯，亦
> 別無顯據。（卷二十六）

清人輯之者有王謨、王復、孔廣林、黃奭、袁鈞諸家〔註2〕。王謨名《穀梁癈疾》，題漢任城何休撰，在所輯《漢魏遺書鈔》，王復名《起癈疾》，孔廣林名《釋穀梁癈疾》，在其《通德遺書所見錄》，黃奭名《釋穀梁癈疾》，在所輯《黃氏逸書考》，袁鈞名《釋癈疾》，在其《鄭氏佚書》，今依《後漢書·鄭玄傳》作《起癈疾》；五家均將何休之難與鄭玄之釋合而輯之。

《起癈疾》見爲徵引者，以范甯《集解》、楊士勛《疏》爲多，另《禮記正義》引有數條。王謨《春秋左氏膏肓、穀梁癈疾、公羊墨守·敘錄》云：

> 《文獻通考》陳氏曰：何氏著《公羊墨守》等三書，鄭康成作《箴
> 膏肓》、《起癈疾》、《發墨守》以排之，今其說多不存，惟范甯《穀
> 梁集解》載休之說，而鄭君釋之，當是所謂《起癈疾》者，今此書
> 並存二家之言……謨案：此三書在宋已殘缺，今《四庫簡明書目》
> 亦云：「原本久佚，此本凡《箴膏肓》二十餘條，起癈疾四十餘條，
> 《墨守》四條，蓋後人抄撮而爲之，較宋本又殘缺矣。」茲復廣爲
> 蒐輯，凡得《箴膏肓》三十條，《起癈疾》四十條，《發墨守》七條，
> 仍各爲一卷。

校五家所輯，以後出之孔廣林、黃奭、袁鈞爲佳。

三、成 就

茲以孔廣林所輯爲底本，列與二王、黃、袁之異，並加案語，五本均同者略焉。又各本誤字，未能定其爲輯者誤輯，抑刻者誤刻，均視爲輯文。

△（隱元年）《釋》：「平王新有幽王之亂，遷于成周，欲崇禮于諸侯，原

〔註1〕 袁氏《鄭氏佚書》二十三種輯成於乾隆六十年，然手自寫定者僅四種，另十九種由其族曾孫袁堯年於光緒年間寫定，並於光緒十四年刊行，故次於黃奭之後。參見袁鈞〈鄭氏佚書自敘〉及俞樾〈鄭氏佚書序〉。

〔註2〕 張丙炎《榕園叢書》本，汪大鈞《食舊堂叢書》本，乃據王復所輯重刻。

情免之,若無事而晚者,去來以譏之,榮叔是也。」

連堂案:此條輯自《禮記正義》,王復本因以輯自范《注》楊《疏》者列於前,而以《禮記正義》殿焉,故此條列後。王謨無此條。

△(元年)《釋》:「則惠公之母亦為仲子也。」

連堂案:「惠」王復作「桓」誤。又此條輯自楊《疏》,王復、孔廣林、黃奭、袁鈞所輯,均註有出處,唯王謨闕如。

△(元年)《釋》:「季孫意如則定公所不惡。」

連堂案:「季」王復作「意」,涉下文而誤。

△(五年)《癈疾》:「廄焚,孔子曰『傷人乎』,不問馬,今《穀梁》以苞人民為輕,斬樹木、壞宮室為重,是理道之不通也。」

《釋》:「苞人民,毆牛馬,兵去則可以歸還,其為壞宮室、斬樹木,則樹木斷不復生,宮室壞不自成,為毒害更重也。」

連堂案:《癈疾》「苞人民」下,袁鈞有「毆牛馬」,考證曰:「《疏》引《癈疾》本無『毆牛馬』三字,以義增。」何休引孔子問人不問馬,則舉「苞人民」正足以難《穀梁》,不必有「毆牛馬」,袁氏增之,未見其當。又《釋》文阮元《校勘記》云:「何校本(其為)下有『害輕』二字是也。」

△桓公(四年)《釋》:「四時皆田,夏殷之禮,《詩》云『之子于苗,選徒囂囂』,夏田明矣。孔子雖有聖德,不敢顯然改先王之法,以教授於世,若其所欲改,具陰書於緯,藏之以傳後王,《穀梁》四時田者,近孔子故也,《公羊》當六國之亡,讖緯見讀而傳為三時田,作傳有先後,雖異不足以斷《穀梁》也。」「歲三田,謂以三事為田。」

連堂案:「具」二王作「其」,「公羊」下四本均有「正」字,二王、黃奭無「歲三田,謂以三事為田」。此條輯自《禮記・王制正義》,疏文分二段引鄭玄《釋癈疾》,「歲」句引述在後,故孔氏輯之如此,袁鈞則輯於「四時」之上,蓋以為語意較順。

△(八年)《釋》:「大姒之家在郃之陽,在渭之涘,文王親迎于渭,即天子親迎之明文矣。天子雖尊,其于后猶夫婦,夫婦配合,禮同一體,所謂無敵,豈施此哉?《禮記・哀公問》曰:『冕而親迎,不已重乎』?孔子愀然作色而對曰:『合二姓之好,以繼先聖之後,以為天地宗廟社稷之主君,何謂已重焉』?此言親迎繼先聖之後,為天地宗廟社稷之主,非天子則誰?」

　　連堂案：此條輯自《集解》，二王、孔氏無之，蓋以無《癈疾》明文，鄭君之釋，未必爲《起癈疾》。文據黃本，袁氏末有「乎」字。

　　△（十三年）《傳》：「其不地，於紀也。」

　　　　《癈疾》：「《春秋》戰無不地，即於紀戰，無爲不地也。」

　　　　《釋》：「紀當爲己，謂在魯也，字之誤耳。時在龍門城下之戰，迫近故不地。」

　　連堂案：王復無此條。孔、黃、袁據《集解》輯此。孔氏注云：「《集解》不著何休曰，據《疏》知爲《癈疾》語也」，然依《集解》體例，引《癈疾》均明引「何休曰」，此條無之，下雖有「鄭君曰」，未必爲「癈疾」之文。王謨則據楊《疏》，無「謂在魯也字之誤耳時」及「之戰迫近」十三字，《疏》云：「何休難云：『在紀無爲不地』，鄭玄云：『紀當爲己，在龍門城下，故不地』」。王復蓋以《集解》所引，未必爲《癈疾》《起癈疾》而未輯，然可如王謨據《疏》文輯錄。

　　△莊公（四年）《癈疾》：「但知不使小人加乎君子，縱失襄公之惡。」

　　　　《釋》：「無紀侯得民之賢，不得變滅言大去也……即以變滅言大去爲縱失襄公之惡，是乃經也，非傳也。且《春秋》因事見義，舍此以滅人爲罪者自多矣。」

　　連堂案：「君子」下四本均有「而不言滅」四字，「不得」王謨作「不言」誤，《釋》文「縱失」黃氏作「縱釋」誤，王復無「自」字。

　　△（二十三年）《釋》：「今祭叔不一心於王。」

　　連堂案：「不一心」黃氏作「有二心」，誤。

　　△（三十二年）《釋》：「牙莊公母弟不言弟，其惡已見，不待去日矣。」

　　連堂案：「已」袁氏作「也」誤。

　　△僖公（九年）《釋》：「從陽穀以來，至此葵邱之盟。」

　　連堂案：「葵邱」王復作「蔡邱」，形近而訛。

　　△（十一年）《癈疾》：「《公羊》書雩者，善人君應變求索……就如《穀梁》設本不雩，何以明之；如以不雨明之，設旱而不害物，何以別乎？」

　　　　《釋》：「不得雨書旱，明旱災成後得雨無及也……不閔雨者，素無志於民。」

　　連堂案：「善人君」王復作「美人君」，「就如穀梁設本不雩，何以明之」，王謨「設」作「說」，「明」作「言」，然據下文「如以不雨明之，設旱而不害

物」，則作「說」「言」非是。「不得雨書旱」，王復「雨」作「雩」誤。「無志於民」，王謨「志」作「心」。

　　△（十三年）《傳》：「兵車之會也。」

　　《癈疾》：（缺）。

　　《釋》：「自柯之明年，葵邱以前，去貫與陽穀，固已九合矣。」

　　連堂案：二王未輯，孔、黃、袁輯之是。此條輯自莊二十七年《疏》，《疏》於此傳下云：「何休於此有癈疾，范不具載鄭釋者，以數九會異於鄭故也」，所輯即釋此《癈疾》者，惟《疏》亦未引《癈疾》文。

　　△（十四年）《癈疾》：「案：先是盟亦言諸侯，非散也，又《穀梁》美九年諸侯盟于葵邱，即散何以美之邪？」

　　《釋》：「九月戊辰盟于葵邱。」

　　連堂案：「美之邪」下袁氏有「于義穀梁爲短」一句，考證曰：「本無末句，從《公羊疏》引補入。」王謨《釋》文脫「邱」字。

　　△（十八年）《癈疾》：「文十二年晉人秦人戰于河曲。」

　　連堂案：「二」二王、黃氏均誤作「三」，自四庫全書本已然，蓋輯刻時，多承前人，而疏於查考。

　　△（十八年）《癈疾》：「傳以爲江遠楚近，故伐楚救江，今狄亦近衛而遠齊，其事一也，義異何也？」

　　《釋》：「邢人狄人伐衛，爲其救齊可知。」

　　連堂案：「義異何也」下袁氏有「于義穀梁爲短」一句，考證曰：「本無末句，從《公羊疏》引補入。」王謨《釋》文無「其」字。

　　△（二十一年）《癈疾》：「《公羊》以爲公會釋之，故不復出楚耳。」

　　《釋》：「外釋不志，此其志何也？以公之與之盟日之也。」

　　連堂案：「公會」下脫「諸侯」二字，諸本不脫。「日」二王作「目」是，作「日」於文意不合，阮校本、古逸叢書本均作「目」。

　　△（二十二年）《釋》：「傳說楚子敗績曰四體偏斷，此則目也，此言君之目，與手足有破斷者乃爲敗矣；今宋襄公身傷耳，當持鼓軍事，無所害，而師猶敗，故不言宋公敗績也。傳所以言敗眾敗身傷焉者，疾其信而不道，以取大辱。」

　　連堂案：此據《集解》輯此。袁氏「身傷耳」下有「非四體偏斷又非傷目」，「當」作「尙」，「猶敗故」下有「依常例稱師」，「敗眾敗身傷」作「則

－374－

眾敗身傷」，考證曰：「《疏》引鄭元云『非四體偏斷，又非傷目，故以常例稱師也』三句，前二句是『身傷』下脫文，後一句去『故也』二字，是『師猶敗』下脫文，今並補入。尚時鼓之『尚』本作『當』，則眾敗之『則』本作『敗』，並形涉而譌，今以義改。」袁氏據《疏》引增補，較他家完備。「敗」作「則」，袁氏遽改，黃氏則依原本作「敗」而夾註曰：「此字似當爲『見』（連堂案：『見』當作『則』，誤刻），蓋傳文也。」黃說是，《傳》云：「須其成列而後擊之，則眾敗而身傷焉。」此輯佚並以傳校注。

　　△（二十三年）《癈疾》：「未有守正以敗而惡之也，《公羊》以爲不書葬爲襄公諱。」

　　《釋》：「徒善不用賢良，不足以興霸主之功，徒信不知權譎之謀，不足以交鄰國，會遠疆。故《易》譏鼎折足，《詩》刺不用良。」

連堂案：「也」王復作「者」，「以爲」黃氏作「似爲」誤，「霸主」黃、袁作「霸王」誤。「信」字下孔氏注云：「本譌『言』，據《詩正義》引《箋膏肓》改。」此黃氏已據改，所據在《毛詩・大明疏》引，二王作「言」未改，此黃氏輯佚並引相關書校注。「良」下二王、袁氏有「此說善也」四字，袁氏考證云：「《膏肓》所引，徒信至遠疆，此『故易』二句，疑亦《考異郵》文，故鄭云『此說善也』」。

　　△（二十五年）《釋》：「宋之大夫盡名姓……此乃祖之疏也。」

　　連堂案：「盡」王復作「書」，「祖」孔氏注云：「《疏》云：古本或作禮」，孔氏之注，見其縝密周全；黃、袁亦有注。

　　△（三十年）《癈疾》：「季孫宿救台遂入鄆。」

　　《釋》：「遂固受命如京師如晉，不專受命如周，《經》近上言……。」

　　連堂案：「入」黃氏作「人」誤，「如周」黃、袁作「于周」誤，「上」二王作「立」。

　　△文公（三年）《癈疾》：「螽猶眾也，死而墜者象宋群臣相殘害也云云，上下異之云爾，今《穀梁》直云茅茨盡矣，著於上見於下謂之雨，與讖違，是爲短。」

　　《釋》：「螽飛在上，墮地而死。」

　　連堂案：此條輯自楊《疏》，王謨無。「死」上袁氏有「眾」字，「象」字袁氏無，黃氏作「眾」，「害」袁氏作「賊」。「云云」下孔注：「疑即《公羊注》中數語」，黃、袁則據《公羊注》補「是後大臣比爭鬭相殺，司城驚逃，子哀

奔亡，國家廓然無人，朝廷久空，蓋由三世內娶，貴近妃族，禍自」，「上下」下袁氏依《公羊注》有「故」字。黃、袁據補較詳備而理順。「墮」王、袁作「墜」，黃作「隊」。

  △（五年）《癈疾》：「四年夫人風氏薨，九年秦人來歸僖公成風之襚，最晚矣，何以言來。」

  《釋》：「天子於二王後之喪，含為先，襚次之，賵次之，於諸侯含之賵之，小君亦如之；於諸侯之臣，襚之賵之；其諸侯相於，如天子於二王之後；於卿大夫，如天子於諸侯；於士，如天子於諸侯之臣。京師去魯千里，王室無事，三月乃含，故不言來以譏之。秦自敗于殽之後，與晉為仇，兵無休時，乃加免繆公之喪而來，君子原情不責晚。」

  連堂案：「天子」至「譏之」輯自楊《疏》；「秦自敗于殽」至「不責晚」輯自《集解》，孔、黃、袁合為一條，二王則析為二，而以《癈疾》文屬「秦自敗于殽」條，而「天子」條之《癈疾》則闕如。「天子」上王謨有「禮」字，「於諸侯含之賵之」「於」王復、黃、袁作「餘」，「於」上王謨有「賵次之」，「其諸侯相於」「於」二王作「施」，「如天子于諸侯」「于」王復作「與」，「乃加免繆公」「加」王復作「如」，黃、袁作「始」，袁氏末句多一「也」字，考證曰：「末句本無也字，從〈雜記疏〉增。」

  △八年《傳》：「司馬，官也，其以官稱，無君之辭也。」

  《癈疾》：「近上七年宋公壬臣卒，宋人殺其大夫不言官，今此在三年中言官，義相違。」

  《釋》：「七年殺其大夫，此實無君也，今殺其司馬，無人君之德耳。司馬司城，君之爪牙，守國之臣，乃殺其司馬，奔其司城，無道之甚，故稱官以見輕慢也。傳列稱人以殺，殺有罪也，此上下俱失之。罪臣以權寵逼君，故稱人以殺，君以非理殺臣，故著言司馬，不稱名者，以其世在祖之位，尊亦與僖二十五年宋殺其大夫同。」

  連堂案：此條《集解》引至「此上下俱失之」，王謨依之；王復則僅錄至「以見輕慢也」。「罪臣」以下，孔、黃、袁輯自文七年《疏》所引，《疏》云：「八年書司馬官也者，彼雖實有君，而不重爪牙，無人君之度，故經書司馬，傳以無君釋之，鄭玄云，亦為上下俱失，罪臣以權寵逼君，故稱人以殺，君以非理殺臣，故著言司馬，不稱名者，以其世在祖之位尊，亦與僖二十五年宋殺其大夫同，是其說也。」就上下文觀之，及末句「是其說也」，則「亦為

上下俱失」至「與僖二十五年宋殺其大夫同」，當爲《起癈疾》文，孔、黃、袁輯之是，二王疏漏未備。「壬臣」黃氏作「王臣」誤，「此上下俱失之」「此」袁氏依七年《疏》作「亦爲」，「在祖之位」，「位」黃氏作「世」，涉上文而訛。

　　△宣公（二年）《癈疾》：「書獲，皆生獲也。」

　　　　《釋》：「將師見獲師敗可知，不當復書師敗績，此兩書之者……今兩書敗獲，非變文如何？」

連堂案：黃氏無「皆」字，「兩書之」「書」黃作「言」，依上文「復書」，下文「兩書」當作「書」，阮校本、古逸叢書本均作「書」。

　　△（八年）《釋》：「禘而云有事者，雖爲卿佐卒張本。」

連堂案：王謨無「爲」字。

　　△（八年）《傳》：「葬既有日，不爲雨止，禮也。」

　　　　《癈疾》：（缺）。

　　　　《釋》：「雖庶人葬爲雨止。」

連堂案：此條輯自《禮記・王制正義》，黃氏誤注爲〈雜記正義〉。王謨多「公羊說卿大夫臣賤，不能以雨止」，黃、袁又多「此等之說，則在廟未發之時，庶人及卿大夫亦得爲雨止；若其已發在路及葬，則不爲雨止；其人君在廟及在路及葬皆爲雨止」。依《正義》「此等之說」云云，似爲《正義》之疏解，且《起癈疾》乃據《穀梁》立言，「公羊說」云云，恐亦非鄭玄之釋，則或當如王復、孔氏所輯。

　　△成公（七年）《釋》：「冬及春夏，案《春秋說考異郵》：『三時唯有禱禮，無雩祭之事，唯四月龍星見始有常雩耳。故因載其禱請山川，辭云：方今天旱，野無生稼，寡人當死，百姓何依，不敢煩民請命，願撫萬民以身塞無狀。』」

連堂案：「冬」上王復有「去」字，阮校本亦有，袁鈞考證曰：「本有『去』字，是『云』字之譌」，其說是。「川」下王復空一格，無「辭」字，「方」王謨、黃氏作「古」，當爲形近致訛，「稼」王復作「嫁」誤，「願」袁氏作「顧」誤。又袁氏考證云：「夏字疑秋字之譌，讀其文可知」，袁氏說是，《禮記・月令疏》亦云：「凡正雩在周之六月」，則三時當指春、秋、冬。

　　△（二十年）《釋》：「惡陳侯也。」

連堂案：二王缺此條，輯佚當求全責備，雖僅片語，有之爲佳。

　　△（二十七年）《釋》：「獻公既惡而難親，專又與喜爲黨，懼禍將及。」

連堂案：「黨」王謨作「短」誤。

△（三十年）《釋》：「商臣弒父日之，嫌夷狄無禮罪輕也。今蔡中國而又弒父，故不日之，若夷狄不足責然，《公羊》有若不疾乃疾之，推以況此，則無怪然。」

連堂案：王復輯至「不足責」，就文意及語氣言，輯至「則無怪然」是。楊《疏》疏解之文，當始自下接之「此《注》之意與鄭君《釋癈疾》大旨同也」，而非始自「然《公羊》有若不疾乃疾。」

△昭公（十一年）《釋》：「故變子言世子，使若不得其君然。」

連堂案：「然」據殿本，義較長，二王從各本作「終」。

△（十二年）《釋》：「晉不見因會以綏諸夏，而伐同姓，貶之可也，狄之大重。」

連堂案：「大」黃氏作「人」，二王上有「人」字，均誤。

△定公（十二年）：「叔孫州仇帥師墮郈。」

　　《傳》：「墮猶取也。」

　　《癈疾》：「當言取不言墮。」

　　《釋》：「實壞耳，無取於訓詁。」

連堂案：二王無此條，袁氏則以「實壞耳，無取於訓詁」，亦為《癈疾》文，而鄭玄《起癈疾》則為范甯引以為注，故袁氏所輯《起癈疾》文為：「陪臣專強，違背宮室，恃城為固，是以叔孫墮其城，若新得之，故云墮。墮猶取也，墮非訓取，言今但毀其誠（連堂案：當作城），則郈永屬己，若更取邑于他然。」考證曰：「此范《注》也，《疏》云：『傳言墮猶取也，即其訓，而曰非者，何休難』云云，『鄭君如此釋之』，據此，是范用鄭釋為注也，今即錄之。」就文意觀之，袁說可從，鍾文烝《補注》、柯劭忞《春秋穀梁傳注》亦以為然。

△《釋》：「《春秋》凡書二十四旱，《考異郵》說云『分為四部，各有義焉』。」

連堂案：此條輯自《禮記·月令正義》，黃氏無。孔氏注云：「不得其次第，故綴於末」；王謨繫於桓五年秋「大雩」，蓋以〈月令正義〉於引述此經下說《春秋》雩祭；袁氏繫於僖二十一年「大旱」，則據輯文言二十四旱。王謨多「是其事也」四字。

另有四條，范甯《集解》引鄭玄說，然未知是否為《起癈疾》文，孔、

黃附錄於後，爲二王、袁氏所無，孔氏注云：

> 凡四條，見《穀梁集解》，但稱「鄭君」，不言「釋」，未審是《釋廢
> 疾》或《駁異義》？附錄俟更改。

黃氏之注本此。此四條亦錄之於後，或略加案語。

　　△莊七年：「恆星不見。」

　　鄭君曰：「眾星列宿，諸侯之象，不見者是諸侯棄天子禮義法度也。」

　　△僖四年：「公至自伐楚。」

　　《傳》：「其以伐楚致，大伐楚也。」

　　鄭君曰：「會爲大事，伐爲小事，今齊桓伐楚而後盟于召陵，公當致會，
　　而致伐者，楚彊莫能伐者，故以伐楚爲大事。」

連堂案：「彊」黃氏作「靈」誤。

　　△成十六年：「公至自會。」

　　鄭君曰：「伐而致會，於伐事不成。」

連堂案：此經《穀梁》無傳，何休無從廢疾，且由《集解》「上無會事，
當言至自伐鄭，而言至是會，甯所未詳；鄭君曰」云云，當非引自他處，知
此條非《起廢疾》文。

　　△哀二年：「納衛世子蒯聵于戚。」

　　鄭君曰：「蒯聵欲殺母，靈公廢之是也。若君薨有反國之道，當稱子某，
　　如齊子糾也。今稱世子如君存，是《春秋》不與蒯聵得反立明矣。」

連堂案：「反立」黃氏作「廢立」誤。

四、評　價

鄭玄《起廢疾》輯家特多，此可見清人之崇漢學；以下述五家所輯之優
劣。

（一）諸本與清以前輯本（見《四庫全書》）相較，均能補其未備，正訂
誤失。

（二）孔、黃附錄四條備考，一以求備，一以見其審慎。

（三）王復、孔、黃、袁均注明輯錄出處，便於查考案核，王謨無之，
是其缺失。

（四）於疑義處，孔、黃有註語，袁氏有考證，較爲詳明。

（五）輯佚當求回復原書，《起廢疾》之次當同於《春秋》，王復不盡依

此，乃將輯自《禮記正義》者列後，是其缺失。

（六）觀五家所輯，以孔、黃、袁較詳備，尤以袁氏增改爲多，觀其考證，率皆可從，蓋以其深於康成之學，得旁推交通，非一般輯佚學者之抄錄而已。其〈鄭氏佚書自敘〉云：「取諸經義疏及他所徵引，參之往舊所有輯本，辨析譌謬，補正闕失，并齊其不齊者。」至孔氏亦精鄭學，且校刻佳，誤字少。三家較前人爲優，亦前修未密，後出轉精者也。

（七）前人誤字，後輯者多有襲其誤者，知重複輯刻，疏於查考，則輯本多而補益少。

第二節　春秋穀梁傳注

一、輯者傳略

王謨、黃奭，見本章第一節。

馬國翰字詞溪，號竹吾，山東歷城人。道光十二年進士，官陝西隴州知州，後引退家居。馬氏家貧好學，自爲秀才時，每見異書，手自抄錄，及成進士，爲縣令，廉俸所入，悉以購書，所積至五萬七千餘卷，簿書之暇，殫心搜討，不遺餘力，晚歸林下，猶復矻矻孜孜，纂輯無虛日，輯有《玉函山房輯佚書》五百六十餘種，六百餘卷，著有《目耕帖》、《竹如意》、《玉函山房藏書簿》、《詩》、《古文辭》等。

二、概　述

麋信《春秋穀梁傳注》輯之者有王謨、黃奭、馬國翰三家，王謨名《穀梁傳注》，在所輯《漢魏遺書鈔》，黃奭名《春秋穀梁傳注》，在所輯《黃氏逸書考》，馬國翰名《春秋穀梁傳麋氏注》，今從黃奭。

《春秋穀梁傳注》見爲徵引者有楊《疏》、《釋文》、《史記集解》及《太平御覽》，王謨、馬國翰有序錄，馬氏爲詳，其〈序〉云：

> 《春秋穀梁傳麋氏注》一卷，魏麋信撰。信字南山，東海人，官樂平太守，見《經典釋文・序錄》，《隋志》云：「魏樂平太守麋信」，楊士勛《疏》引或作麋信，《禮記正義》引其說反舌事，又作麋信，當依《釋文》、《隋志》作麋信，《冊府元龜》麋信外，復出康信，《太平御覽》引《穀梁注》作庚信，並誤也。其注《春秋穀梁傳》，《隋》、

《唐志》並十二卷，《隋志》又有《春秋説要》十卷，《唐志》作《左氏傳説要》，卷數同，《冊府元龜》云：「《春秋要》一卷」，《隋志》又有麋信《理何氏漢議》二卷，魏人撰，《唐志》作《春秋漢議》十卷，麋信注。鄭氏《駁釋文》有《穀梁音》，今並佚。從楊《疏》、《釋文》及《御覽》輯錄爲卷，如討作糾，蒐作搜，射作亦，鍾作童，宮作官，本多異字，五麾五兵五鼓，説同徐邈，皆必有所承受，惜不可考已。

王師熙元《穀梁著述考徵》云：

麋氏之姓當作「麋」，不作「麋」，《隋志》《釋文·敘錄》《唐舊志》皆作「麋」，非也；唯《新唐志》作「麋」不誤，楊士勛《穀梁疏》亦作「麋」。又有作「麋」「康」「庾」者，皆形近而誤。……馬氏以爲當作「麋」，蓋未嘗深考耳，不知「麋」爲姓，而「麋」不爲姓。

〔註3〕

以下均從王師説作「麋」。

又，王謨〈序錄〉案云：

從《穀梁傳疏》鈔出麋氏本注二十二條，《釋文》七條，《史記注》一條。

三、成　就

茲以馬國翰所輯爲底本，列其與王、黃之異，並加案語，三本均同者略焉。

△隱二年《傳》：「伯姬歸于紀，此其如專行之辭何也？曰：非專行也，吾伯姬歸于紀故志之也。其不言使何也？逆之道微，無足道焉爾。」

麋《注》：「不稱使者，似若專行也。謂決魯夫人至并稱逆者，此直云伯姬歸，故問之。下云：「吾伯姬歸故志之也」，明佗逆者不足錄，故與內夫人至異也。」

連堂案：此條輯自楊《疏》，「謂決」以下王、黃無。

△隱三年《傳》：「吐者外壤，食者內壤。」

麋《注》：「齊魯之間謂鑿地出土，鼠作穴出土皆曰壤。」

連堂案：王、黃注云：「《疏》云：『壤字爲《穀梁》音者皆爲傷，徐邈亦

〔註3〕　台北：廣東出版社，63年2月，頁24。

作傷』」，馬注云：「汲古閣《疏》本，場皆作壞，據阮氏《校勘記》正」，阮《校》云：「段玉裁云：傷當作場，下『曰壞』、『從壞』並當作『場』，場俗作塲。」

△桓元年麋《注》：「鄭以祊不足當許田，故復加璧。」

連堂案：此條輯自《史記魯世家‧裴駰集解》，馬作〈鄭世家〉誤。

△四年《傳》：「秋曰蒐。」

　麋《注》：「蒐，所由反。」

連堂案：王、黃出「秋曰蒐」，注云：「《釋文》麋氏本作蒐」，馬注云：「《釋文》：蒐，所由反。麋氏本作蒐，音同，馬氏由「音同」推得「蒐，所由反」，以其為麋氏所注音，惟「音同」二字亦可能為陸德明之注。

△九年麋《注》：「禮，諸侯嫡誓於天子，攝其君，則下其君一等，未誓則以玉帛繼子男，此為同急王命也，至於相朝非急會，今曹伯有不朝魯，未為有闕命，使世子攝朝，言非禮之政。」

連堂案：此條輯自《太平御覽》卷一百四十七所引庾信《注》，馬注云：「案：『庾』為『麋』字之訛」，王、黃未輯。「諸侯嫡」柳興恩《穀梁大義述》引作「之適」，「此為」作「此謂會」，「王命也」作「王命者也」，「曹伯有」作「曹伯有疾」，「闕命」作「闕而」，「禮之政」作「禮之正」。（卷二十七）柳氏所引與靜嘉堂文庫本合，不知馬氏所據何本？

△《傳》：「以內為失正矣。」

　麋《注》：「內，魯。」

　《傳》：「內失正，曹失正。」

　麋《注》：「言二者俱失之。」

　《傳》：「則是放命也。」

　麋《注》：「放，違也。言世子違命而止，是當不義則爭之。」

連堂案：以上三條均輯自《太平御覽》所引庾信《注》，王、黃無。傳文「放命也」下馬注云：「今注疏本作『故命』，《御覽》引《傳》及《注》並作『放』，唐石經同。」「違命而止」靜嘉堂文庫本作「違命而正」。

△十一年：「公會宋公於夫童。」

　麋《注》：「童音鐘。」

連堂案：此條輯自《釋文》，《釋文》云：「麋氏本鐘作童，音鐘。」「音鐘」二字馬氏以為麋氏所注，故輯之如此，王、黃無。

　　△僖公二年《傳》：「不雨者，勤雨也。」

　　　糜《注》：「勤音觀，後年同，憂也。」

　連堂案：「勤音觀」輯自《釋文》，三家不異；「憂也」輯自丁度《集韻・去聲二十二稕》勤、懂字注，王、黃缺略。「二十二稕」馬氏誤作「二十三稕」。

　　△三年《傳》：「不言及者，以國與之也，不言其人，亦以國與之也。」

　連堂案：王、黃注云：「《疏》云：糜信、徐邈並據當文解之，理亦通也」，據此僅知糜氏於此有說，然未知何說，輯無所輯，錄之非也；馬氏未輯此條是也。

　　△十四年：「蔡侯胖卒。」

　　　糜《注》：「蔡侯胖父哀侯爲楚所執，胖不附中國，而常事父讎，故惡之而不書日也。」

　連堂案：此條三家所輯不異，王、黃「十四年」誤作「十五年」。又《唐寫本春秋穀梁傳解釋》〔註4〕，羅振玉以其即糜信《春秋穀梁傳注》，此處作「惡之者，爲其父哀侯爲楚所執，身死於楚，胖仍不從中國而朝於楚，父讎不復而反歸之，惡之尤甚，故不日卒又不書葬也。」

　　△昭八年：「春，陳侯之弟招殺陳世子偃師。」

　　　糜《注》：「招，成公子；偃師，襄公子，所謂悼太子者也。哀公愛其世子留，托之招，哀公有疾，招殺太子偃師而立留。」

　　　《傳》：「鄉曰陳公子招。」

　　　糜《注》：「招發於十年矣。」

　　　《傳》：「今日陳侯之弟招何也？曰：盡其親所以惡招也。」

　　　糜《注》：「謂稱公子又稱弟。昭，先君之公子，今君之母弟也。」

〔註4〕　羅振玉〈春秋穀梁傳解釋提要〉云：「唐寫本《春秋穀梁傳解釋》，僖公上弟五殘卷，前半已損，後半尚具書題，其存者一百三十有九行，始於僖公八年十二月，訖於十五年十一月，不見作者姓名，……初不知此書屬何家，嗣檢《集解》僖公十四年冬蔡侯胖卒，楊《疏》引糜信曰：『蔡侯胖父哀侯爲楚所執，胖不附中國，而常事父讎，故惡之而不書日也』云云，今此注正在卷中，雖辭句小殊，此古人引書常例，不足爲異，知此書爲糜氏《注》矣。信字南山，東海人，魏樂平太守，隋唐兩〈志〉，並稱信注《春秋穀梁傳》十二卷，而不舉『解釋』之名，亦賴此卷知之矣。」見《羅雪堂先生全集三編・鳴沙石室佚書目錄提要》（台北：大通書局，78年7月再版，冊五），頁1521，又該殘卷在《羅雪堂先生全集四編》，台北：大通書局，61年12月，冊四，頁1825。

《傳》：「親而殺之惡也。」

庾《注》：「惡哀公使招至於殺之。」

連堂案：以上四條輯自《太平御覽》卷一百四十七所引庾信《注》，王、黃無。「襄公子」應作「哀公子」，馬氏誤。「哀公有疾」「公」下有「之□（連堂案：該字模糊）招哀公」五字，然有之文意不順，馬氏蓋因其不順而刪之。第三條「謂」字上有「盡其親」，「昭」為「招」之誤。第四條「於」字模糊難辨，然不似「於」字。又三四條之間馬氏漏輯一條：《傳》：「世子者，唯君之貳也」，庾信《注》：「貳，副」，馬氏疏略。

四、評　價

三家所輯以馬國翰為佳，以其較完備，如輯《太平御覽》諸條及《集韻》一條，且取捨切當，如不輯僖公三年條；惟馬氏誤字偏多，是其疏。至王、黃二家所輯無一異文，且「僖十四年《傳》：諸侯時卒惡之也」，「四」字均誤繫作「五」，此當非偶然，由王氏所輯，黃奭因之，而未再查考故也。

第三節　穀梁傳例

一、輯者傳略

王謨、黃奭，見本章第一節。

二、概　述

范甯《穀梁傳例》輯之者有王謨、黃奭二家，分別在其所輯《漢魏遺書鈔》及《黃氏逸書考》。

《穀梁傳例》見為徵引者有范甯《集解》及楊士勛《疏》。王謨有〈序錄〉，即抄錄范甯〈穀梁傳序〉末段，自「升平之末，歲次大梁」至「名曰《春秋穀梁傳集解》」，並引《疏》云：「商略名例者，即范氏別為〈略例〉百餘條是也」，末後王謨加按語云：

范氏《傳例》凡已見《集解》者，無容贅錄，今惟鈔出楊氏《疏》

中所引〈略例〉、〈別例〉共二十四條。

知其輯自楊《疏》而略《集解》所徵引者，黃奭從之。

三、成　就

　　二家文字之相異者僅五字，均未注明出處，茲一一標明，並據藝文印書館影印阮元《十三經注疏》本標注頁碼，以備查考檢證，於輯文之有疑有誤者，則略作說明。

　　△日食例：「《傳》云：言日不言朔，食晦日也。」

　　連堂案：隱三年，頁 14。「言日」黃作「言朔」誤。

　　△不書王例

　　連堂案：桓元年，頁 28。

　　△遂事例：「凡有十九。」

　　連堂案：桓八年，頁 36。鍾文烝《補注》云：「遂事實有二十。」鍾說是。桓八年「祭公來遂逆王后于紀」一，桓十八年「公與夫人姜氏遂如齊」二，莊十九年「公子結媵陳人之婦于鄄，遂及齊侯宋公盟」三，僖四年「公會齊侯宋公陳侯衛侯鄭伯許男曹伯侵蔡，蔡潰，遂伐楚，次于陘」四，六年「公會齊侯宋公陳侯衛侯曹伯伐鄭圍新城，楚人圍許，諸侯遂救許」五，十五年「公會齊侯宋公陳侯衛侯鄭伯許男曹伯盟于牡丘，遂次于匡」六，二十八年「公會晉侯宋公蔡侯鄭伯陳子莒子邾子秦人于溫，諸侯遂圍許」七，「曹伯襄復歸于朝，遂會諸侯圍許」八，三十年「公子遂如京師，遂如晉」九，文七年「公伐邾，取須句，遂城郚」十，十五年「齊侯侵我西鄙，遂伐曹，入其郛」十一，宣元年「楚子鄭人侵陳，遂侵宋」十二，宣十八年「歸父還自晉，至檉，遂奔齊」十三，成十三年「公自京師，遂會晉侯宋公衛侯鄭伯曹伯邾人滕人伐秦」十四，襄二年「仲孫蔑會晉荀罃齊崔杼宋華元衛孫林父曹人邾人滕人薛人小邾人于戚，遂城虎牢」十五，十年「公會晉侯宋公衛侯曹伯莒子邾子滕子薛伯杞伯小邾子齊世子光會吳于柤，遂滅傅陽」十六，十二年「季孫宿帥師救邰，遂入鄆」十七，二十三年「齊侯伐衛，遂伐晉」十八，昭四年「楚子蔡侯陳侯許男頓子胡子沈子淮夷伐吳，執齊慶封殺之，遂滅厲」十九，定八年「晉士鞅帥師侵鄭，遂侵衛」二十。

　　△逆王后例：「凡有二，皆由過魯，若魯主婚而過我則言歸，若不主婚而過我，則直言逆。」

　　連堂案：桓八年，頁 37。「逆王后」黃誤作「遂王后」。《疏》云：「范氏《略例》云：逆王后有二者，以書逆王后皆由過魯」，以下同。王、黃蓋以「逆王后有二者，以書逆王后」云云，乃楊氏徵引時所加之敘述，故而刪節。惟

考之他例，亦有類似之語，如《遷例》有「亡遷有三者」，〈作例〉有「作三者」「新作三者」，〈宮廟例〉有「宮廟有三者」是，且該句緊接「范氏略例云」，當為原文，不宜輕易刪節。

△遷例

連堂案：莊十年，頁 51。

△災例：「凡有十二……此書『齊大災』，《傳》曰：其志，以甚也。」

連堂案：莊二十年，頁 57。「凡有十二」《疏》原文作「范《例》云：災有十二」，「書」黃作「言」。

△祭祀例

連堂案：閔二年，頁 66。

△內女卒葬例：「有大，葬三，卒亦有三。卒者僖九年伯姬一也。僖十六年繪季姬二也。」

連堂案：僖九年，頁 80。《疏》云：「內女卒葬例有六，葬有三，卒亦有三。卒者，此文一也，僖十六年……」以下同。王黃「六」並作「大」誤。「卒者，此文一也」依下文改作「卒者，僖九年伯姬一也」是。

△獲例：「莒挐顯公子之紿。」

連堂案：僖十五年，頁 84。「紿」黃作「始」誤。

△不告朔例：「文六年閏月，不告月猶朝于廟，文一也，公四不視朔二也……。」

連堂案：文六年，頁 102。《疏》云：「范氏《別例》云：書不告朔有三，皆所以示譏耳，則此文一也。」以下同。王、黃參酌下文，更改《疏》文，以符體例或是，然仍作「文一也」頗為不倫，又《疏》明引「書不告朔有三」，無由略之，茲試擬范氏《略例》，或作：「書不告朔有三，皆所以示譏耳，文六年閏月，不告月猶朝于廟一也，公四不視朔二也……。」

△三望例：「凡有五等，僖三十一年猶三望獨發傳者，據始也。」

連堂案：文六年，頁 102。以「三望」名例，非也，當作「猶」例。《疏》云：「猶有五等，發傳者三」，且下文所列五例，確為書猶之例，非三望之例，茲列五處經文以證。僖三十一年夏四月「四卜郊，不從，乃免牲，猶三望」，《傳》：「猶者，可以已之辭也」，此其一。文六年多十月「閏月不告月，猶朝于廟」，《傳》：「猶之為言，可以已也」，此其二。宣三年春王正月「郊牛之口傷，改卜牛，牛死乃不郊，猶三望」，無傳，此其三。宣八年夏六月「仲遂卒

于垂，壬午，猶繹」，《傳》：「猶者，可以已之辭也」，此其四。成七年夏五月「不郊，猶三望」，無傳，此其五。又《疏》「五等」下有「發傳者三」，依下文疏釋觀之，當爲范《例》原文，無由刪略。

　　△夫人行例：「凡有十二……行十二者……夫人姜氏至自齊是十二也。」

　　連堂案：文九年，頁107。《疏》云：「夫人行有十二，例時，……夫人行十二者……并數此夫人姜氏是十二也。」

　　△放大夫例

　　連堂案：宣元年，頁115。

　　△緩辭例

　　連堂案：宣三年，頁117。

　　△作例：「凡有六，直云作者三，云新作亦三也。云作三者，謂作丘甲一也，作三軍二也，作僖公主三也；云新作三者，謂新作南門一也，新延廄二也，新作雉門及兩觀三也。言作者不必有新則兼作也，二者皆所以爲譏。」

　　連堂案：成元年，頁128。「言作者不必有新則兼作也」，此句文意不明，余蕭客《古經解鉤沈》附補《疏》脫字云：「言新則兼作也」。《疏》下文云：「故《傳》曰：『作，爲也，是有加其度也，言新，有故』是也。」綜上觀之，全句疑作「言作者不必有故；言新則兼作也」，未知是否，存之以待賢者。

　　△出女例：「凡三；齊人來歸子叔姬一也，郯伯姬來歸二也，此杞叔姬來歸三也。又別引文十八年夫人姜氏歸於齊爲例者，出既是同，但內外爲異，故并引之也。」

　　連堂案：成五年，頁131。范氏原《例》當無「此」字，又「又別」以下，當非范《例》之舊。

　　△潰例：「凡有四，發傳有三，僖四年蔡潰，《傳》曰：『潰之爲言，上下不相得也』，此莒潰……。」

　　連堂案：成九年，頁137。范氏原《例》當無「此」字。

　　△乞例：「凡有六，乞師五，乞盟一。乞師五者，公子遂、晉郤錡、欒黶、荀罃、士魴是也；乞盟一者，鄭伯是也。」

　　連堂案：成十七年，頁142。「凡」黃作「乞」。《疏》云：「范《別例》云：乞師例有三，三者不釋從例可知也。乞例六者，乞師五，乞盟一，并之爲六。

乞師五者……。」下同。《疏》明引「乞師例有三」，當為范《例》之舊，今二家未輯，茲試擬其舊，以備參酌。「乞例有六，乞師例有三。乞例六者，乞師五，乞盟一。乞師五者……」，以下同。

  △蒐狩例：「書時，共有九。書狩有四，言蒐有五。稱狩有四者，桓四年狩于郎一也，莊四年狩于郜二也，僖二十八年狩于河陽三也，哀十四年西狩獲麟四也；蒐有五者，此蒐于紅一也，十一年大蒐于比蒲二也，二十二年大蒐于昌間三也，定十三年大蒐于比蒲四也，定十四年又大蒐于比蒲五也。」

  連堂案：昭八年，頁168。「此蒐于紅」之「此」字當刪。又《疏》下文尚有「范《例》又云：器械皆常，故不云大，言大者，則器械過常；狩言公，此不云公者，狩則主為游戲，故言公，蒐是國家常禮，故例不言公也。」此明引范《例》，而二家未輯，疏矣。其中「此不云公者」，「此」字《傳例》文當作「蒐」。

  △言例

  連堂案：昭三十一年，頁182。

  △宮廟例：「宮廟有三，三者見功有輕重，丹楹功少，故書時，刻桷功重，故錄月。」

  連堂案：定元年，頁188。《疏》云：「宮廟有三者，三者文有詳略，詳略見功有輕重……」，以下同。疑《疏》文衍「三者」、「詳略」，應作「宮廟有三者，文有詳略，見功有輕重……」，王、黃作「宮廟有三，三者……」，蓋亦以其文意不順，而略一「者」字。

  △克例

  連堂案：定十五年，頁194。

  △郊例：「書郊有九，僖二十一年夏四月……宣三年郊牛之日傷……襄十二年夏四月……及此年四月辛巳九也。」

  連堂案：哀元年，頁198。輯文當作「書郊有九，僖三十一年夏四月……宣三年郊牛之口傷……襄十一年夏四月……哀元年四月辛巳郊九也」，王、黃二氏同誤，疑王氏所輯，黃氏承抄未再檢索故也。

  △夫人薨例

  連堂案：哀十二年，頁204。

四、評　價

范氏《穀梁傳例》唯楊《疏》引述，易於輯錄。

二氏之輯，由〈逆王后例〉同未全據《疏》文，〈內女卒葬例〉「六」同誤「大」，〈郊例〉「三」同誤「二」、「口」誤「日」、「一」誤「二」，同脫「郊」字等相同疏漏，知此乃王氏所輯，黃氏則據以承抄，未曾親自搜佚查考，且有二字王氏未誤，黃氏反誤者；就成績言，黃氏可謂無所成就。

第四節　薄叔玄問穀梁義

一、輯者傳略

王謨、馬國翰，分別見本章第一節、第二節。

二、概　述

范甯《薄叔玄問穀梁義》輯之者有王謨、馬國翰二家，分別在其所輯《漢魏遺書鈔》及《玉函山房輯佚書》。王謨名《答薄氏駁穀梁義》，馬國翰名《薄叔玄問穀梁義》，今從馬氏。

《薄叔玄問穀梁義》見引於楊《疏》，馬氏《序》云：

> 《薄叔玄問穀梁義》一卷，晉范甯撰。范作《集解》，叔元有所駁問，范隨問逐條答之，仿鄭氏《釋廢疾》之體例也。《隋志》二卷，《梁》四卷，《唐志》不著錄，佚已久。楊士勛《疏》引十二節，全載問答者四節，內有一節，明載薄氏駁，隱括范答，其八節皆載范答薄氏語，大指論辨義例。叔元未詳何人，與范同時治《穀梁》之學者也。

王謨無序錄，僅輯八條，其中二條與馬氏同，餘六條互有詳略，文字亦偶有出入。

三、成　就

茲以馬氏所輯爲底本，列其相異，而略其所同，並加案語。

△（桓公十年）《答薄問》：「曹伯亢諸侯之禮，使世子行朝，故於卒示譏，則《傳》云正者，謂正治其罪。」

連堂案：王氏未輯。

△（十二年）《答薄問》：「夒且之卒，異於日食之下，可知日是也。」

連堂案：王氏未輯。

△（十六年）范《注》：「桓公再助篡伐正，危殆之甚，喜得全歸，故致之。」

《答薄問》：「明桓伐突非本心，故言再助。」

連堂案：王氏所輯，例引相關傳注，便於對照查考，馬氏未引《注》文。王氏「故言再助」下有「是也」二字。

△莊公（六年）《答薄問》：「王者，天下安危所繫，故亦與內同。」

連堂案：王氏未輯。《疏》原作「王者安危，天下所繫，故亦與內同」，意謂王者安危為天下所關注，如同己國己事，故謂「亦與內同」，馬氏輯作「王者天下安危所繫」非也。

△（二十四年）：「赤歸于曹，郭公。」

《傳》：「赤蓋郭公也。」

薄《問》：「赤若是諸侯不能治國，舍而歸曹，應謂之奔，何以詭例言歸乎？」

答云：「凡諸侯出奔其國者，或為人所滅，或受制強臣迫逐，苟免然後書出，今郭公在國，不被迫逐，往曹事等如歸，故以易辭言之，不得云出奔也。」

連堂案：「答云」以下，王氏無之。馬氏注云：「楊《疏》云：『而范從之者』云云，是用范說，『答云』二字據補。」依楊《疏》文意，知范有答薄氏之語，「凡諸侯」以下為范答之舊，抑楊氏依范意論述之文，不可確知，馬氏輯之，求詳備考，可從。

△（二十六年）《答薄問》：「羈，曹之賢大夫也，曹伯不用其言，乃使出奔他國，終為受戮。」

連堂案：「終為」王氏作「終於」，《疏》文作「終於」，馬氏蓋以意改。

△成公十年《答薄問》：「諸侯之尊，弟兄不得以屬通，有賢行則書弟，今黑背書弟者，明亦有賢行故也。」

連堂案：王氏尚有以下一段：「陳侯之弟黃，衛侯之弟專，秦伯之弟鍼，傳無賢行，所以皆云弟者，隱七年齊侯使其弟年來聘，《傳》曰：『其弟云者，以其來接於我，舉其貴者也』，是接我者例稱弟。襄二十年陳侯之弟光奔楚，昭元年秦伯之弟鍼出奔晉，《傳》皆曰：『親而奔之，惡也』，襄二十七年衛侯之弟專出奔晉，《傳》云：『其曰弟何也？專有是信者』，三者無罪，故稱弟以

惡兄，襄三十年天王殺其弟佞夫，《傳》曰：『甚之也，稱弟以惡王也』，昭八年陳侯之弟招殺陳世子偃師，《傳》曰：『其弟云者，親之也。親而殺之，惡也』，是惡而稱弟也。宣十七年公弟叔肸卒，《傳》曰：『其日公弟叔肸，賢之也』，莊三十二年公子牙卒，無賢行而不稱弟，明稱弟皆賢也。」其中「陳侯之弟光奔楚」，「光」下脫「出」字。

　　△昭三十年《答薄問》：「然弦子之奔，承八月之下……」

　　連堂案：「承」上脫「文」字，王氏不脫。

　　△定元年《答薄問》：「上言城成周，序仲幾于會，於歸言于京師，其言足誤悟，天王居于狄泉，在幾內而別處，上言城成周，下稱晉人執宋仲幾歸于京師，見見執之異處歸天子。」

　　連堂案：「其言足誤」，阮《校》云：「閩、監、毛本同，浦鏜云：『誤疑證字誤』，「悟」為衍文，王氏無，「別處」下有「若」字，王氏不缺，「見見」《疏》文作「具見」，馬本蓋誤刻，王氏作「以見」，不知何據。

　　△定（元年）《答薄問》：「考宮書月，比丹楹為重，是其三文武宮。」

　　連堂案：王氏未輯。「文武宮」三字應與下「書日」為句，當非答薄氏之語。

四、評　價

　　馬氏所輯較為完備，桓十年、十二年、莊六年、定元年等四條，楊《疏》徵引顯明，而王氏未輯，是其疏略；又莊二十四年條「答云」以下輯之可從。成十年條則王氏較詳，惟亦未能確定范甯答語止於何處；至王氏引錄相關傳注，利於對照查考。

第五節　春秋公羊穀梁傳解詁

一、輯者傳略

　　王謨、馬國翰分別見本章第一節、第二節。

　　王仁俊（1866～1913）字捍鄭，一字感莼，江蘇吳縣人。為俞樾門生，光緒十八年進士，二十年授吏部主事，創實學報館於上海，長於經史金石文字，著有《爾雅疑義》、《遼文萃》、《遼藝文志補證》、《西夏藝文志》等。又因馬國翰所輯《玉函山房輯佚書》唯經編較完備，史子兩編少又多舛誤，乃

依馬氏體例，續其不足，補其闕遺，廣羅四部遺佚，輯有《玉函山房輯佚書續編》、《補編》、《經籍佚文》，凡輯書五百二十三種。生於同治五年，卒於民國二年，年四十八。

二、概　述

劉兆《春秋公羊穀梁傳解詁》〔註5〕輯之者有王謨、馬國翰、王仁俊三家，分別在其所輯《漢魏遺書鈔》《玉函山房輯佚書》及《玉函山房輯佚書續編》。王謨名《春秋公羊穀梁傳集解》，馬國翰名《春秋公羊穀梁傳解詁》，王仁俊名《穀梁劉氏注》，今從馬氏。

《春秋公羊穀梁傳解詁》見爲徵引者有顧野王《玉篇》、陸德明《經典釋文》及李善《文選注》，王謨、馬國翰《公》《穀》二傳合輯，均有〈序錄〉，王仁俊則《公》《穀》分輯，無序。馬〈序〉云：

> 《春秋公羊穀梁傳解詁》一卷，晉劉兆撰。兆字延世，濟南東平人，博學洽聞，溫篤善誘，武帝時，五辟公府，三徵博士，皆不就。《晉書·儒林》有傳，楊士勛〈穀梁傳序疏〉數注《穀梁》者十餘家有劉瑤，盧抱經以爲即劉兆也。〈傳〉載其著述有《春秋調人》七萬餘言，又爲《春秋左氏解》，名曰《全綜》，《公羊》《穀梁解詁》皆納《經傳》中，朱書以別之。《隋志》惟以《春秋公羊穀梁傳》十二卷著錄，《唐志》作《春秋三傳集解》十一卷，蓋合《全綜》爲一書而復少一卷也。今佚，輯錄十節，皆訓《公》《穀》之義，與今本文異者，足資參考。

馬氏雖《公》《穀》合卷，然仍以前後分《公》《穀》，所輯十節中《公》《穀》各五節。

王謨〈序錄〉前半乃徵引《晉書》本傳，馬〈序〉略可涵蓋，茲不復出，其〈序〉末案云：

> 《經義考》並載劉兆《春秋公羊穀梁傳解詁》《春秋三家集解》《春秋左氏全綜》《春秋調人》四書，均佚，亦別無考證；今從《經典釋文》鈔出《集解》五條，又《文選注》二條。

〔註5〕今存原本《玉篇》(參見註6)，及於《穀梁》注解者，均引劉兆之說，於此或可略窺劉兆《解詁》爲當代所重，而其後散佚湮沒者，或無如范甯《集解》有楊士勛爲之疏釋。

其中屬《穀梁》者五條，輯自《經典釋文》者四，《文選注》者一。《經典釋文》之「綦，連併也；踂，聚合不解也；摰，如見摰糾也」，王氏分列三條，馬氏合爲一條，兩本對勘，馬氏多二條。

王仁俊所輯計十四條，輯自《古逸叢書》原本《玉篇》〔註6〕，均不見《大廣益會玉篇》，爲王謨、馬國翰所未見；又其所輯在補馬氏之闕，故不重出馬氏所輯。

三、成　就

三家所輯卷帙不多，茲逐條抄錄，以明輯佚之功。

△隱五年《傳》：「始厲樂矣。」

劉《注》：「厲，咸略。」

連堂案：王仁俊輯自原本《玉篇》，王氏稱其爲《唐玉篇》，其第一條「一穀不升謂之嗛」下注云：「均《唐玉篇》引文，下同」。原本《玉篇》均先引《穀梁》傳文，後引「劉兆曰」，王氏均依原本《玉篇》錄傳文。劉《注》咸字同減。

△莊三年《傳》：「改葬之禮緦，舉下緬也。」

劉《注》：「緬謂輕而薄也。」

連堂案：王仁俊輯。王氏所引傳文「禮」下衍「舉」字，原本《玉篇》引不誤。

△僖元年《傳》：「惡公子之紿也。」

劉《注》：「紿，相負欺也。」

連堂案：王仁俊輯。

△僖二十八《傳》：「水北爲陽，山南爲陽。」

劉《注》：「以見日爲陽也。」

連堂案：傳文原本《玉篇》引作「山南曰陽，水北曰陽。」

△文九年《傳》：「舉天下而葬一人。」

劉《注》：「舉，盡也。」

連堂案：王謨、馬國翰輯。王氏僅注輯自《文選注》，馬氏並注明《文選‧

〔註6〕此本爲黎庶昌日本經籍訪古所得，經考訂在唐代孫強增字之前，爲顧野王原書，見黎庶昌《經籍訪古志》之〈玉篇零本〉、〈書原本玉篇後〉及楊守敬考訂；此本收入《古逸叢書》。本文書名據黎氏。

孫興公遊天台山賦注》又〈李少卿答蘇武書注〉。

△文九年：「晉人殺其大夫士穀及箕鄭父。」

《傳》：「鄭父累也。」

劉《注》：「累，連及也。」

連堂案：王仁俊輯。傳文原本《玉篇》引作「箕鄭累也。」

△文十四年《傳》：「綿地千里。」

劉《注》：「綿猶經歷也。」

連堂案：王仁俊輯。

△襄十九年：「取邾田自漷水。」

《傳》：「軋辭也。」

劉《注》：「軋，委曲；隨漷水爲侵田多也。」

連堂案：王仁俊輯。經文「邾」字，王氏引作「枡」，所以然者，原本《玉篇》原帙紙質有損壞處，影照摹寫者即依缺洞描摹以存眞，此字作「枡」，右半「氜」實爲損壞缺洞，王氏不察而誤作「枡」。又注文「田」上尙有「邾」字，王氏漏引。

△襄二十四年《傳》：「一穀不升謂之嗛。」

劉《注》：「嗛，不足也。」

連堂案：馬氏輯自《文選·陸士衡辨亡論注》，王仁俊輯自原本《玉篇》。馬氏注云：「今本作嗛，依注作嗛」，王氏依原本《玉篇》作「歉」。

△昭八年《傳》：「流旁握，轚者不得入。」

劉《注》：「流旁容握，謂車兩轊頭各去門旁容握，握四寸也。轚，絓也；絓中門根則不得入矣。」

連堂案：馬氏輯自《釋文》，僅有「轚，絓也」，王仁俊輯自原本《玉篇》。原本《玉篇》傳文「旁」下有「容」字是；「握」作「楃」，注文同。又范甯《集解》云：「流旁握，謂車兩轊頭各去門邊容握，握四寸也，轚挂則不得入門」，蓋據劉兆說。

△昭二十年《傳》：「兩足不能相過，齊謂之綦，楚謂之踂，衛謂之輂。」

劉《注》：「天性然者也。綦，連絣也，踂，聚合不解放也，輂，如見絆也。」

連堂案：此條王仁俊輯之如此；王謨、馬國翰輯自《釋文》，無「天性然者也」及「放」字，王謨分列三條。王仁俊輯自原本《玉篇》「綦」字下所引，

另有一條「天性然者也，縶如見絆也。或爲罵字，在馬部」，輯自「縶」字下所引。王謨「如」上缺「縶」字，「如見絆也」作「如見縶糾也」，馬國翰作「如見絆縶也」。王仁俊傳文「過」上衍「遇」字，原本《玉篇》引《傳》脫「綦楚謂之」四字，王仁俊依之作「兩足不能相遇過，齊謂之踑，衛謂之縶」。又王仁俊輯自「縶」字下之條，實爲同一注文，不必重複輯錄，「或爲罵字，在馬部」一句爲顧野王語，不當輯入。

　　△定九年《傳》：「得之堤下。」

　　　劉《注》：「堤，緣邊也。」

　連堂案：馬國翰輯自《玉篇》，四庫全書本有之，而爲《大廣益會玉篇》所無。

　　△哀九年《傳》：「上甲始庀牲。」

　　　劉《注》：「庀，簡核也。」

　連堂案：王仁俊輯。傳文原本《玉篇》引無「甲」字，作「上始庀牲」。

　　△《傳》：「及慶慶宣宣累也。」

　　　劉《注》：「累，黨屬也。」

　連堂案：王仁俊輯。所引傳文不見今本《穀梁傳》。〔註7〕

四、評　價

　　馬國翰輯較王謨完備，可謂後出轉精；而王仁俊有豐碩成績，則得力於有幸目睹原本《玉篇》故也。至其不察紙質損壞及二處衍文，一處脫文，則不免檢索不嚴之失。

第六節　春秋穀梁傳章句

一、輯者傳略

　　馬國翰，見本章第二節。

〔註7〕原本《玉篇》之於《穀梁》，除可輯劉兆佚注，尚有《穀梁》佚文，如「累」字下所引「及慶慶宣宣累也」、「平」字下所引「軍旅田獵，平野民」，及《穀梁》異文，如僖二十八年之「山南曰陽，水北曰陽」、昭八年之「流旁容擢」、哀元年之「上始庀牲」，此皆彌足珍貴，足資多方查考參酌，黎庶昌《經籍訪古志・玉篇零本》謂其爲「可貴珍品，非宋本所可得而比肩」，洵不誣也。

二、概　述

尹更始《春秋穀梁傳章句》一卷，馬國翰輯，在其《玉函山房輯佚書》。〈序錄〉云：

> 《春秋穀梁傳章句》，漢尹更始撰，更始字君翁，汝南人，由議郎官至諫大夫，長樂戶將，事具《漢書·儒林傳》。〈傳〉稱更始從蔡千秋受《穀梁》，又受《左氏傳》，取其變理合者以爲《章句》。傳子咸及翟方進、琅邪房鳳。《隋志》：「梁有《春秋穀梁傳》十五卷，漢諫議大夫尹更始撰，亡」，《新唐書·志》題同。《隋志》云：「尹更始注」，《舊唐·志》題《穀梁章句》十五卷，今佚。楊士勛《疏》引一節，《禮記正義》、《周禮疏》、《文選注》各引一節，又《注疏》引「《穀梁說》」五節，「舊說」五節，《大戴禮注》引「《春秋穀梁說》」一節。案：漢儒傳《穀梁》學者，惟尹及劉向有書，劉書《隋》、《唐志》不載，范《注》於劉佚說皆明標劉向。「隕石於宋五」《注》引劉說，《疏》引「舊說」云：「與劉向合」，明非劉氏說矣。且尹在漢爲《穀梁》博士，名在周慶、丁姓之上，又獨有著書，則凡引「《穀梁說》」及「舊說」者，皆尹氏《章句》無疑，並據合輯。漢《穀梁》學自榮廣、皓星公開之，尹得其宗，鳴於當代，存此殘佚，少而彌珍已。

據〈序錄〉所云計之共十五節，實則楊《疏》引有隱九年「所者，俠之氏」及文三年「魯主，此爲會葬，事異故重發之」兩條，總計當爲十六條。

馬氏以「凡引《穀梁說》及舊說者，皆尹氏《章句》無疑」，然楊《疏》有明稱尹氏者，則何爲又以尹說謂舊說，且僖四年楊《疏》謂「舊說皆云」，明舊說非一。姚振宗〈漢書藝文志拾補〉即云：

> 馬氏取穀梁說、舊說，以爲即尹氏《章句》，不能無疑。〔註8〕

三、成　就

馬氏所輯均注明輯自何處，以之對勘，僅三字有疑，引之如下：

△莊二十九年《穀梁說》：「蜚南方臭惡之氣。」

連堂案：「蜚」下當有「者」字。

△宣九年舊說：「喻竟亦不日。」

〔註8〕《廿五史補編》（台北：台灣開明書店，63年6月台三版），頁21。

連堂案：「喻」爲「踰」之訛。

△成十六年《穀梁傳》：「雨木冰者者，木介甲胄，兵之象。」

連堂案：衍一「者」字。馬氏注云：「《集解》引《穀梁傳》。案：『傳』下脫『說』字。」梁煌儀《春秋穀梁傳校證》云：「《穀梁傳》無此語，然《疏》引劉向之說，則『穀梁傳』當即『五行傳』之訛。」〔註9〕考楊《疏》所引劉向說確引自《漢書・五行志》，惟〈五行志〉又引「或曰：今長老名木兵爲甲介，介者甲，甲，兵象也」，此說或即出劉向外之《穀梁》家，而亦爲范甯《集解》所引；又據莊二十九年及文九年兩處，《集解》均作「穀梁說」，或非如馬氏所說脫「說」字，亦非如梁氏《校證》謂「五行傳」之訛，當係「傳」爲「說」之誤，即仍與兩處同作「穀梁說」，鍾文烝《補注》即直引作「穀梁說」。

四、評　價

馬氏所輯訛誤少，惟范《注》楊《疏》所引「穀梁說」、「舊說」，未必如馬氏之認定爲尹更始《章句》。

第七節　春秋穀梁傳說

一、輯者傳略

馬國翰，見本章第二節。

二、概　述

劉向《春秋穀梁傳說》一卷，馬國翰輯，在其《玉函山房輯佚書》。〈序錄〉云：

《春秋穀梁傳說》一卷，漢劉向撰。向有《洪範五行傳記》，已著錄。

《漢・儒林傳》云：「劉向以故諫大夫通達待詔，受《穀梁》」，不言撰作。《隋》、《唐志》皆不著錄，惟《晉書・五行志》引劉向《春秋說》，范《注》楊《疏》亦並引劉向，則劉氏實有書矣。蒐輯一十六節，其說多明災異，與所記《洪範五行》相表裡云。

十六條計范甯《集解》十條，楊士勛《疏》三條，《晉書・五行志》三條，《禮

記‧禮運正義》一條，其中莊七年《晉書‧五行志》所引「天戒若曰：勿使大夫世官，將令專事暝晦，公室卑矣」，與《集解》所引「隕者象諸侯隕墜，失其所也。又中夜而隕者，象不終其性命，中道而落」，合爲一條。

三、成　就

本卷所引皆頗明確，與所輯原書對勘，均無差誤，茲任舉兩條以見。

△莊二十八年：「大無麥禾。」

　　劉向曰：「水旱當書，不書水旱而曰大無麥禾者，土氣不養，稼穡不成。」

連堂案：此條輯自《晉書‧五行志》。

△僖十六年：「春王正月戊申，隕石于宋五。」

　　劉向曰：「石，陰類也，五，陽數也；象陰而陽行，將致隊落。」

連堂案：此條輯自范甯《集解》。

四、評　價

馬氏所輯詳備且無差誤；〈序錄〉以劉向實有述作之說亦可從。

第八節　春秋穀梁傳注義

一、輯者傳略

馬國翰，見本章第二節。

二、概　述

徐邈《春秋穀梁傳注義》一卷，馬國翰輯，在其《玉函山房輯佚書》。《序錄》云：

> 《春秋穀梁傳注義》一卷，晉徐邈撰。邈有《春秋音》，已著錄。《隋志》有《春秋穀梁傳》十二卷、《春秋穀梁傳義》十卷，並題徐邈撰。又別有徐邈《答春秋穀梁義》三卷。《唐志》作《徐邈注》十二卷，又《傳義》十卷、《音》一卷，今並佚。《注》《疏》引九十一節，《北堂書鈔》引二節，《初學記》引一節，並據輯錄。《注》《義》二書不能區分，總以《注義》題之。本，〈傳〉稱「所注《穀梁傳》，見重於時」，范爲《集解》，引述獨多，則以其書辭理典據實有可觀，亦

以爲豫章時採求風教，邈與宥書極論諸曹心折有素，〈序〉所謂二三
學士者，徐當其選，乃楊《疏》於范氏門生故吏，指謂江、徐，又
以所譏近十家膚淺末學，列徐仙民名於七，失於深考矣。

知徐邈於《穀梁》有《傳注》、《傳義》，今二書不能區分，故馬氏總題曰《注
義》，共輯九十一條。

三、成　就

茲以馬氏所輯，與原輯書對勘，明其相異，並略論其疑義。

△徐〈序〉：「夫子感隱桓之事，爲作《春秋》，振王道於無王。」

連堂案：此輯自虞世南《北堂書鈔》，爲徐邈〈穀梁序〉。

△隱三年：「春王三月己巳，日有食之。」

　　徐《注》：「己巳爲二月晦，則三月不得庚戌也……取前月之日而冠以
　　後月，故不得稱晦，知非二月朔也。」

連堂案：「三月不得」下當有「有」字，「知非二月朔也」上當有「以其
不得稱晦」。

△隱五年《傳》：「舞夏，天子八佾，諸公六佾，諸侯四佾。」

　　徐《注》：「言佾則羽在其中，明婦人無武事，獨奏文樂。」

連堂案：此條爲范甯《集解》文，馬氏據《疏》說擬作徐邈之說。馬氏
注云：「楊《疏》云：何休、徐邈之等，並同范說。」

△桓元年《傳》：「桓無王，其曰王何也？謹始也。」

　　徐《注》：「桓公始終十八年，唯元年、二年、十年、十八年有王，自
　　外皆無王，故傳據以發問，而曰無王。」

連堂案：「始終」當作「終始」，「而曰」下當有「桓」字。

△桓三年《傳》：「諸母般申之曰：謹愼從爾父母之言。」

　　徐《注》：「鞶，佩囊也；紳，帶也。諸母爲施佩帶又戒之也。」

連堂案：此條傳文，馬氏輯作「諸母施鞶紳戒曰：謹愼從爾父母之言。」
馬氏注云：「今注疏本作『諸母般申之曰』，《初學記》引《穀梁傳》下載徐邈
改。《初學記》引脫『愼』字。」明代嘉靖安國刻本不脫。

△桓十四年《傳》：「無冰時，燠也。」

　　徐邈云：「《傳》：無冰時，燠也。謂無冰書時，燠煖也。『時』字上屬
　　爲句。」

連堂案：「屬」各本作「讀」。

△莊二十六年《傳》：「無命大夫而曰大夫，賢也，爲曹羈崇也。」

　　徐《注》：「禮以飾情，疏則禮略。」

連堂案：「疏」上脫「情」字。

△僖十五年：「齊師曹師伐厲。」

　　徐《注》：「于時霸業已衰，勤王之誠替于初，震矜之容見於外。」

連堂案：「初」當作「內」。

△文二年：「作僖公主。」

　　徐《注》：「主蓋神之所馮依，其狀正方，穿中央達四方。天子長尺二寸，諸侯長一尺。」

連堂案：此條爲范甯《集解》文，馬氏據《疏》說擬作徐邈之說。馬氏注云：「楊《疏》云：何休、徐邈並與范《注》同。」

△文二年《傳》：「立主，喪主於虞，吉主於練。」

　　徐《注》：「謂之虞者，親喪已入壙，皇皇無所見，求而虞事之，虞猶安也，虞主用桑者，桑猶喪也，取其名與其麤觕，所以副孝子之心。練主用栗者，謂既埋虞主於兩階之間，易用栗木爲主，取其戰栗，故用栗木爲主。士虞記曰：桑主不文，吉主皆刻而謐之，蓋爲禘時別昭穆也。」

連堂案：此條《疏》引何休，馬氏據《疏》說輯之如此。馬氏注云：「楊《疏》引何休云云，徐邈注《穀梁》盡與之同。」

△文四年：「逆婦姜于齊。」

　　徐《注》：「不書至，不稱夫人，不娶賤略之。」

連堂案：「不娶賤」當作「下娶賤」。

△文十二年：「子叔姬卒。」

　　《傳》：「其曰子叔姬，貴也，公之母姊妹也。」

　　徐《注》：「上傳云子叔姬者，杞夫人，見出，故不言杞；下傳云許嫁者，言是列女，非杞叔姬也。」

連堂案：「列女」爲「別女」之訛。

△宣八年《傳》：「葬既有日，不爲雨止。」

　　徐《注》：「禮，喪事有進而無退。」

連堂案：「而」字衍。

△成元年：「作丘甲。」

　徐《注》：「甲有伎巧，非凡民能作，而強使作之，使書月以譏之。」

連堂案：「使」當作「故」。

△成九年：「季孫行父如宋致女。」

　徐《注》：「以其責小禮，失大節，故《傳》曰：『不與內稱』，謂不稱
　夫人而稱女。」

連堂案：「失」各本作「違」。

△昭八年《傳》：「流旁握，御擊者不得入。」

　徐《注》：「流，至也，門之廣狹，足合車通至車兩軸去門之旁邊一握。」

連堂案：「合」各本作「令」。

△昭九年：「許遷于夷。」

　徐《注》：「許十八年又遷于白羽，許比遷徙，所都無常，居處薄淺，
　如一邑之移，故略而不月，不得從國遷居例。」

連堂案：「不得從國遷居例」，「居」誤，當作「常」。

△定元年：「春王三月，晉人執宋仲幾于京師。」

　徐《注》：「《傳》：『定元年不書正月，言定無正也』，然則改元即位，
　在于此年，故不可以書王，書王必有月以承之。」

連堂案：「不可以書王」，「以」下脫「不」字。

四、評　價

　　馬氏之輯詳備。隱五年、文二年等三條楊《疏》以徐邈說同范《注》、同
何《注》，而據范《注》及楊《疏》所引何《注》為輯，雖文字未必如一，然
輯之周備；桓三年據《初學記》載輯傳文，足存其眞，皆其佳處。其缺失則
為輯文誤字、誤刻達十餘字。

第九節　春秋穀梁傳注

一、輯者傳略

　　馬國翰，見本章第二節。

二、概　述

徐乾《春秋穀梁傳注》一卷，馬國翰輯，在其《玉函山房輯佚書》。《序錄》云：

> 《春秋穀梁傳徐氏注》一卷，晉徐乾撰。乾字文祚，東莞人，官給事中，見《經典釋文·序錄》。《隋志》云：「梁有《春秋穀梁傳》十三卷，晉給事郎徐乾注，亡」，《唐志》復以十三卷著錄，今佚。范《注》引六節，楊《疏》引一節，據輯。研究書法日與不日之例，全書之旨，概可知矣。

知此卷輯自范《注》楊《疏》所引，僅七條。

三、成　就

以馬氏所輯，與原輯書對勘，有一處誤倒，錄之如下；另錄一例，以概其餘。

△襄三十年：「夏四月，蔡世子般弒其君固。」

《傳》：「其不日，子奪父政，是謂夷之。」

徐《注》：「凡中國君正卒，皆書日以錄之，夷狄君卒，皆不以日略之。」

連堂案：「皆不以日略之」當作「皆不日以略之」。

△莊六年：「春王二月，王人子突救衛。」

《傳》：「王人卑者也，稱名，貴之也。」

徐乾：「王人者，卑者之稱也，當直稱王人而已，今以其能奉天子之命救衛而拒諸侯，故加名以貴之。僖八年公會王人齊侯，是卑者之常稱。」

連堂案：此條輯自范甯《集解》。

四、評　價

卷帙少，引之者亦顯明易見，輯之易，而功不大，疏失亦少。

第十節　春秋穀梁傳說

一、輯者傳略

馬國翰，見本章第二節。

二、概　述

　　鄭嗣《春秋穀梁傳說》一卷，馬國翰輯，在其《玉函山房輯佚書》。《序錄》云：

> 《春秋穀梁傳鄭氏說》一卷，晉鄭嗣撰。嗣不詳何人，其說《隋》、《唐志》皆不載，范氏《集解》引之凡二十節，以范《序》考之，當是甯父汪門生故吏，當時亦有撰著，而名不及江、徐，故志佚之也；輯爲一家說。至范氏兄弟邵、凱、雍、泰之等，家學同源，不復別著云。

知鄭嗣說均輯自范甯《集解》，並推斷鄭氏有撰著，而史志不載之由。王師熙元《穀梁著述考徵》云：

> 以范所引者考之，其文皆注釋語，知鄭氏當時於《穀梁》有注，故范得徵引其文也。〔註10〕

亦以鄭有撰著。又馬氏云二十節者，《考徵》云：

> 檢范《注》所引鄭說，實有二十二節，馬氏云二十節者誤。〔註11〕

馬氏實輯二十一節，其中合成十二年之兩節爲一，其於《集解》徵引，所輯未有漏失。

　　馬氏《序錄》「范氏兄弟」云云，則附明其不復自范甯《集解》輯出甯從弟范邵，子范凱、范雍、范泰等說之所由。

三、成　就

　　以馬氏所輯，與原輯書對勘，有差誤者三條，列之如下。

　　△文四年《傳》：「其曰婦姜，爲其禮成乎齊也。其逆者誰也？親逆而成婦，或公與？何其速婦之也。」

　　鄭《注》：「皆問者之辭，問曰以使大夫逆例稱女，而今稱婦，爲是公親逆與？怪稱婦速而反覆推之。」

　　連堂案：「曰」當作「者」，「而反覆推之」當作「故反覆推之」。

　　△宣二年《傳》：「故書之曰趙盾弒其君夷皋者，過在下也。」

　　鄭《注》：「不言罪而言過者，言非盾親弒，有不討賊之過。」

　　連堂案：「言過」各本作「曰過」。

〔註10〕同註3，頁35。
〔註11〕同註3，頁35。

△襄三十年《傳》：「不日卒而月葬，不葬者也，卒而葬之，不忍使父失民於子也。」

鄭《注》：「若不著葬，則嫌於失民。」

連堂案：「於」各本作「亦。」

四、評　價

卷帙少，引之者亦顯明易見，輯之易，而功不大，疏失亦少。

第十一節　春秋公羊穀梁二傳評

一、輯者傳略

馬國翰，見本章第二節。

二、概　述

江熙《春秋公羊穀梁二傳評》一卷，馬國翰輯，在其《玉函山房輯佚書》。《序錄》云：

> 《春秋公羊穀梁二傳評》一卷，晉江熙撰。熙字太和，官至兗州別駕，見《冊府元龜》，《隋志》此書三卷，不著名氏，《唐志》題江熙。《玉海》云：「《公穀二傳評》，今佚。」范甯《注》引十九節，據輯。按范《序》云：「先君北藩迴軫，頓駕於吳，乃帥門生故吏，我兄弟子姪，研講六籍，次及三傳」，又云：「釋《穀梁》者近十家，皆膚淺末學，不經師匠」，楊士勛《疏》：「門生，同門後生；故吏，謂昔日君臣江、徐之屬是也」，又解十家有江熙。熙評二傳，非專釋《穀梁》，且范《解》亟取其說，而無所斥駁，所謂「與二三學士及諸子弟各記所識，並言其意」，當不在十家之內也。

江書合《公羊》《穀梁》二傳，今馬氏所輯，僅存《穀梁》，本文亦以採入。馬氏所輯十九條，均爲范甯《集解》所徵引，其中二條又分別爲杜佑《通典》、《公羊・徐彥疏》徵引，而文有出入，馬氏均詳爲註明。

三、成　就

以馬氏所輯，與原輯書對勘，明其相異。

△莊三年：「葬桓王。」

　《傳》：「改葬也。改葬之禮緦，舉下緬也。」

　江《評》：「葬稱公，舉五等之上，改葬禮緦，舉五服之下，以喪緬藐遠也，天子諸侯易服而葬，以爲交於神明者，不可以純凶，況其緬者乎？是故改葬之禮，其服唯輕，言緬，釋所以緦也。」

連堂案：此條《通典》亦引，馬氏注云：「杜佑《通典》卷一百二引作『薨稱公』，『改葬』下有『之』字，『易服而葬』下有『之禮』二字，『交』上有『其』字，『神明者』下有『也』字，末句作『言緬所以釋緦』」。

△莊十二年：「春王三月，紀叔姬歸于酅。」

　《傳》：「國而曰歸，此邑也，其曰歸何也，吾女也，失國，喜得其所，故言歸焉爾。」

　江《評》：「四年齊滅紀，紀不言滅而言大去者，義有所見爾，則國滅也。叔姬來歸不書，非歸寧且非大歸也，叔姬守節，積有年矣，紀季雖以酅入于齊，不敢懷貳，然襄公豺狼，未可闇信，桓公既立，德行方宣於天下，是以叔姬歸于酅，魯喜其女得申其志。」

連堂案：「紀不言滅」，「紀」字衍。此條亦見引於徐彥《公羊疏》，馬氏注云：「《公羊傳》徐彥《疏》引云：『叔姬來歸不書，非歸寧且非出婦』，又引云：『紀季有酅入于齊』，餘並同。」以上兩條，馬氏均存列他處所引，以資對照，周延詳備，祈求精確，良可稱善。

△僖五年：「晉人執虞公。」

　江《評》：「三公殊而一致，三公舛而同歸。」

連堂案：上「三公」當作「三人」。

△僖二十七年《傳》：「楚人者，楚子也，其曰人何也？人楚子所以人諸侯也。其人諸侯何也？不正其信夷狄而伐中國也。」

　江《評》：「楚以亡義見貶，則諸侯之不從，不待貶而自見也，然則四國信楚而屈宋，《春秋》屈其信而信其屈，則楚子于兵首，則彼碌碌者以類見矣。故曰：「人楚子所以人諸侯。」

連堂案：「不待貶而自見」，各本無「自」字；「則楚子于兵首」，「則」爲「貶」之誤；「以類見」各本作「以期見」。

△哀二年《傳》：「納者，內弗受也。」

　江《評》：「鄭世子忽復歸子鄭。」

連堂案：「歸子鄭」，「子」為「于」之訛。

四、評　價

莊三年、十二年兩條，除范甯《集解》徵引外，分別為《通典》及《公羊疏》徵引，而文有出入，馬氏輯錄，並附注徵引異文，詳明周備。

綜馬氏所輯《穀梁》佚著，前人已輯，馬氏復輯者，皆能超越前賢；前人未輯者則遍輯之，且率皆周詳完備，輯文精確，所輯家數殊多，最有功於《穀梁》。

第十二節　穀梁劉更生義

一、輯者傳略

王仁俊，見本章第五節。

二、概　述

王氏所輯《穀梁》佚書，除劉兆《穀梁注》已見第五節外，尚有劉向《穀梁劉更生義》、段氏《春秋穀梁傳注》、未詳作者之《春秋穀梁傳序》及劉向《春秋穀梁劉氏義》四種，前三者在其《玉函山房輯佚書續編》，後者在其《十三經漢注四十種》〔註12〕。

此四種均僅一條，卷帙寡少，茲合為一節述之。劉向之兩種著作實為一種，輯自《說苑》；段氏一條實錄惠棟《九經古義》之說；〈春秋穀梁傳序〉則輯自《華陽國志》。

三、成　就

《穀梁劉更生義》及《春秋穀梁劉氏義》各一條，輯目《說苑・修文篇》，實同一內容，王氏重複輯錄，而繁簡有別，茲抄錄《穀梁劉更生義》以為說明。

〔註12〕王氏《十三經漢注四十種》一書，除《周禮班氏義》、《儀禮班氏義》、《春秋左傳許氏義》、《春秋左傳鄭氏義》、《論語何氏注》、《孟子鄭氏注》、《爾雅舍人注》、《爾雅李氏注》八種外，其餘三十二種均已見於《玉函山房輯佚書續編》。參見《玉函山房輯佚書續編三種・出版說明》（上海：上海古籍出版社，1989年9月）。

　　△隱元年《傳》：「乘馬曰賵，衣衾曰襚，貝玉曰含，錢財曰賻。」

　　　三年《傳》：「歸死者曰賵，歸生者曰賻。」

　　　劉向云：「古者吉行五十里，奔喪百里，贈賻及事之謂時；時，禮之大

　　　者也。《春秋》曰：『天王使宰咺歸惠公仲子之賵』，賵者何？喪事有賵，

　　　蓋以乘馬束帛輿馬曰賵，貨財曰賻，衣被曰襚，口實曰含，玩好曰贈。

　　　知生者賵賻，知死者贈襚；贈襚所以送死也，賻賵所以佐生也。輿馬、

　　　束帛、貨財、衣被、玩好，其數奈何？曰：天子乘馬六匹，諸侯四匹，

　　　大夫三匹，元士二匹，下士一匹；天子束帛五帛匹，玄三纁二各五十

　　　尺，諸侯玄三纁二各三十尺，大夫玄六一纁一各三十尺，元士玄一纁

　　　一各二丈，下士綵縵各一匹，庶人布帛各一匹；天子之賵，乘馬六匹

　　　乘車，諸侯四匹乘輿，大夫日參輿，元士下土不用輿；天子衣繡衣各

　　　一襲到地，諸侯覆跗，大夫到踝，士到髀；天子含實以珠，諸侯以玉，

　　　大夫以璣，士以貝，庶人以穀實，位尊德厚及親，賻賵含襚厚，貧富

　　　亦有差，二三四五之數，取之天地而制奇偶，度之人情而出節文謂之

　　　有因，禮之大宗也。」

　　連堂案：此節輯自《說苑‧修文篇》，《春秋穀梁劉氏義》所輯較略，僅

輯「喪事有賵」至「賻賵所以佐生也」。又王氏所輯，誤字頗多，茲一一列述

於下。隱元年傳文「含」，《穀梁劉更生義》誤作「會」，《春秋穀梁劉氏義》

不誤。「天王使宰咺歸惠公仲子之賵」，「歸」上脫「來」字。「喪事有賵」，「賵」

下脫「者」字。「天子束帛五帛匹」，下「帛」字衍。「大夫玄六一纁一各三十

尺」，「六」字衍，下「一」字當作「二」。「元士下土不用輿」，「土」當作「士」。

「天子衣繡衣」，上「衣」字當作「文」。「位尊德厚及親」，「親」下脫「者」

字。

　　又案：《修文篇》非《穀梁》專著，僅爲相關述作，且《說苑》見存，王

氏以《穀梁》佚書輯入，頗爲乖謬；而兩處重出，又繁簡有別，既失限斷，

又乏條理，可謂貪多求備而失其眞者也。

　　段氏《春秋穀梁傳注》輯一節，錄之如下。

　　△《春秋穀梁傳注》十四卷，段氏撰。《九經古義》曰：「《經典‧序錄》

　　　不詳肅何人，《隋志》疑漢人。棟案：《後漢‧班固傳》：『固奏記東平

　　　王云：宏農功曹史殷肅，達學洽聞，才能絕倫，誦《詩》三百，奉使

　　　專對』，章懷《注》：『固集殷作段』，然則殷肅即段肅也。」

　　連堂案：「章懷注」下脫「云」字。此條引惠棟《九經古義》之說，輯無所輯，實爲不倫。

　　〈春秋穀梁傳序〉一節，錄之如下。

　　△「成帝時，議立三傳博士，巴邵脣君安獨駁《左傳》不祖聖人。」

　　連堂案：此條輯自《華陽國志》卷十下，「成帝」上有「春秋穀梁傳首敘曰」八字，余蕭客《古經解鉤沈》已先王氏載錄矣。

四、評　價

　　王氏所輯《穀梁》佚著，除劉兆《穀梁注》得力於原本《玉篇》超越前人外，因《穀梁》佚書已輯無可輯，實無成績可言；且輯文多誤、脫、衍字，有失謹嚴，未足與馬國翰並論。

第七章　評選之屬

　　《穀梁》非辭章之作，然明清以來，亦有評《穀梁》之專書，其中以明鍾惺《穀梁傳評》較著，清代承鍾氏之後爲之評選者有儲欣《穀梁選》、王源《穀梁傳評》及高嵀《穀梁傳鈔》三家，所評除文章外皆兼及義理，本文則論其文評爲主。

第一節　穀梁傳評

一、作者傳略

　　儲欣（1631～1706）字同人，江蘇宜興人，嘗闢在陸草堂，學者稱在陸先生。康熙二十九年舉人，年六十領鄉薦，試禮部不遇，杜門著書，有《春秋指掌》、《在陸草堂集》。欣以制藝名於時，而古文亦謹潔明暢，有唐宋家法，另選有《唐宋十大家全集錄》，乃仿茅坤《唐宋八大家文鈔》，增李翱、孫樵爲十家，各爲批評，亦間附考註，書出風行海內。另有《左傳》、《公羊》、《國語》、《戰國策》、《史記》、《西漢文》及《穀梁傳評》等評選。生於明崇禎四年，卒於清康熙四十五年，年七十六。

二、概　述

　　儲欣《穀梁傳評》屬隨機評點，並無完整之論述，評點所及，或論《穀梁》評人論事、敘事陳情，或言文章風格、結構，亦兼及於義理，茲就其說之有見者，略作證補闡述。

三、成　就

ㄅ、評評人論事

《春秋》謹嚴，寓寄褒貶，《穀梁》釋經，評人論事，得其清屬，柳宗元云：「參之《穀梁》以屬其氣」，儲欣之評，曾點及之。隱元年，鄭伯克段于鄢，《傳》云：

> 克者何？能也；何能也？能殺也；何以不言殺？見段之有徒眾也。段，鄭伯弟也；何以知其為弟也？殺世子母弟目君，以其目君，知其為弟也。段，弟也，而弗謂弟；公子也，而弗謂公子，貶之也。段失子弟之道矣，賤段而甚鄭伯也。何甚乎鄭伯？甚鄭伯之處心積慮成於殺也。于鄢，遠也，猶曰取之其母之懷中而殺之云爾，甚之也。然則為鄭伯者宜奈何？緩追逸賊，親親之道也。

儲欣於「段失子弟之道矣」評曰：

> 先責段，側重鄭伯。

傳末總評曰：

> 推見莊公至隱，直令無躲閃處。

儲評是。《穀梁》此傳可謂迂迴曲盡，孫鑛評云：

> 《穀梁》引事略於《公羊》，而理必入微，辭必達竅，《公羊》不如也。

張榜評曰：

> 說得透，斷得嚴。

其斷鄭伯，確然無所改易，無處閃躲。

昭四年，執齊慶封殺之，《傳》云：

> 此入而殺，其不言入何也？慶封封乎吳鍾離，其不言伐鍾離何也？不與吳封也。慶封其以齊氏何也？為齊討也。靈王使人以慶封令於軍中曰：「有若齊慶封弒其君者乎？」慶封曰：「子一息，我亦且一言曰：有若楚公子圍，弒其兄之子而代之為君者乎？」軍人粲然皆笑。慶封弒其君，而不以弒君之罪罪之者，慶封不為靈王服也，不與楚討也。《春秋》之義，用貴治賤，用賢治不肖，不以亂治亂也。孔子曰：「懷惡而討，雖死不服」，其斯之謂與？

儲欣評曰：

> 不與吳封，不與楚討，一篇兩斷案。

此見經之謹嚴，見傳釋經之周延，案詳贍而斷不移。《春秋》之義云云，深得經義，為明訓，為典範，足見《穀梁》評人論事之工。

襄十九年，晉士匄帥師侵齊，至穀，聞齊侯卒，乃還，《傳》云：

> 還者，事未畢之辭也，受命而誅，生死無所加其怒，不伐喪，善之也。善之則何為未畢也？君不尸小事，臣不專大名，善則稱君，過則稱己，則民作讓矣。士匄外專君命，故非之也。然則士匄者宜奈何？宜墠帷而歸命乎介。

儲欣評曰：

> 褒其不伐喪，貶其專君命，斷案俱允。

此傳論理明晰，褒其所當褒，貶其所不可不貶，是非無所假借於其間，儲氏謂其「斷案俱允」是也。

夂、評敘事陳情

《穀梁》釋經或直釋其義，或析論，或評斷，少敘述之文，然仍有其精采處，儲《評》曾及之。

僖十年晉殺其大夫里克，《傳》云：

> 稱國以殺，罪累上也。里克弒二君與一大夫，其以累上之辭言之何也？其殺之不以其罪也。其殺之不以其罪奈何？里克所為弒者，為重耳也，夷吾曰：「是又將殺我乎？」故殺之不以其罪也。其為重耳弒奈何？晉獻公伐虢得麗姬，獻公私之，有二子，長曰奚齊，稚曰卓子，麗姬欲為亂，故謂君曰：「吾夜者夢夫人趨而來曰『吾苦畏』，胡不使大夫將衛士而衛冢乎？」公曰：「孰可使？」曰：「臣莫尊於世子，則世子可。」故君謂世子曰：「麗姬夢夫人趨而來曰：『吾苦畏』，女其將衛士而往衛冢乎？」世子曰：「敬諾。」築宮，宮成，麗姬又曰：「吾夜者夢夫人趨而來曰：『吾苦饑』，世子之宮已成，則何為不使祠也。」故獻公謂世子曰：「其祠。」世子祠，已祠，致福於君，君田而不在，麗姬以鴆為酒，藥脯以毒，獻公田來，麗姬曰：「世子已祠，故致福於君。」君將食，麗姬跪曰：「食自外來者，不可不試也。」覆酒於地而地賁，以脯以犬，犬死，麗姬下堂而蹄呼曰：「天乎！天乎！國子之國也，子何遲於為君。」君喟然歎曰：「吾與女未有過切，是何與我之深也？」使人謂世子曰：「爾其圖之。」世子傅里克謂世子曰：「入自明，入自明則可以生，不入自明則不可

以生。」世子曰:「吾君已老矣,已昏矣,吾若此而入自明,則麗姬
必死,麗姬死,則吾君不安,所以使吾君不安者,吾不若自死,吾
寧自殺以安吾君,以重耳爲寄矣。」刎脰而死。故里克所爲弒者,
爲重耳也,夷吾曰:「是又將殺我也。」

此《穀梁》少有之長文,其中情節之舖敘,人物場景之刻鏤,歷歷如繪,唱
作俱佳,儲欣評麗姬、獻公云:

麗姬詐僞如眞,獻公昏迷如夢,寫來入神。

張榜於「麗姬下堂而啼」評云:

一忙忙迫迫,一忿忿憤憤,描景如睹。

鍾惺於「胡不使大夫將衛士而衛冢乎」評云:

意在致禍,而先從衛冢起手,伏機遠而挑釁微,令人不測,麗姬眞
婦人之雄哉!

於「國子之國也,子何遲於爲君」評云:

絕無一字是譖,語語提醒獻公之忌,毒甚。

寫里克之勸世子:「入自明則可以生,不入自明則不可以生」,入與不入,一
念之間;可生與不可生,判然兩極。繼寫世子心理之推衍,則出以層遞手法,
層層推究,終結以「寧自殺以安吾君」,故儲氏評曰:

慘慘惻惻。

則以其情景歷歷如見。孫鑛於「吾君已老矣」下評曰:

腐心瀝血之語,不用追琢,自然濃至。

此傳描繪,曲盡情事,其中人物之形象,心境之忿憤慘惻,自然感知,而後
半之夾敘夾議,則具點醒之功。

定四年冬十一月庚辰,吳入楚,《傳》云:

日入,易無楚也。易無楚者,壞宗廟,徙陳器,撻平王之墓。何以
不言滅也?欲存楚也。其欲存楚奈何?昭王之軍敗而逃,父老送之,
曰:「寡人不肖,亡先君之邑,父老反矣,何憂無君,寡人且用此入
海矣。」父老曰:「有君如此其賢也,以眾不如吳,以必死不如楚。」
相與擊之,一夜而三敗吳人,復立。何以謂之吳也?狄之也。何謂
狄之也?君居其君之寢,而妻其君之妻;大夫居其大夫之寢,而妻
其大夫之妻;蓋有欲妻楚王之母者。不正乘敗人之績而深爲利,居
人之國,故反其狄道也。

儲《評》曰：

> 無一懈筆。

此傳運用問答，運用對話，層層引入，環環相扣，可謂如剝蕉心。其於「父老反矣，何憂無君」評曰：

> 慘語。

於「以眾不如吳，以必死不如楚」評曰：

> 壯語。

點出兩處對比之敘述及君民真情之流注。其中君民對顯，吳楚對比，頗為鮮明；而吳之由易入而三敗，楚之由敗逃而復存，其脈絡亦蘊此對比中。此傳敘事綿密，情意豐沛，而末夾議論，則點出成敗之其來有自。

儲《評》二度因禮制、稅制之隳壞，而興今不如昔之慨歎，亦引述之。桓十五年，天王使家父來求車，《傳》云：

> 古者諸侯時獻于天子，以其國之所有，故有辭讓而無徵求，求車，
> 非禮也，求金，甚矣。

儲氏評曰：

> 事各有漸，求車乃求金之漸也，只二語有無限感吁。

傳言「古者」，確有漸義，有今不如昔之慨。與其相類者，宣十五年，初稅畝，《傳》云：

> 初者，始也，古者什一，藉而不稅，初稅畝，非正也。古者三百步
> 為里，名曰井田，井田者，九百畝，公田居一，私田稼不善則非吏，
> 公田稼不善則非民。初稅畝者，非公之去公田，而履畝十取一也，
> 以公之與民為已悉矣。古者公田為居，井灶蔥韭盡取焉。

儲氏評曰：

> 帶筆作餘波，結處承悉字長懷遠想，無限感吁。

此亦取其古今對比，至於悉盡之極，則真不免長懷遠想矣。

ㄇ、評文章風格

儲氏於《穀梁》文章風格有評其簡潔者，評其古厚、古淡者，評其轉圜靈巧者，各舉之以明。

成元年《傳》云：

> 齊人知之者曰：齊之患必自此始矣。

儲氏評曰：

妙在簡。

僖三年《傳》云：

陽穀之會，桓公委端搢笏而朝諸侯，諸侯皆諭乎桓公之志。

儲氏評曰：

高簡莊重。

儲評是。簡潔莊重爲《穀梁》文章之風格，復舉例以明。文元年《傳》：

禮，有受命無來錫命，錫命非正也。

文九年《傳》：

求車猶可，求金甚矣。

京，大也；師，眾也。言周，必以眾與大言之也。

楚無大夫，其曰獲何也？以其來我襃之也。

宣元年《傳》：

繼故而言即位，與聞乎故也。

宣十年，天王使王季子來聘，《傳》：

其曰王季，王子也；其曰子，尊之也。聘，問也。

宣十八年《傳》：

夷狄不卒；卒，少進也。卒而不日；日，少進也。日而不言正不正，簡之也。

類此者，皆文辭簡潔而辭義莊嚴。

言其古厚者，莊二十八年，臧孫辰告糴于齊，《傳》云：

國無三年之畜曰：國非其國也。一年不升告糴諸侯，告，請也。糴，糴也。不正，故舉臧孫辰以爲私行也。國無九年之畜曰不足，無六年之畜曰急，無三年之畜曰國非其國也。諸侯無粟，諸侯相歸粟，正也。臧孫辰告糴于齊，告然後與之，言內之無外交也。古者稅什一，豐年補敗，不外求而上下皆足也。雖累凶年，民弗病也。一年不艾而百姓饑，君子非之。不言如，爲內諱也。

儲氏評曰：

引古作斷，經濟古厚，已爲西京之祖。

成五年《傳》：

高者有崩道也，有崩道則何以書也？

儲氏評曰：

純以複句見古淡。

此評《傳》之古厚、古淡。至其靈巧處，隱三年，武氏子來求賻，《傳》云：

歸死者曰賵，歸生者曰賻，歸之者正也，求之者非正也。周雖不求，魯不可以不歸，魯雖不歸，周不可以求之。求之爲言，得不得未可知之辭也，交譏之。

儲氏評曰：

只一求字中，見周魯均失。

此見經之謹嚴，傳之切要。又於「周雖不求，魯不可以不歸」下評曰：

如轉圜。

此乃就周、魯不同立場，分別論斷，可謂全面觀照，不拘一隅。就其造語言，確如儲云轉圜，既得靈巧，且可對顯。

ㄷ、評文章結構

《穀梁》文章大體簡短，然亦顧及結構之承轉呼應，儲《評》及之。

隱元年《傳》云：

公何以不言即位？成公志也。焉成之？言君之不取爲公也。君之不取爲公何也？將以讓桓也。讓桓正乎？曰：不正。《春秋》成人之美，不成人之惡，隱不正而成之，何也？將以惡桓也。其惡桓何也？隱將讓而桓弒之，則桓惡矣。桓弒而隱讓，則隱善矣。善則其不正焉，何也？《春秋》貴義而不貴惠，信道而不信邪。孝子揚父之美，不揚父之惡，先君之欲與桓，非正也，邪也。雖然，既勝其邪心以與隱矣，己探先君之邪志，而遂以與桓，則是成父之惡也。兄弟，天倫也，爲子受之父，爲諸侯受之君，己廢天倫而忘君父，以行小惠，曰小道也。若隱者，可謂輕千乘之國，蹈道則未也。

儲氏於「先君之欲與桓，非正也，邪也」評曰：

承孝子句，大發邪正。

於「己廢天倫，而忘君父」評曰：

一句總斷。

其說是，尤以「一句總斷」點明析論之總結，亦爲辭氣之沈穩、凝重處。張榜云：

十六字爲一句，一句四轉，收盡一篇，眞是力扛九鼎。

鍾惺亦云：

　　　　大義只一語便明透者，妙在先反覆問難，令意中無一痕疑辨故耳。

　　　　《穀梁》往往如此。（隱五年）

此明一句總斷之所以然，並謂其爲《穀梁》釋經之常例。

　　　昭十九年冬，葬許悼公，《傳》云：

　　　　日卒時葬，不使止爲弒父也。曰：子既生，不免乎水火，母之罪也；

　　　　羈貫成童，不就師傅，父之罪也；就師學問無方，心志不通，身之

　　　　罪也；心志既通，而名譽不聞，友之罪也；名譽既聞，有司不舉，

　　　　有司之罪也；有司舉之，王者不用，王者之過也。許世子不知嘗藥，

　　　　累及許君也。

儲氏於「父之罪也」評曰：

　　　　是主。

「就師問學無方」評曰：

　　　　此下因父之罪而類及。

於傳末「許世子不知嘗藥，累及許君也」評曰：

　　　　收歸主意。

此說傳文結構，前後呼應，中間則作相關之申論，類如此者，復舉一二以明。

　　　桓十四年秋八月壬申，御廩災，乙亥，嘗，《傳》云：

　　　　御廩之災不志，此其志何也？以爲唯未易災之餘而嘗可也，志不敬

　　　　也。天子親耕，以共粢盛，王后親蠶，以共祭服，國非無良農工女

　　　　也，以爲人之所盡，事其祖禰，不若以己所自親者也。何用見其未

　　　　易災之餘而嘗也？曰：甸粟而內之三宮，三宮米而藏之御廩，夫嘗

　　　　必有兼旬之事焉。壬申，御廩災，乙亥，嘗，以爲未易災之餘而嘗

　　　　也。

　　　莊三年，葬桓王，《傳》云：

　　　　《傳》曰：改葬也。改葬之禮緦，舉下，緬也。或曰：卻尸以求諸

　　　　侯，天子志崩不志葬，必其時也。何必焉，舉天下而葬一人，其義

　　　　不疑也。志葬，故也，危不得葬也。曰：近不失崩，不志崩，失天

　　　　下也。獨陰不生，獨陽不生，獨天不生，三合然後生。故曰：母之

　　　　子也可，天之子也可。尊者取尊稱焉，卑者取卑稱焉。其曰王者，

　　　　民之所歸往也。

以上二例，皆前後呼應，中段類及申論，鍾惺於後一例評曰：

往往發一段精言微論，出題之外，令人想見題中之妙。

儲《評》之及於結構者，尚有前引僖十年「殺其大夫里克」傳評曰：

> 自然照應，章法峭逸。

又哀十三年，公會晉侯及吳子會於黃池，《傳》云：

> 黃池之會，吳子進乎哉！遂子矣。吳，夷狄之國也，祝髮文身，欲
> 因魯之禮，因晉之權，而請冠端而襲，其藉于成周，以尊天王，吳
> 進矣。吳，東方之大國也，累累致小國以會諸侯，以合乎中國。吳
> 能爲之，則不臣乎？吳進矣。王，尊稱也；子，卑稱也。辭尊稱而
> 居卑稱，以會乎諸侯，以尊天王。吳王夫差曰：「好冠來。」孔子曰：
> 「大矣哉！夫差未能言冠而欲冠也。」

儲氏評曰：

> 一結有奇趣，餘韻鏗然。

餘韻留餘思，詞以表義，義蘊詞中，咨嗟抑揚，皆有義於其中；詞留餘韻，
正示以得深一層思義探義者也。此形式結構，亦所以表意也。

ㄅ、評義理

儲氏之評，不限文辭，時及於內容義理，惟《穀梁》本爲釋義之作，闡
發者多，就質與量言，儲《評》均不足觀，不如文辭評點者少，尚得一述，
今舉數例，一明其及義理，一明義理文辭或未能截然分判。

莊元年，築王姬之館于外，於傳末評云：

> 天子嫁女于諸侯，使諸侯同姓者爲之主，時王姬下嫁齊襄，而使魯
> 爲主也。

此全爲疏義，不涉文辭。桓元年春王，於傳末評云：

> 桓自二年以後，春不書王，故元年稱王，獨以王治桓。

此亦爲釋義。至桓二年「蓋爲祖諱也，孔子故宋也」評曰：

> 結處別有一義，其說乃全。

此言義理，並及結構；而僖三年，陽穀之會，於傳末評云：

> 高簡莊重。

此雖評文辭風格，然此風格實由義涵而來，文辭義理，密合難分。

四、評　價

儲氏承明鍾惺《穀梁傳評》之後，亦有述作，書中或評識見，或評遣辭

用字，或評文章結構與風格，大率不出鍾《評》範疇，而亦有所見，能明《穀梁》文章之佳處，及其解經之風格。

《穀梁》旨在闡義，非以文章見長，惟義理繫諸文辭，文辭之切合與否，攸關義理之傳達，故文評家亦及之，然足爲闡述者少，成就有限，此《穀梁》文評之通性，下王源、高嵣二家亦然。

第二節　穀梁傳評

一、作者傳略

王源，字崑繩，一字或菴，河北大興人。康熙三十二年舉人，以文學名於時，晚歲與李塨交，相與師事顏元，卒年六十餘。著有《居業堂集》及《左傳評》、《公羊傳評》、《穀梁傳評》、《孟子評》、《莊子評》等。

二、概　述

《穀梁傳評》一卷，評文之外，亦略及傳義，惟量少無創發，茲不及之；又卷中偶有引述明張榜及鍾惺之評，亦所不及。茲略分評文章風格、評筆法技巧、評文章結構論述之。

三、成　就

ㄅ、評文章風格

王氏於《穀梁》文章風格，曾點出其簡盡嚴冷。莊四年，公及齊人狩于郜，《傳》云：

> 齊人者，齊侯也，其曰人何也？卑公之敵，所以卑公也。何爲卑公
> 也？不復讎而怨不釋，刺釋怨也。

此釋經稱齊侯爲齊人所以卑公，而卑公之由在其釋怨，詮解簡明，而貶刺堅冷，王氏評云：

> 言簡而盡，筆冷而嚴。

王氏之評切當。《穀梁》文章之高簡，評人論事之嚴峻，於前節及鍾文烝《補注》皆曾及之；王氏於此傳特標其簡而盡，冷而嚴，合兩風格於一傳，惟僅此一例，茲復舉其類同者，以爲證補。

莊五年，公會齊人宋人陳人蔡人伐衛，《傳》云：

是齊侯宋公也，其曰人何也？人諸侯所以人公也。其人公何也？逆天王之命也。

文五年，王使榮叔歸含且賵，《傳》云：

含一事也，賵一事也，兼歸之，非正也；其曰且，志兼也，其不言來，不周事之用也。賵已早，而含已晚。

襄十二年，季孫宿帥師救邰，遂入鄆，《傳》云：

遂，繼事也；受命而救邰，不受命而入鄆，惡季孫也。

此釋經文，皆簡明而盡，其斷人事，皆嚴峻堅冷。

夕、評筆法技巧

《穀梁》簡明之釋經，嚴冷之貶刺之外，亦有其靈巧之處。隱三年，武氏子來求賻傳（見第一節引），於「歸死者曰賵，歸生者曰賻」，王氏評云：

提出歸字，反跌求字，妙，妙。

於全傳歸與求之交錯詮解，王氏總評云：

以歸字形容求字，無限文情。

此明傳以對顯映襯示義。

定元年，大雩，《傳》云：

雩月，雩之正也，秋大雩，非正也，冬大雩，非正也。秋大雩，雩之為非正，何也？毛澤未盡，人力未竭，未可以雩也。雩月，雩之正也，月之為雩之正何也？其時窮，人力盡，然後雩，雩之正也。何謂其時窮，人力盡？是月不雨則無及矣，是年不艾，則無食矣，是謂其時窮，人力盡也。雩之必待其時窮，人力盡，何也？雩者，為旱求者也。求者，請也，古之人重請，何重乎請？人之所以為人者讓也，請道去讓也；則是舍其所以為人也，是以重之。焉請哉？請乎應上公，古之神人有應上公者，通乎陰陽，君親帥諸大夫道之而以請焉，夫請者非可諂託而往也，必親之者也，是以重之。

王氏於「雩之正也」、「時窮人力盡」之多次複述評云：

複述不厭，但覺纏綿。

於此傳之總評亦云：

前半共十三個雩字（連堂案：當為十四個），纏綿宛折，如百丈游絲，隨風裊裊，情態萬千；後半共八個請字，幽曲渺忽，如路轉峰迴，別入洞天，令人杳不知所往。

此傳之釋經，或直釋其義，非刻意為文，然傳文呈現之情態，確有如王氏之說者，此天成筆法，足可稱道，足堪仿效者也。

宣十五年，初稅畝傳（見第一節引），王氏評云：

> 三提古者，有雲斷岳連之妙。

此雖明文章之脈絡，然其內容亦以古今對顯，欲借古以諷今之筆法也。

僖五年，公及齊侯宋公陳侯衛侯鄭伯許男曹伯會王世子于首戴，秋八月，諸侯盟于首戴，《傳》云：

> 無中事而復舉諸侯何也？尊王世子而不敢與盟也。尊則其不敢與盟何也？盟者不相信也，故謹信也，不敢以所不信而加之尊者。桓諸侯也，不能朝天子是不臣也；王世子，子也，塊然受諸侯之尊己，而立乎其位，是不子也。桓不臣，王世子不子，則其所善焉何也？是則變之正也。天子微，諸侯不享覲，桓控大國，扶小國，統諸侯，不能以朝天子，亦不敢致天王，尊王世子于首戴，乃所以尊天王之命也。世子含王命會齊桓，亦所以尊天王之命也。世子受之可乎？是亦變之正也。天子微，諸侯不享覲，世子受諸侯之尊己而天王尊矣，世子受之可也。

王氏評云：

> 末二段變換之妙，在一用順敘法，一用逆敘法，細玩自知之。

王氏之評是。「世子含王命會桓」與「世子受諸侯之尊己」兩句，一主一客，兩面分說，迴環兩立，而權變合道之辨析始盡，此一順一逆之筆法，正應內涵之周密而生，乃以適切之筆法技巧，顯文章之經旨大義。又於「乃所以尊天王之命也」下評云：

> 自桓控大國至此，共三十八字，作一句讀，裊裊折折，如匹練迎風。

此以氣盛顯理直，句勢之凌厲，切合內容之傳達。

文十四年，晉人納捷菑于邾，弗克納，《傳》云：

> 是郤克也，其曰人何也？微之也。何為微之也？長轂五百乘，綿地千里，過宋鄭滕薛，敻入千乘之國，欲變人之主，至城下，然後知，何知之晚也？弗克納，未伐而曰弗克何也？弗克其義也。捷菑，晉出也，貜且，齊出也；貜且，正也；捷菑，不正也。

王氏於「何知之晚也」下評云：

> 自長轂至此數句，一氣轉注，筆力千鈞。

又云：

> 後人爲文，不是寫盡，便是寫不盡；寫盡者無餘蘊，寫不盡者有餘
> 義；古人則既有餘蘊，復無餘義。

此文筆勢奔湧，情感得盡情宣洩，兵勢之壯盛威猛，表露無遺，此寫盡情勢之辭采句法也；而末尾數語之疏澹，對顯前半之奔湧，則爲波瀾後應有之深思戒惕，而經義之森嚴冷峻出矣，此餘蘊無窮也。

成二年，及國佐盟于爰婁，《傳》云：

> 使耕者盡東其畝，則是終土齊也，不可。請一戰，一戰不克請再，
> 再不克請三，三不克請四，四不克請五，五不克舉國而授，于是而
> 與之盟。

王氏以此傳「請四，請五」傷贅，於傳末又云：

> 意盡詞竭便無味。

就句勢言，請戰至於五，誠爲衰竭不振，然傳以釋經爲主，不以能文爲高，國佐誓爲五戰，五戰不克始棄而授之，此示其不屈於非理要脅之決心，豈可以文字爲計而割裂經傳？

ㄇ、評文章結構

王氏之評有及於文章結構者，其評隱元年春王正月傳（見第一節引）云：

> 先將「不正」二字立定一篇主意，下就將「成公志」翻駁一段，然
> 後應轉不正而詳其故，先以「貴義」「信道」二語立綱，下劈分兩段，
> 一應信道，見隱公之信邪；一應貴義，見隱公之貴惠。細按章法，
> 堂堂正正，絕不離奇，而讀之但覺出沒變化，不可端倪者，何也？
> 一在翻駁成公志一段，一在分應貴惠信邪，渾融難辨，而每段中又
> 各有波瀾，瀠迴旋伏，所以踪跡難見。

此評剖析明切，傳文之啓承應合，皆可詳其脈絡。

莊二十八年，臧孫辰告糴于齊傳（見第一節引），王氏於首句下評云：

> 憑空落筆，翻起告糴，卻一句就住。

於「故舉臧孫辰以爲私行也」下點明：

> 此段是正義。

於「無三年之畜曰國非其國也」下評云：

> 復申前文，以足正義，如連山斷嶺。

於「言內之無外交也」下評云：

此段又出一義，是旁文，有天外三峰之妙。

此傳總評云：

> 文章不難在主客，唯主客穿插之際，出脫奇變爲難耳。先秦文字，
> 每從半腰説起，憑空落筆，不見其首，然後瞥入正義，以首爲腰，
> 既又將後義倒挈置前，而結處或截然止，或杳然去，不見其尾，而
> 其間又或從題外著意，或從題中橫起峰巒，于無首無尾之中，更有
> 許多似首非首，似尾非尾之處，故望之如山靈秘怪，恍忽莫定，然
> 按其脈理，尋其蹤跡，不過主客穿插之際，出脫變化爲奇耳。

此謂結構之起結照映，錯綜變化。莊三十年，齊人伐山戎，《傳》云：

> 齊人者，齊侯也，其曰人何也？愛齊侯乎山戎也。其愛之何也？桓
> 內無因國，外無從諸侯，而越千里之險，北伐山戎，危之也。則非
> 之乎？善之也。何善乎爾？燕，周之分子也，貢職不至，山戎爲之
> 伐矣。

王氏評云：

> 不過是善之爾；卻先愛之，既又危之，繼又非之，然後善之。以一
> 層翻作四層，此古人于直中造曲，平處造奇法也。

就脈絡言，大處簡明，其間之錯綜，實倚結構之調理挪移而生。而其變化，
在求出奇，求文章之靈動生色，欲化平淡，以起波瀾。其類同者，襄六年，
莒人滅繒，《傳》云：

> 非滅也。中國日，卑國月，夷狄時。繒，中國也，而時，非滅也。
> 家有既亡，國有既滅，滅而不自知，由別之而不別也。莒人滅繒，
> 非滅也；立異姓以蒞祭祀，滅亡之道也。

王氏於首句「非滅也」評云：

> 憑空一句，兀然，瞥然。

第二句「非滅也」下評云：

> 複一句，終是團圞語；所以然之故，留在下文説，便有多少曲折。

於「由別之而不別也」下評云：

> 將滅字疏解一番，亦是團圞話。

第三句「非滅也」下評云：

> 又複一句，還是團圞話。

於末句評云：

減而非減之故，至此方明，萬轉千迴，才把主意說出，縈紆旋洑，無限文情。

此傳總評云：

「非減也，立異姓以莅祭祀，減亡之道也」，三言盡耳；無層次也，無波瀾也。作者卻從無層次中，造出層次，無波瀾中，生出波瀾。開口憑空斷一句，曰：非減也。下卻從減國大例推出非減之義，而不言其故，繼又將減而非減之義，空發數語，亦不言其故，然後方將非減句再頓一頓，結出主意。看他造出多少層次，生出多少波瀾。

經此錯綜波瀾，而傳之旨義得周備窮盡。

四、評　價

王氏之評，於遣辭造句及文章結構、層次著墨較多，其說確有所見，足以點明文辭佳妙所呈顯之深刻旨義。

第三節　穀梁傳鈔

一、作者傳略

高嵣字梅亭，和陽人，始末不詳。著有《讀書叢鈔》，包括《左傳》、《公羊傳》、《穀梁傳》、《國語》、《國策》、《史記》、《前漢書》、《後漢書》、《唐宋八家鈔》等。

二、概　述

《穀梁傳鈔》一卷，高嵣集評，其〈序〉云：

世人類好《左氏》，至《公》《穀》每多束之高閣，不知兩傳中推闡經旨，精理名言，實有《左氏》所未及者，故余於《左氏》後，兼次《公》《穀》，雖多寡不同，其歸一也。

知其所論，及於經義。如隱元年，鄭伯克段于鄢，《傳》云：「殺世子母弟目君」，高氏云：

義例分明。

於「段弟也，而弗謂弟」云：

此就書段看出不弟。

均論義理義例。又隱八年《傳》云:「外盟不日,此其日何也?諸侯之參盟于是始,故謹而日之也。誥誓不及五帝,盟詛不及三王,交質子不及二伯。」高氏云:

> 君子屢盟,亂是用長,況口血未乾而即渝之,交質子而猶有不信者乎?末世泯泯棼棼,爾詐我虞,不可究詰,《春秋》謹參盟,善胥命,蓋欲挽世道于淳古之意也夫。

此均論其義理,其多抄錄范《注》,又屢引胡安國之說亦其證。惟衡其所論,創發者少,茲不及之,而特明其評文。

其題「集評」者,書中多引錄胡安國、俞長城、儲欣諸人之說,而未加闡述,故非論證所需,亦不及之。茲略分評敘事論理、評筆法技巧、評文章結構論述之。

三、成　就

ㄅ、評敘事論理

高氏於《穀梁》之敘事論理,有評點其佳處者。僖十年,晉殺其大夫里克傳(見第一節引),於「欲為亂」下評云:

> 三字提綱,以下曲折摹寫。

於「麗姬跪曰」評云:

> 跪字媚。

於「麗姬下堂而啼呼曰」評云:

> 啼字毒。

於「天乎!天乎!國子之國也,子何遲於為君」評云:

> 讒語刺骨。

於「君喟然歎曰」評云:

> 歎字昏。

此點明文章描摹麗姬詐偽狠毒,獻公昏迷如夢之深刻傳神。於「入自明,入自明則可以生,不入自明則不可以生」評云:

> 情急語複。

所評亦得其情。其相類者,宣二年,趙盾弒其君夷皋,《傳》敘史狐語曰:

> 子為正卿,入諫不聽,出亡不遠,君弒,反不討賊則志同,志同則書重,非子而誰?

高氏評云：

> 疊用短句，峭甚。

此一激切盛情，確由短句之急促堆疊有以致之。

至其評論事理之佳者，僖五年，諸侯盟于首戴傳（見第二節引），於「桓諸侯也」眉批云：

> 以下發議，「齊桓」「世子」兩層，有難有解。「尊天王」三字，大義炳如，斷案屹然。

於「是不臣也」點明：

> 就齊桓作難。

於「是不子也」點明：

> 就世子作難。

於「是則變之正也」評云：

> 就會，斷一句作解。

於「尊王世子于首戴，乃所以尊天王之命也」點明：

> 繳齊桓會王世子。

於「世子含王命會齊侯，亦所以尊天王之命也」點明：

> 繳王世子會齊桓。

其於文章之議論層次，解析判然，足以明《穀梁》議論之正之所由。

ㄆ、評筆法技巧

高氏於《穀梁》文章，有點明其筆法技巧者。隱元年春王正月傳（見第一節引），於「隱者可謂輕千乘之國，蹈道則未也」，高氏評云：

> 掉尾一揚一抑，極平恕，極嚴正。

此明傳與隱之貴讓，而正其失道。文章之抑揚，正切合信道不信邪，貴義不貴惠，不得以小惠掩大義之經旨。

莊九年，齊人取子糾殺之，《傳》云：

> 外不言取，言取病內也。取，易辭也；猶曰取其子糾而殺之云爾。
>
> 十室之邑可以逃難，百室之邑可以隱死；以千乘之魯而不能存子糾，
>
> 以公爲病矣。

於「取其子糾」評云：

> 深雋。

於「十室之邑可以逃難，百室之邑可以隱死」評云：

竟似子糾瀕死鳴冤。

高氏點出傳文深沈而濃烈之哀怨。以「其」字深化相互之關係及責任；以「取」之易辭，以「十室之邑」之於「千乘之魯」，對比映襯，而凸顯魯莊之病，子糾之冤。鍾惺亦云：

> 子糾縱不當立，未必當殺。桓公敵也，固欲甘心；爲公者，不可以已乎？奈何殺之。《穀梁》「逃難」「隱死」等語，病公深矣。

此文之深刻，在文辭內涵之對比，在「逃難」「隱死」之卑微希冀而不可得。

莊二十九年，新延廄，《傳》云：

> 其言新，有故也。有故則何爲書也？古之君人者，必時視民之所勤：民勤於力，則功築罕；民勤於財，則貢賦少；民勤於食，則百事廢矣。冬築微，春新延廄，以其用民力爲已悉矣。

高氏評云：

> 君心民情，寫成一體，著眼「勤」字，對下「悉」字。

此亦以對顯釋魯莊不能恤民之旨義。

僖二年，虞師晉師滅夏陽，《傳》云：

> 晉獻公欲伐虢，荀息曰：「君何不以屈產之乘，垂棘之璧，而借道乎虞也？」公曰：「此晉國之寶也，如受吾幣而不借吾道，則如之何？」荀息曰：「此小國之所以事大國也，彼不借吾道，必不敢受吾幣，如受吾幣而借吾道，則是我取之中府，而藏之外府，取之中廏，而置之外廏也。」公曰：「宮之奇存焉，必不使受之也。」荀息曰：「宮之奇之爲人也，達心而懦，又少長于君。達心則其言略，懦則不能強諫，少長于君則君輕之，且夫玩好在耳目之前，而患在一國之後，此中知以上乃能慮之，臣料虞君，中知以下也。」公遂借道而伐虢。

高氏評云：

> 不是寫晉之智，乃極寫虞之愚，此對面寫照法。

此傳確爲對照寫法，既寫虞國君臣之短淺粗疏，亦寫荀息之識見敏銳，料事精切。於「彼不借吾道」至「置之外廏也」評云：

> 此層料定幣不虛出，以不借道及借道分兩層，語意雋妙。

於「宮之奇之爲人也」至「則君輕之」評云：

> 此層料定諫必不行，以宮之奇及虞公分兩層，議論透徹。

於「且夫玩好」至「中知以下也」評云：

　　　上料其臣，此料其君。

此傳敘事明辨，荀息之智，躍然其中，高氏評其「料定」云云，切合情事，然謂其「不是寫晉之智」者，蓋由刻意強調經籍戒惕之意旨，未能平情論文而然也。

ㄇ、評文章結構

　　高氏於文意結構，亦略及之。桓元年，鄭伯以邴假許田，《傳》云：

　　　假不言以，言以非假也；非假而曰假，諱易地也。禮，天子在上，
　　　諸侯不得以地相與也。無田，則無許可知矣。不言許，不與許也。
　　　許田者，魯朝宿之邑也；邴者，鄭伯之所受命，而祭泰山之邑也。
　　　用見魯之不朝於周，而鄭之不祭泰山也。

高氏於首句評云：

　　　從假字入，起筆峭屬。

於「非假而曰假」以下，依序點明：

　　　「爲魯諱」、「承明」、「疏解許田」、「疏許田來歷」。

至末句云：

　　　天室陵夷，諸侯失職，可發長嘆。

於破題之峭屬，至結語之長嘆，脈絡分明，高氏皆一一指明。

　　又如莊二十七年，同盟于幽，《傳》云：

　　　桓會不致，安之也，桓盟不日，信之也。信其信，仁其仁：衣裳之
　　　會十有一，未嘗有歃血之盟也，信厚也；兵車之會四，未嘗有大戰
　　　也，愛民也。

於「信其信，仁其仁」點明：

　　　提句開下。

於「未嘗有歃血之盟」點明：

　　　疏「信」字。

於「未嘗有大戰」點明：

　　　疏「仁」字。

此皆明傳之條理明晰。

四、疏　失

　　高氏評文，有悖於人情者，襄三十年，宋災，宋伯姬卒，《傳》云：

伯姬之舍失火，左右曰：「夫人少辟火乎！」伯姬曰：「婦人之義，
傳母不在，宵不下堂。」左右又曰：「夫人少辟火乎！」伯姬曰：「婦
人之義，保母不在，宵不下堂。」遂逮乎火而死。婦人以貞爲行者
也，伯姬之婦道盡矣；詳其事，賢伯姬也。

高氏分別於二度「左右曰」及「伯姬曰」點明：

「一請」「再請」「一待」「再待」。

於「遂逮乎火而死」評云：

此句點得烈。

於「婦人以貞爲行者也，伯姬之婦道盡矣」評云：

二句贊得亮。

又引俞長城之評云：

保傅不在，宵不下堂，可作一句說，偏分兩層，見得既待一人，又
待一人，以至逮火而死，可見伯姬守禮，至精至嚴，眞堪與日月爭
光矣。

此傳確如高、俞所評，偏分兩層，刻意寫其一請，再請；一待，再待，以顯
伯姬婦道之盡，守禮之嚴。然此傳統禮教之幽冥晦暗面，此禮，糟粕也，此
義，非義也。觀伯姬之死難，描繪歷歷，豈無一毫危悚慟心，惻隱悲憫之感，
祈企伯姬應左右所請，以免於厄；竟爾冷然評之，贊之，頌之，仿如欣然祈
冀，以成就其標榜之題材。人心如此乎？文心如此乎？

五、評　價

《穀梁》不以文章名著，足供評析之傳文有限，而前人選評已多，故選
評之傳時多重複，欲於同一題材，另創新說，實已難求，高氏之評，於前人
有證補成績，大略如前所述，不必刻意推求。

第八章　結　論

　　清代《穀梁》著作既分章節分析評述如前，然均各自分述，難見整體之風貌、特色，本章即就清代穀梁學作一全面之觀照，拈出其形成之背景、主要內涵及所呈顯之風貌、特色，為本書之總結。

一、清代學術風貌深刻顯明

ㄅ、因經學復興而形成

　　《穀梁》歷來幽微，至清代因經學復興，學者述作因而兼及《穀梁》，群經總義類之《穀梁》部分，即其顯例。如吳浩《十三經義疑》、惠棟《九經古義》、余蕭客《古經解鉤沈》、王引之《經義述聞》、俞樾《群經平議》《茶香室經說》、齊召南《注疏考證》、阮元《十三經注疏校勘記》、汪文臺《十三經注疏校勘記識語》等皆有《穀梁傳》之部，而輯佚之學以經學為周備，《穀梁》佚著亦因得以搜羅無遺。

　　三傳中《左傳》為顯學，清中葉起《公羊》勃興，而《穀梁》迄無專著，學者憾焉，柳興恩因有《大義述》之作；或憂其永為《左》《公》所掩，而欲顯其精采，鍾文烝因有《補注》之作；江慎中則以其與《公羊》同出子夏，《公羊》諸大義不應穀梁子全無所聞，而有《條例》《條指》《箋釋》諸作；至王闓運、廖平則因習《公羊》而兼及《穀梁》，王有《穀梁申義》，廖有《古義疏》《起起癈疾》《釋范》。

　　綜觀清代穀梁學，皆可謂因此一時代學風而形成，其不屬之者，惟儲欣等三家評文之作，及張尚瑗《穀梁折諸》承前代之以史論經數家而已；而其時代均在清初，乾嘉之後則無。

夂、具清學風貌者多

清代穀梁學之形成與當代學風密不可分已如前述，而此學風所呈顯之風貌，於《穀梁》著作中亦可謂顯明而典型。就《穀梁》言，本爲義理之書，然諸作多兼及文字校勘、訓詁、史地考實、禮制考辨等考據工夫，且有李富孫《春秋穀梁傳異文釋》、侯康《穀梁禮證》及阮元等《校勘記》專著，王引之、俞樾等雖亦及傳義，究以校勘、訓詁爲主要，而清學代表之一之輯佚，《穀梁》亦周備無遺。

至公羊學者通經致用之旨意，廖平《古義疏》、江慎中《條指》所著意之理論及制度建構亦顯然可見，頗具時代意義。

由上所述，足見清代《穀梁》所呈顯之時代學術風貌，深刻而顯明。

二、繼絕學之苦心孤詣

ㄅ、謹守穀梁

清代《穀梁》專家，如柳興恩、鍾文烝、江慎中等，均以《穀梁》孤微，不忍其汩沒，而有《穀梁》專著，故其述作多持謹守《穀梁》之態度。於《穀梁》之精義，多所闡發，於《穀梁》之疏漏，則刻意彌縫；前人之稱揚《穀梁》者，多予引述論證，前人之攻疑《穀梁》者，則予捍衛駁辯，此柳書、鍾書中顯然易見，如《大義述・述師說》於陳岳《春秋折衷論》、劉逢祿《穀梁癈疾申何》，《補注》中於何休、范甯、唐以下《春秋》學者之攻傳、難傳，均以謹守《穀梁》之既定立場，予以護衛批駁。

此一述作態度，於《左氏》《公羊》亦頗爲顯明。《左》《公》之合於《穀梁》者，則引之以證傳、釋傳，其不合者，則謂《左氏》乃記事之書，非闡義之作，以其不傳《春秋》；於同爲釋義之《公羊》則多所鄙薄，江慎中則更以公羊學說《穀梁》而反批《公羊》，此皆由其欲挽《穀梁》微學之心志使然。

此一態度以《穀梁》專家爲顯明，餘則不然。如兼習《公羊》之王闓運、廖平則時融合二傳之說，其未能融合者，則多持並存異說，鮮互爲攻伐；至吳浩、齊召南等，則疑傳、攻傳所在多有，以其非穀梁家，非春秋家，無既定之立場故也。

夂、求全責備

柳興恩等欲挽《穀梁》微學，故於前人之及於《穀梁》者，力求全備。

如《大義述》之〈述經師〉〈述長編〉，其有隻字片語之關涉者，皆在搜羅引錄之列，以其孤微，故雖闡義不精，關涉不深，亦覺彌足珍貴；鍾文烝《補注》之廣引眾說，於義例、義理、文字，甚至辭章，均求詳責備，皆所以顯發隱微，稱揚《穀梁》；江愼中《條指》之曲意牽合公羊家說及西洋學理，以為《穀梁》指義，皆其開繼絕學之苦心。

三、彙通補正前人成績

ㄅ、擷取前人之說

《穀梁》著作，清以前僅存者唯晉范甯《集解》及唐楊士勛《疏》，然學者欲求其淵博，或廣引眾說，如諸《穀梁》佚著、經傳之與《穀梁》相通之訓詁、傳義、子史事理，即如號稱三傳束高閣，於《穀梁》多所鄙薄之《春秋》通學者，如或一言可採，亦兼容並蓄，以集《穀梁》之大成，鍾文烝《補注》即其代表。

ㄆ、補正前人之作

除擷取前人之可通者為說，或亦補前人之不足，正前人之訛謬，其中最著者鄭玄《起癈疾》、范甯《集解》及楊士勛《疏》。

何休墨守《公羊》之餘，並膏肓《左氏》，癈疾《穀梁》，鄭玄因有《起癈疾》之作。其說大體據《穀梁》起之，然或說有未盡，或有曲《穀梁》以釋之者，清《穀梁》學者，或補其所未盡，或正其曲《穀梁》之未是，其及之者有王引之、柳興恩、鍾文烝、王闓運、廖平諸家，王引之為訓詁之糾補，柳、鍾二氏則謹守《穀梁》以為補正，王、廖二人則或補釋，或融合，或存異；而廖氏以《起起癈疾》專著為說，更為顯例。

范甯《集解》為今存最早之《穀梁》著作，有功於《穀梁》者大，然疏略不免。清《穀梁》學者補正之者，以鍾文烝《補注》為最著，鍾氏即以其疏而舛乃備為補正，且名書曰「補注」，其中證補宏富，糾舉亦多。其他補正者尚多，如王引之、俞樾於訓詁之補正；而范氏不守專門，注傳而駁傳，亦爭論多方，其中廖平以《釋范》專著駁正為著，餘則隨文略及者多。

楊士勛《疏》未有補正之專著，多隨文及之，如鍾氏《補注》是。至如王引之、俞樾諸家，多以傳注為主，於楊《疏》或因相關傳注而兼及。

ㄇ、搜羅前人佚著

《穀梁》著作自漢尹更始、劉向以下，魏晉為多，然多亡佚，其徵引者，

以范甯《集解》、楊士勛《疏》爲多，餘爲經籍注疏、類書、字韻書等，清人輯之者有王復、王謨、孔廣林、黃奭、袁鈞、馬國翰、王仁俊等七家共二十五種，已搜羅完備，可略存其面目。

四、闡明創發新成就

ㄅ、闡穀梁精采

柳興恩、鍾文烝等穀梁家，以《穀梁》幽微，欲挽微學，故極力闡發《穀梁》精采。就三傳言，以《穀梁》嚴謹平正，爲孔子本義，爲《春秋》正解，張慰祖且有《穀梁》六善之說；就大義言，以《春秋》在正隱治桓，立典範，持世教，以治亂臣賊子；就釋經形式言，能明《春秋》書法、諱筆、遣辭造句之精切微意、設疑問辭以闡義至於無文、明日月例之褒貶寓義，此皆非《左》《公》所能及。然或刻意深求，過度拘牽，而曲說難通，或失之苛刻，如柳興恩之以諸侯日卒例遍說日月諸例，廖平主天、誅心之說，江愼中牽合西方學理，鍾文烝之繁瑣拘執等是。

ㄆ、明穀梁風貌

《穀梁春秋》爲義理之書，前人亦以闡義爲主，鮮及義理之形式建構。清人《穀梁》著作有及之者，如鍾文烝《補注》於經文義例有志疑、書重、以尊及卑、以內及外、發凡起例、兩文互見、諱筆等析論，於《穀梁》釋經之法有專釋、通說、備言相發、省文相包、多設疑問辭，訓詁解經之創見，皆所以明《穀梁》風貌。

至述作體制亦有足道者，如柳興恩、江愼中之分類論述，其結構分明、綱舉目張，異於一般之隨文見義，易於呈顯《穀梁》之精采、風貌，爲諸家所不及。

ㄇ、由點而面之考據成績

文字校勘、三傳異文、輯佚之作，清代之前均僅偶一及之，至清則蔚爲大國，爲全面之整理。就文字校勘言，有阮元等之專著，而各家亦多及之；三傳異文有李富孫之《穀梁傳異文釋》、鍾文烝之《補注·撰異》；輯佚則有馬國翰等之搜羅；而王引之等之訓話，侯康之禮證，亦多可觀，考據成績之發皇，亦清代《穀梁》之一大風貌。

參考書目

壹、書　籍

一、穀梁著作

1. 《春秋穀梁傳》，晉范甯集解，古逸叢書本，台北，藝文印書館。

2. 《穀梁疏》，唐楊士勛疏，嘉業堂叢書本，中研院傅斯年圖書館。

3. 《春秋穀梁傳註疏》，晉范甯集解，唐楊士勛疏，十行本，台北，國家圖書館。

4. 《春秋穀梁傳註疏》，晉范甯集解，唐楊士勛疏，毛本，台北，國家圖書館。

5. 《春秋穀梁傳註疏》，晉范甯集解，唐楊士勛疏，閩本，台北，國家圖書館。

6. 《春秋穀梁傳》，晉范甯集解，唐楊士勛疏，殿本，台北，故宮博物院。

7. 《穀梁傳評》，明鍾惺，崇禎兀想山房本，中研院傅斯年圖書館。

8. 《穀梁傳評》，清王源，雍正八年信芳齋刊，南京圖書館。

9. 《穀梁傳鈔》，清高塘，乾隆五十三年雙桐書屋刊本，南京圖書館。

10. 《穀梁傳選》，清儲欣，儲選古文本，南京圖書館。

11. 《穀梁折諸》，清張尚瑗，四庫全書本，台北，臺灣商務印書館。

12. 《穀梁義疑》，清吳浩，四庫全書本，台北，臺灣商務印書館。

13. 《穀梁古義》，清惠棟，四庫全書本，台北，臺灣商務印書館。

14. 《春秋穀梁傳經解鉤沉》，清余蕭客，台北，廣文書局。

15. 《春秋穀梁傳注疏考證》，清齊召南陳浩，四庫全書本，台北，臺灣商務印書館。

16. 《春秋穀梁傳述聞》，清王引之，四部備要本，台北，臺灣中華書局。

17. 《穀梁傳補注》，清姚鼐，南菁書院叢書本，台北，新文豐出版社。

18.《春秋穀梁傳注疏校勘記》，清阮元，皇清經解本，台北，漢京文化事業。

19.《穀梁傳注疏校勘記識語》，清汪文臺，附於十三經注疏補正後，台北，世界書局。

20.《春秋穀梁傳異文釋》，清李富孫，皇清經解續編本，台北，藝文印書館。

21.《春秋穀梁傳輯說》，清楊國楨輯，道光十年大梁書院刊本，南京圖書館。

22.《春秋穀梁傳音訓》，清楊國楨刊，光緒三年湖北崇文書局刊本，南京圖書館。

23.《穀梁禮證》，清侯康，皇清經解續編本，台北，藝文印書館。

24.《春秋穀梁傳時月日書法釋例》，清許桂林，皇清經解續編本，台北，藝文印書館。

25.《穀梁大義述》，清柳興恩，皇清經解續編本，台北，藝文印書館。

26.《春秋穀梁傳平議》，清俞樾，皇清經解續編本，台北，藝文印書館。

27.《春秋穀梁傳經說》，清俞樾，台北，廣文書局。

28.《春秋穀梁經傳補注》，清鍾文烝，皇清經解續編本，台北，藝文印書館。

29.《穀梁傳窺》，清蔡啟盛，光緒十一年自刊本，南京圖書館。

30.《穀梁申義》，清王闓運，王湘綺先生全集本，中研院傅斯年圖書館。

31.《穀梁約解》，清劉曾騄，北京圖書館。

32.《穀梁起癈疾補箋》，清張佩綸，光緒十三年鈔本，晚清四部叢刊第十編，台中，文听閣圖書公司。

33.《穀梁春秋經傳古義疏》，清廖平，光緒二十年成都日新書局刊本，南京圖書館。

34.《重訂穀梁春秋經傳古義疏》，清廖平，民國二十年渭南嚴氏孝義家塾叢書本，台北，文海書局。

35.《起起穀梁癈疾》，清廖平，同上，附於古義疏後。

36.《釋范》，清廖平，同上，附於古義疏後。

37.《春秋穀梁傳校刊記》，清丁寶楨，附於十三經讀本後。同治十一年山東書局刊，山東省圖書館。

38.《春秋穀梁傳考異》，清楊守敬，古逸叢書本，台北，藝文印書館。

39.《穀梁疏校勘記》，清劉承幹，嘉業堂叢書本，中研院傅斯年圖書館。

40.《穀梁大義述補闕》，清張慰祖，中研院傅斯年圖書館。

41.《春秋穀梁傳條指》，清江慎中，國粹學報第六十八期至七十三期，台北，文海出版社。

42.《穀梁傳文鈔》，清梁鼎芬曹元弼輯，宣統江蘇存古學堂經學文鈔本，南京圖書館。

43.《春秋穀梁傳注》，柯劭忞，台北，臺灣力行書局。

44.《穀梁著述考徵》，王師熙元，台北，廣東出版社，63 年。

45.《春秋穀梁傳今註今譯》，薛安勤，台北，臺灣商務印書館。

46.《穀梁傳漫談》，謝金良，台北，頂淵文化事業，86 年。

47.《起癈疾》，四庫全書本，台北，臺灣商務印書館。

48.《起癈疾》，清王復輯，問經堂叢書本，台北，藝文印書館。

49.《釋穀梁癈疾》，清孔廣林輯，通德遺書所見錄，山東省圖書館。

50.《釋癈疾》，清袁鈞輯，鄭氏佚書本，中研院傅斯年圖書館。

51.《漢魏遺書鈔（含穀梁部份）》，清王謨，台北，藝文印書館。

52.《黃氏逸書考（含穀梁部份）》，清黃奭，台北，藝文印書館。

53.《玉函山房輯佚書（含穀梁部份）》，清馬國翰，濟南皇華館書局補刻本，台北，文海出版社。

54.《玉函山房輯佚書續編三種（含穀梁部份）》，清王仁俊，上海，上海古籍出版社。

二、左傳公羊春秋

1.《春秋左氏古經》，清段玉裁，後知不足齋叢書本，台北，藝文印書館。

2.《春秋左傳詁》，清洪亮吉，四部備要本，台北，臺灣中華書局。

3.《春秋左氏傳地名圖考》，程發軔，台北，廣文書局，56 年。

4.《左傳會箋》，竹添光鴻，台北，漢京文化事業。

5.《左傳導讀》，張高評，台北，文史哲出版社，71 年。

6.《春秋繁露》，漢董仲舒，四庫全書本，台北，臺灣商務印書館。

7.《春秋公羊通義》，清孔廣森，皇清經解本，台北，漢京文化事業。

8.《公羊義疏》，清陳立，皇清經解續編本，台北，藝文印書館。

9.《續穀梁癈疾》，王樹榮，紹邵軒叢書本，台北，藝文印書館。

10.《春秋釋例》，晉杜預，四庫全書本，台北，臺灣商務印書館。

11.《春秋集傳纂例》，唐陸淳，四庫全書本，台北，臺灣商務印書館。

12.《春秋集傳辨疑》，唐陸淳，四庫全書本，台北，臺灣商務印書館。

13.《春秋尊王發微》，宋孫復，四庫全書本，台北，臺灣商務印書館。

14.《春秋權衡》，宋劉敞，四庫全書本，台北，臺灣商務印書館。

15.《春秋傳》，宋劉敞，四庫全書本，台北，臺灣商務印書館。

16.《春秋經解》，宋孫覺，四庫全書本，台北，臺灣商務印書館。

17.《春秋辨疑》，宋蕭楚，四庫全書本，台北，臺灣商務印書館。

18.《春秋集解》，宋呂本中，四庫全書本，台北，臺灣商務印書館。

19.《春秋傳》，宋胡安國，四庫全書本，台北，臺灣商務印書館。
20.《春秋傳》，宋葉夢得，四庫全書本，台北，臺灣商務印書館。
21.《春秋三傳讞》，宋葉夢得，四庫全書本，台北，臺灣商務印書館。
22.《春秋集註》，宋張洽，四庫全書本，台北，臺灣商務印書館。
23.《春秋經筌》，宋趙鵬飛，四庫全書本，台北，臺灣商務印書館。
24.《春秋詳說》，宋家鉉翁，四庫全書本，台北，臺灣商務印書館。
25.《春秋集傳釋義大成》，元俞皋，四庫全書本，台北，臺灣商務印書館。
26.《春秋或問》，元程端學，四庫全書本，台北，臺灣商務印書館。
27.《春秋諸傳會通》，元李廉，四庫全書本，台北，臺灣商務印書館。
28.《春秋集傳》，元趙汸，四庫全書本，台北，臺灣商務印書館。
29.《春秋大全》，明胡廣等，四庫全書本，台北，臺灣商務印書館。
30.《春秋毛氏傳》，清毛奇齡，四庫全書本，台北，臺灣商務印書館。
31.《春秋異文箋》，清趙坦，皇清經解本，台北，漢京文化事業。
32.《春秋地理考實》，清江永，皇清經解本，台北，漢京文化事業。
33.《春秋三傳研究論集》，戴君仁等，台北，黎明文化事業，70年。
34.《春秋三傳比義》，傅隸樸，台北，臺灣商務印書館，72年。
35.《春秋三傳考異》，謝秀文，台北，文史哲出版社，73年。
36.《春秋三傳綜合研究》，浦衛忠，台北，文津出版社，84年。

三、經 部

1.《十三經注疏》，唐孔穎達等，台北，藝文印書館。
2.《唐石十三經》，皕忍堂影刊，台北，世界書局。
3.《十三經詁答問》，清洪登府，槐廬叢書本，台北，藝文印書館。
4.《十三經讀本》，唐文治編，台北，新文豐出版社。
5.《經典釋文》，唐陸德明，抱經堂叢書本，台北，藝文印書館。
6.《經義考》，清朱彝尊，四部備要本，台北，臺灣中華書局。
7.《經義雜記》，清臧琳，臧氏拜經堂本，台北，鐘鼎文化出版。
8.《經考》，清戴震，安徽叢書本，台北，藝文印書館。
9.《經籍跋文》，清陳鱣，涉聞梓舊叢書本，台北，藝文印書館。
10.《今古學考》，清廖平，台北，學海書局。
11.《經學五變記》，清廖平，台北，學海書局。
12.《經學通論》，清皮錫瑞，台北，臺灣商務印書館。
13.《經學歷史》，清皮錫瑞，台北，漢京文化事業。

14.《中國經學史》，馬宗霍，台北，臺灣商務印書館。

15.《讀經示要》，熊十力，台北，明文書局。

16.《中國經學史的基楚》，徐復觀，台北，臺灣學生書局，71 年。

17.《經學通論》，王靜芝，台北，環球書局，61 年。

18.《清代尚書學》，古國順，台北，文史哲出版社，70 年。

19.《原本玉篇》，梁顧野王，古逸叢書本，台北，藝文印書館。

20.《大廣益會玉篇》，梁顧野王，四部叢刊本，台北，臺灣商務印書館。

21.《廣韻》，宋陳彭年等，台北，黎明文化事業。

22.《說文解字注》，清段玉裁，台北，蘭臺書局。

23.《中國訓詁學史》，胡樸安，台北，臺灣商務印書館。

四、目錄版本

1.《四庫全書總目》，清紀昀等，台北，藝文印書館。

2.《鄭堂讀書記》，清周中孚，台北，世界書局。

3.《越縵堂讀書記》，清李慈銘，台北，世界書局。

4.《日本訪書志》，清楊守敬，台北，廣文書局。

5.《書目答問補正》，范希曾，上海，上海古籍出版社。

6.《續修四庫全書提要》，王雲五主編，台北，臺灣商務印書館。

7.《版本通義》，錢基博，書目類編，台北，成文出版社。

8.《古書版本常談》，毛春翔，書目類編，台北，成文出版社。

9.《敦煌古籍敘錄》，王重民，台北，木鐸出版社。

10.《圖書版本學要略》，屈萬里昌彼得，台北，華岡出版公司，67 年。

11.《中國圖書文獻學論集》，王秋桂王國良編，台北，明文書局，72 年。

12.《永樂大典及其輯佚書研究》，顧力仁，台北，東吳大學中國學術著作獎
助委員會，74 年。

五、史　部

1.《史記》，漢司馬遷，新校本，台北，鼎文書局。

2.《漢書》，漢班固，新校本，台北，鼎文書局。

3.《後漢書》，晉范曄，新校本，台北，鼎文書局。

4.《三國志》，晉陳壽，新校本，台北，鼎文書局。

5.《晉書》，唐房玄齡等，新校本，台北，鼎文書局。

6.《隋書》，唐魏徵等，新校本，台北，鼎文書局。

7.《新唐書》，宋歐陽修宋祁，新校本，台北，鼎文書局。

8. 《通志》，宋鄭樵，台北，臺灣商務印書館。

9. 《廿五史補編》，清姚振宗等，台北，臺灣開明書店。

10. 《國朝耆獻類徵初編》，清李桓編，清代傳記叢刊，台北，明文書局。

11. 《國朝先生事略》，清李元度，清代傳記叢刊，台北，明文書局。

12. 《碑傳集》，清錢儀吉編，清代傳記叢刊，台北，明文書局。

13. 《續碑傳集》，清繆荃孫編，清代傳記叢刊，台北，明文書局。

14. 《碑傳集補》，閔爾昌編，清代傳記叢刊，台北，明文書局。

15. 《國朝詩人徵略》，清張維屏輯，清代傳記叢刊，台北，明文書局。

16. 《國朝詩人徵略二編》，清張維屏輯，清代傳記叢刊，台北，明文書局。

17. 《清史稿》，柯劭忞等，標點本，台北，鼎文書局。

18. 《清史列傳》，清國史館編，清代傳記叢刊，台北，明文書局。

19. 《重修清史藝文志》，彭國棟，台北，臺灣商務印書館，57 年。

20. 《歷代名人年里碑傳年表》，姜亮夫，台北，臺灣商務印書館。

21. 《明清儒學家著述生卒年表》，麥仲貴，台北，臺灣學生書局，66 年。

22. 《清儒學案》，徐世昌，台北，世界書局。

23. 《清代學術概論》，梁啓超，台北，臺灣商務印書館。

24. 《中國近三百年學術史》，梁啓超，台北，華正書局。

25. 《中國近三百年學術史》，錢穆，台北，臺灣商務印書館。

26. 《兩漢思想史卷一卷二卷三》，徐復觀，台北，臺灣學生書局。

27. 《清代思想史》，陸寶千，台北，廣文書局。

28. 《清代學術史研究》，胡楚生，台北，臺灣學生書局，82 年。

29. 《廖平學術論著選集（一）》，李耀仙主編，成都，巴蜀書社，78 年。

30. 《廖平經學思想研究》，陳文豪，台北，文津出版社，84 年。

31. 《續修歷城縣志》，清毛承霖纂修，台北，成文出版社。

32. 《石城縣志》，鍾喜焜修江珣纂，台北，成文出版社。

33. 《曲阜縣志》，李經野等纂修，台北，成文出版社。

六、子 部

1. 《說苑》，漢劉向，四部備要本，台北，臺灣中華書局。

2. 《荀子集解》，清王先謙，台北，藝文印書館。

3. 《日知錄集釋》，清顧炎武，四部備要本，台北，臺灣中華書局。

4. 《義門讀書記》，清何焯，北京，中華書局。

5. 《東塾讀書記》，清陳澧，四部備要本，台北，臺灣中華書局。

6. 《南江札記》，清邵晉涵，鶴齋叢書本，台北，藝文印書館。

7. 《乙閏錄》，清鍾文烝，手稿本，台北，國家圖書館。

8. 《許廎學林》，清胡玉縉，台北，世界書局。

9. 《籀膏述林》，清孫詒讓，台北，廣文書局。

10. 《札迻》，清孫詒讓，台北，世界書局。

11. 《劉申叔遺書》，清劉師培，台北，大新書局。

12. 《羅雪堂先生全集三編四編》，羅雪堂，台北，大通書局。

13. 《書傭論學集》，屈萬里，台北，臺灣開明書店，58 年。

14. 《北堂書鈔》，唐虞世南，台北，新興書局。

15. 《藝文類聚》，唐歐陽詢等，台北，新興書局。

16. 《初學記》，唐徐堅等，台北，新興書局。

17. 《太平御覽》，宋李昉等，台北，臺灣商務印書館。

18. 《冊府元龜》，宋王欽若楊億等，台北，臺灣中華書局。

19. 《玉海》，宋王應麟，台北，聯華出版社。

20. 《群書考索》，宋章如愚，台北，新興書局。

七、集　部

1. 《文選》，梁蕭統編，台北，藝文印書館。

2. 《潛研堂集》，清錢大昕，上海，上海古籍出版社。

3. 《詁經精舍文集》，清阮元，文選樓叢書本，台北，藝文印書館。

4. 《揅經室集》，清阮元，台北，文海出版社。

5. 《東塾集》，清陳澧，台北，文海出版社。

6. 《傳經室文集》，清朱駿聲，求恕齋叢書本，台北，藝文印書館。

7. 《春在堂雜文》，清俞樾，台北，文海出版社。

8. 《湘綺樓文集》，清王闓運，台北，文海出版社。

9. 《修辭學》，黃慶萱，台北，三民書局，72 年。

10. 《中國文學講話（一）概說》，文化復興委員會編，台北，巨流圖書公司，77 年。

貳、學位及期刊論文

1. 《公羊驗推補證凡例》，廖平，國粹學報第十九期，光緒三十二年六月。

2. 《公羊穀梁爲卜商或孔商訛傳異名考》，杜鋼百，國立武漢大學文哲季刊第三卷第一號，23 年。

3. 《穀梁箋記》，徐震，國立武漢大學文哲季刊第七卷第一號，30 年 10 月。

4.《柳興恩穀梁述禮補缺》，蔣元慶，學海月刊第一卷第四期，33 年 10 月。

5.《左氏春秋義辨》，陳槃，中研院歷史語言研究所集刊，36 年。

6.《春秋公羊傳義辨》，陳槃，學術季刊第五卷第二期，45 年 12 月。

7.《春秋穀梁傳論》，陳槃，孔學論集，台北，中華文化出版事業委員會，46 年 7 月。

8.《瑕丘江公作「穀梁傳」的推測》，金建德，人文雜誌第三期，46 年 8 年。

9.《穀梁傳之著作竹帛及傳授源流考》，李曰剛，師大學報第六期，50 年 6 月。

10.《春秋異文考》，陳新雄，臺灣省立師大國文研究所集刊第七期，52 年 6 月。

11.《春秋三傳述聞商誼》，田宗堯，大陸雜誌第三十卷第三期，54 年 2 月。

12.《春秋「用致夫人」解》，周何，中華學苑第二期，政大中文研究所，57 年 7 月。

13.《春秋穀梁傳義例》，賴炎元，慶祝林景伊先生六秩誕辰論文集，政大中文研究所，58 年 12 月。

14.《春秋親迎禮辨》，周何，慶祝林景伊先生六秩誕辰論文集，58 年 12 月。

15.《春秋吉禮考辨》，周何，嘉新水泥文化基金會研究論文第一○一種，59 年。

16.《曲園學記》，曾師昭旭，臺灣師大國文研究所集刊第十五期，60 年 6 月。

17.《春秋左氏傳賓禮嘉禮考》，宋鼎宗，臺灣師大國文研究所集刊第十六期，61 年 6 月。

18.《王引之經義述聞》，賴炎元，南洋大學學報（人文科學）第七期，62 年。

19.《穀梁范注發微》，王師熙元，嘉新水泥文化基金會研究論文第二七○種，64 年。

20.《東漢時代之春秋左氏學》，程南洲，政大中文研究所博士論文，67 年 6 月。

21.《清代經今文學述》，李新霖，臺灣師大國文研究所集刊第二十二號，67 年 6 月。

22.《春秋穀梁傳校證》，梁煌儀，文化學院中文研究所碩士論文，67 年。

23.《高郵王氏父子訓詁學之成就》，張文彬，中國學術年刊第二期，67 年 6 月。

24.《論春秋立武宮》，周何，屈萬里先生七秩榮慶論文集，台北，聯經出版事業，67 年 10 月。

25.《惠棟之經學研究》，耿志宏，政大中文研究所碩士論文，73 年 5 月。

26.《春秋穀梁經傳補注研究》，吳連堂，高雄師院國文研究所碩士論文，76

年 5 月。

27. 《俞樾「群經平議」中之解經方法》，胡楚生，文史學報第二十三期，中興大學，82 年 3 月。

28. 《春秋穀梁傳時月日例研究》，李紹陽，臺灣師大國文研究所碩士論文，84 年 12 月。